中央高校基本科研业务费资助出版

电视媒体对维吾尔族观众的影响力现状与提升路径研究

Dianshi Meiti Dui Weiwuerzu Guanzhong De Yingxiangli Xianzhuang Yu Tisheng Lujing Yanjiu

王斌◎著

中央民族大学出版社
China Minzu University Press

中央民族大学青年教师博士文库

图书在版编目(CIP)数据

电视媒体对维吾尔族观众的影响力现状与提升路径研究/王斌著.—北京:中央民族大学出版社,2018.6

ISBN 978-7-5660-1482-5

Ⅰ.①电… Ⅱ.①王… Ⅲ.①电视—传播媒介—影响—维吾尔族—观众—研究—中国 Ⅳ.①G223.

中国版本图书馆 CIP 数据核字(2017)第 321191 号

电视媒体对维吾尔族观众的影响力现状与提升路径研究

作　　者　王　斌

责任编辑　赵　鹏

责任校对　胡菁瑶

封面设计　舒刚卫

出 版 者　中央民族大学出版社

北京市海淀区中关村南大街 27 号　邮编:100081

电话:68472815(发行部)　传真:68932751(发行部)

68932218(总编室)　68932447(办公室)

发 行 者　全国各地新华书店

印 刷 厂　北京建宏印刷有限公司

开　　本　787×1092(毫米)　1/16　印张:18.5

字　　数　310 千字

版　　次　2018 年 6 月第 1 版　2018 年 6 月第 1 次印刷

书　　号　ISBN 978-7-5660-1482-5

定　　价　74.00 元

前　言

少数民族新闻传播研究一直未成“显学”，可供借鉴的经验不多、可供参考的成果不多，使得本研究一直在“摸着石头过河”，其中的艰辛可谓“如鱼饮水，冷暖自知”。

但在充满困难的研究过程中，幸得多人相助，才使得本书完稿付梓。

首先要感谢我的恩师黄升民教授，从硕士到博士，我一直追随黄老师，他传授给我的专业知识、展现给我的严谨风范、启示我的学术思想，我都将终生铭记在心。无论以后是否还有机会继续跟随他学习和工作，我都会一直珍视他给予的这些精神财富。

感谢广告学院丁俊杰院长在我博士生涯中给予的所有帮助和支持，“松柏气节、湖海胸怀”是对丁院长最形象的描述。

感谢新疆新闻出版广电局党组书记安思国同志，他也是我的校友，体谅我研究不易，亲自指示所属新疆广电各部门全力配合，才使得深度访谈能够顺利进行。

感谢我的好伙伴、好朋友，中国传媒大学新闻学院教师陈锐博士，他在传播效果及统计分析方法上给予了我莫大的帮助，并曾多次与我同赴新疆，风餐露宿，不计回报，让我内心十分感动。

感谢新疆新闻出版广电局办公室副主任杨新国同志，在安书记的指示下做了大量具体的协调工作；感谢新疆电视台原副台长、现新疆音像出版社社长木拉提，多年的交往，我已与木社长结成忘年交，彼此无话不谈；感谢新疆电视台副台长吾买尔江，总编室副主任赵武军，民语影视办副主任、虎鱼文化传媒总经理努尔兰，新闻中心制片人徐浩宇，广告中心主任赵力，编译中心主任帕尔哈提以及新疆新闻出版广电局农村公共服务中心主任左林生、宣传处调研员亚森·吾买尔、译制中心主任吾斯曼·木合买提。

还要感谢我的好友、中国传媒大学广播电视年鉴编辑部的刘书峰老师提供了全套《中国广播电视年鉴》以供查阅……

就内容而言，本书的绪论部分主要介绍了本研究的价值与意义、基本思路、立场、主要创新之处、重点与难点，界定了研究对象，明确了研究方法，同时对国内外相关文献进行归纳和整理。

第一章是在梳理前人研究的基础上，提出了既有普遍性，又兼具少数民族新闻传播特点特征的“电视媒体影响力”解构模型，该章是全书的“原点”。

第二章详细介绍了本书所采用的研究方法、样本构成，并对基础数据进行了统计，证明了本研究的科学性、合理性和代表性。

第三章是从“广度”和“强度”两个维度出发，解读了电视媒体对于维吾尔族观众的影响力。

第四章进而从“信度”“效度”“融度”三个角度深入解读了电视媒体的影响力。

在前四章内容基础上，第五章梳理了新疆电视事业发展的现状，剥离出了影响电视媒体影响力提升的主要矛盾。

第六章则对如何解决问题提出了宏观的路径规划和微观的解决方案。

本书由研究小组共同努力完成，具体分工如下：

本人发起了本研究，并制定了研究计划，全程参与研究过程，执笔撰写全书大部分内容。

中国传媒大学新闻学院的陈锐老师主要负责调查问卷的设计、统计方法指导，并参与实地调研、深度访谈等。

中国传媒大学新闻学院 2013 级本科生王子腾协助陈锐老师完成调查问卷设计、基础数据统计等。

中央民族大学文传学院 2015 级硕士生赵方舟、雷牡丹（蒙古族），2013 级本科生吴慧中、玛依拉（维吾尔族）、买尔旦（维吾尔族），2014 级本科生贺永曦（彝族）、胡晓洁负责调查问卷的发放、回收与录入，以及深度访谈工作；2017 级硕士生周梦瑾、刘柳、刘培辛、张波负责全书最后的制表、校对等工作。理学院 2014 级本科生李赵益多、吴江平（苗族）负责问卷的数据统计和分析工作。

本书绪论、第一章、第二章、第五章、第六章作者为王斌，其他各章的修改、定稿也由王斌完成；第三章主要作者为贺永曦，共计撰写2.6万字；第四章主要作者为胡晓洁，共计撰写3万字，胡晓洁同时也参与了全书最后的统稿、定稿工作。

作者及研究团队才疏学浅，难免有疏漏之处，请各位读者批评指正。

摘　要

中华人民共和国成立六十多年以来，在“广播电视村村通工程”等文化惠民工程的推动下，我国新疆维吾尔族观众中的整体电视拥有率和电视信号覆盖率都有了很大的提升，电视已经成为维吾尔族家庭必不可少的文化消费工具，也是传递党和政府的声音的有效载体。

但除了覆盖率、拥有率等几项简单的指标之外，长期以来缺少针对维吾尔族观众的电视媒体影响力的系统研究，对于维吾尔族观众的收视动机、收视偏好、满意程度、信任程度等更是知之甚少，这对于政府和广电部门判断和评估电视媒体的作用、更好地发挥电视媒体的“喉舌”作用带来了不利影响。

为解决这一问题，本研究首先建构了一个针对维吾尔族观众的电视媒体影响力评价范式，采用问卷调查、深度访谈、小组访谈等方法，分别在2010年和2015年进行了两次集中研究，共计发放问卷700多份，访谈相关人员30多人，以量化研究为主，得到了电视媒体在维吾尔族观众中的影响力现状评估报告。在该报告的基础上，分析了现有电视媒体在维吾尔族观众中影响力提升的瓶颈——“市场失灵”问题，继而结合西方经济学和公共管理学的相关理论，论述了重视电视的公共属性，提出了建立少数民族语言公共电视服务体系的建议和方案，力图让电视媒体更好地发挥促进国家统一、民族团结和社会和谐的作用。

Abstract

Since the founding of China for 60 years, promoted by rural radio and television coverage program and other cultural projects that benefit the people, Uygur people's TV ownership and coverage has greatly increased. Nowadays, TV has already become an essential cultural tool for Uygur family and an effective carrier for transmitting the voice of the party and the government.

However, except TV ownership and coverage, long – term lacking of systematic study of TV media's influence on Uygur audiences and unknown of their motivation, preference, satisfaction and trust of television viewing have a bad effect on government and Radio and Television Department's judgment and evaluation on TV media's function and also a bad effect on the better playing of TV media's"mouthpiece"role.

In order to solve the problem, the research establishes a model for the evaluation of the TV media's influence on Uygur audiences. Using questionnaires, depth interviews and group interviews, we had two concentrated researches, one in 2010 and another in 2015, adding up to around 700 questionnaires and 30 interviewees. Mainly through quantitative researches, we reach the report of the current situation evaluation of the TV media's influence on Uygur audiences. On the basis of the report, the paper analyses market malfunction, the bottle – neck of the increase of the TV media's influence on Uygur audiences. Then, combining the theories of western economics and public management, the paper expounds the attaching importance to TV's public property and comes up with the suggestions and scheme of establishing minority language public television service system to make TV media could play a better role in promoting national unity, ethnic solidarity, and social harmony.

Key words: TV media; influence; Uygur audiences; market malfunction; public TV

目 录

绪　论

一、选题的价值与意义

1. 少数民族问题是影响到每个人的现实问题

根据第六次人口普查的结果，我国少数民族人口只占全国总人口的8.41%，比例看似不高，但其绝对数量达到了1.06亿，少数民族自治地方行政区域的面积占全国陆地总面积的64%，达616万平方公里。

我国的少数民族大多居于边疆地区，各少数民族文化、经济、信仰各异，随着社会发展，近些年来各民族间乃至境内外间的人口流动性日益增强，这就使得我国的民族问题更具有特殊的重要性和复杂性。民族乱则国乱，民族兴则国兴。

此为本选题的宏观背景。

2. 寻求民族团结、社会和谐的更优路径

新疆的公共安全形势不容乐观，少数受宗教极端思想蛊惑的分裂主义分子不断制造各种事端，他们只需付出很小的代价，就能给社会大众带来很大的危害。

在民族分裂问题上，各方已经达成的一些共识就是：少数极端势力受到境外分裂主义分子的宣传和蛊惑，被“洗脑”了。在这种情况下，电视媒体能否更好地发挥思想战线的防火墙和“反洗脑”工具的作用？能否将积极、正确的国家观、价值观和民族观传递到少数民族同胞中去，做到“入耳、入心、入脑”？有限的经费除了用于装备和人员这些“被动安全”力量之外，能否发挥电视媒体“主动安全”的功能？

党和政府花大力气推动了广播电视“村村通”以及“户户通”工程的

深入，新疆是最大的受益方之一，目前的综合电视覆盖率接近100%。但覆盖率解决了“能不能看到电视”的问题，另一些更细致深入而更具时代性的问题随之而来：

维吾尔族观众是更相信电视媒体还是网络媒体？最受信任的电视台是哪家？最喜欢的节目是什么？对哪个频道、哪种节目最满意？电视媒体对维吾尔族观众的国家观和民族观的影响程度有多大？如果电视媒体所产生的影响力达不到预期效果，原因是什么？该如何改进？现有的广电体制下的改进余地有多大？

带着对上述问题的思索与困惑，笔者选取本论题进行相关研究。

二、基本思路

“发挥电视媒体作用，提高维吾尔族观众的国家认同”是本研究的基本思路。

本研究的主旨就是要找到一条如何通过大众媒体（电视）的影响力，增强少数民族的国家认同感、重新构建少数民族同胞的国家认同大于民族认同的路径。但这种建构不是建立在弱化民族认同的基础之上的，而是一种共赢共发展的关系。

与汉族相比较，少数民族的生活地域、环境以及社会群体形态更为固定，并在此基础上形成自我认知。

这种相对封闭的传播空间，应该是更加有利于大众媒体发挥自身作用的；反之，如果现在大众媒体没有达到相应的效果，则证明大众媒体在传播方式、方法上存在一定的缺陷，这也是本研究的必要性和迫切性之所在。总的来说，无论大众媒体具体的传播方式和方法如何改进，以下几方面是必须具备的：

第一，要把提升大众媒体在少数民族群众中的正面影响的工作上升到国家战略层面来抓，用大众媒体的“软实力”为国家统一和社会和谐保驾护航。要通过传播主流社会价值观，使少数民族群众获得对国家政治、经济或日常社会生活的方方面面的认知，并借助主流的舆论导向，促进少数民族群众形成与主流社会相融合的身份意识和观念。

第二，重视和充分发挥少数民族语言在媒体中的重要作用。语言文化是民族身份认同的基础，通过在大众媒体上使用民族语言文字，促进了少数民族对外来文化的吸收以及对本民族传统文化的传承，潜移默化地将主流价值观融入自己的思想中去。

第三，要注意双向传播。在把主流价值观和汉族文化介绍到少数民族同胞群体中时，也要注意将少数民族的文化介绍给汉族，消除相互之间的“陌生感”，增强相互之间的“信任感”，让语言、宗教、文化传统等不再成为民族融合的障碍，而成为民族间习以为常的认知。

三、基本立场

1. 宏观层面：站在政府治理的宏观角度上思考问题，为政府的少数民族广播电视和文化政策制定提供参考和借鉴，促进民族团结和社会和谐。

2. 微观层面：采用定性研究和定量研究相结合的方式，为新疆电视事业的发展提供可行性路径规划。

四、主要创新之处

1. 建立维吾尔族观众收视情况的量化研究数据库

从笔者所进行的文献研究情况来看，目前我国尚未建立针对特定民族的、连续的电视媒体收视情况数据库。本研究中的影响力评价范式、问卷，以及所统计出来的数据，尽管存在一定的不足，但至少解决了“有”“无”的问题。

2. 梳理和探寻中国少数民族电视产业化进程中局部“市场失灵”的问题

综合文献研究的情况来看，本研究结合西方经济学和公共管理学的一些理论对国内电视产业相关课题进行了分析，关注和解析了少数民族电视产业发展过程中的“市场失灵”现象。

3. 对于如何通过制度创新建立少数民族公共电视体系的思路与规划

有关电视的公共化问题已有不少学者做过论述，但是如何走出公共电视的第一步、是哪家电视台的哪个频道首开先河？这些问题尚未落实。本研究提出了先将少数民族语言电视公共化，以迈出中国电视公共化第一步的思路和规划。

五、重点与难点

1. 解决因前人研究缺乏而导致的理论体系不足和基础支撑材料不足的问题。

2. 解决少数民族地区地域偏僻、往返交通不便的问题。

3. 解决研究中的语言、文化和习俗障碍问题。

六、研究对象

1. 维吾尔族观众

本研究中涉及的维吾尔族观众必须满足以下条件：

（1）民族成分：维吾尔族。

（2）地域：住所地正是或曾经是新疆地域内，并且正在或者曾经在新疆连续居住不少于5年。

根据《民法通则》第十五条的规定，公民的住所地指的是公民的户籍所在地。但为了保证受访者对新疆电视有足够的了解，本研究还设定了更高的门槛，即连续居住时间必须大于等于5年。

（3）年龄：16—60岁，以保证受访者能够清晰表达自己的意见。

（4）收视条件：家中拥有至少一台电视机。

（5）其他：见本书第二章对于2010年和2015年两次问卷调查的受访者的具体规定。

2. 电视媒体

基于我国“四级办电视、四级混合覆盖”的广播电视体制，新疆维吾尔族观众能收看到的有中央级、省区级（本省区各频道、外省区卫视）、地市级和县级电视频道。

经过前期的准备，本研究将电视媒体研究对象的范围界定如下：

（1）中央级：中央电视台各频道；

（2）新疆维吾尔自治区级：新疆电视台各频道、新疆生产建设兵团电视台各频道；

（3）其他省区级：湖南卫视、浙江卫视、江苏卫视等我国其他省区的省区级卫视。

新疆地市级电视台和县级电视台不在本次研究范围之内，理由如下：

（1）新疆经济发展水平有限，广播电视发展水平也受经济发展的制约。除乌鲁木齐和喀什两个中心城市之外，维吾尔族观众聚居的南疆地区地市级电视台发展情况比较落后，频道少，内容单一，自制节目、播出时间和观众规模都比较有限；而新疆县级电视台主要定位于信号插转和保障覆盖率，基本以转播省级电视台的其他节目为主，自制节目数量、播出时长更加有限。

因此，地市级和县级电视台不具有代表性，缺乏研究价值。

（2）中央级电视台、本省电视台和其他省市卫视在新疆有良好的覆盖率和收视率，具备更好的典型性和代表性。

（3）新疆地广人稀，基础设施落后，观众分布相当分散，再加上与维吾尔族观众同胞语言不通等客观限制，对地市级和县级电视台的研究，超出了笔者的能力范围。

七、研究方法

1. 问卷调查法

本研究中的问卷调查开展了两次，第一次是 2010 年（有效样本量 319 份），第二次是 2015 年（有效样本量 402 份），将两次问卷调查结果进行比较，再与全国观众或者是参照其他群体进行横向比较，观察和发现电视媒体在维吾尔族观众中影响力的变化趋势。

问卷围绕广度、深度、信度、效度和融度五个方面，从维吾尔族观众的收视现状、收视习惯、收视偏好、电视对观念的影响等多个角度设计问题，对于了解电视媒体对维吾尔族观众的整体影响力起到了至关重要的作用。

问卷调查是本课题重要的研究方法之一，也是本研究区别于其他少数民族广播电视相关研究的关键，它将影响力这个抽象的概念具象为精确的数字。

由于问卷调查的相关问题较多，出于结构合理的考虑，将之作为独立的章节进行阐述，详见本书第二章。

2. 深度访谈法

本研究选取了一些有代表性的个体进行深度访谈，受访者包括新疆维吾尔族普通观众、维吾尔族大学生、专家学者、少数民族地区广播电视系统主管官员、电视台从业人员、国家民族宗教事务主管领导等。从观众需求、广电运营、政策保障、社会评价等多角度了解少数民族地区电视事业现实困境与公共文化服务体系建设的必要性。

主要的深度访谈对象如下表所示：

（1）普通观众

序号	姓名	身份职业	年龄层	现居地
1	吾买尔	吐鲁番市亚尔乡基层干部	中年	新疆
2	阿布都热合曼·亚森	全国人大代表、吐鲁番市亚尔乡亚尔贝希村党支部书记	老年	新疆
3	莫塔拜尔	新疆师范大学教师	青年	新疆
4	阿力木江	乌鲁木齐某信息技术公司软件工程师	中年	新疆
5	克热木	乌鲁木齐演出服装设计师	中年	新疆
6	亚生江	新疆师范大学本科生	青年	新疆
7	玉苏甫·艾山	新疆大学新闻系本科生	青年	新疆
8	古丽	新疆大学研究生	青年	新疆
9	木再帕尔·买海提	乌鲁木齐某培训机构舞蹈老师	中年	新疆
10	莫拉丁	空军乌鲁木齐医院医生	青年	新疆
11	迪丽热巴	中央民族大学本科生（幼时在美国生活）	青年	北京
12	古力米热	对外经济贸易大学本科生	青年	北京

（2）专家学者

序号	姓名	身份职业
1	白润生	中央民族大学教授、博导、少数民族新闻传播史专家
2	艾克拜尔	中央民族大学硕士生导师、副教授
3	艾利凯木江	国家民委工作人员
4	撒拉木	民族画报记者
5	田丽	北京大学新闻传播学院副教授、硕士生导师

另外，我们还对十几位政府主管部门领导和广播电视从业人员进行了深度访谈，获取了大量珍贵的一手资料。

3. 焦点小组访谈法

本研究在新疆吐鲁番市进行了两场焦点小组访谈，第一场焦点小组访谈的对象是吐鲁番电视台从业人员，力图了解基层电视台的生存和发展情况，同时焦点小组访谈在本研究中前置，为后续研究搜集了大量的一手资料。

第二场小组访谈的对象是普通的维吾尔族农牧民观众，通过访谈，我们了解到了基层百姓对电视的看法和态度。

（1）在吐鲁番市电视台进行的焦点小组访谈

时间：2010 年 9 月

地点：新疆吐鲁番电视台会议室

受访人员：10 人左右

基本情况介绍：

吐鲁番电视台是新疆最大的地市级电视台之一，筹建于 1981 年，1982 年正式挂牌建台。目前，该电视台拥有 80 多名员工，开办有维吾尔语、汉语四套节目，即：汉语综合频道（1 套——无线）、汉语影视剧频道（2 套——有线）、维吾尔语综合频道（3 套——无线）、维吾尔语影视剧频道（4 套——有线）。全台包括记者、编辑、导播、播音、制作、翻译等各工种在内的从业人员不到 40 人，大部分播出的都是转播、录播节目，自办节目数量少且只有少数几档新闻科教节目。

（2）在吐鲁番市亚尔乡（现已改为亚尔镇）针对普通观众进行的焦点小组访谈

时间：2010 年 9 月

地点：村民家中

受访人员：普通村民、小学教师等 10 人左右。

基本情况：

亚尔乡是吐鲁番市最大的乡之一，1998 年开始实施“村村通”工程，是吐鲁番地区经济条件最好的乡镇之一。

4. 文献资料研究法

通过对已有的文献资料的搜集与整理，提炼有关专家对少数民族广播电视发展的看法和观点作为参考，并结合如今少数民族地区电视节目发展的新情况进行进一步研究，提出新观点，寻找新依据，不断完善整个研究的框架体系。

八、文献综述

1. 电视媒体影响力解析范式研究

在 2003 年之前，国内学界和业界对于媒介效果的评价指标仅限于覆盖率、开机率、到达率、收视率等，到了 2003 年，中国人民大学的喻国明教授就在其专著《传媒影响力：传媒产业的本质与竞争策略》以及后来的论文《关于传媒影响力的诠释——对传媒产业本质的一种探讨》中提到并阐述了媒介影响力的概念，尽管当时的论述只是思辨层面的，但也启发了国内学者应该以更广阔的视角看待媒介传播效果。之后，国内陆续有学者对“媒体影响力”进行阐述，比如赵彦华的论文《媒介影响力的分类及功能特征》（《中华新闻报》，2003 年 9 月 1 日第 5 版），何春晖、毛佳瑜的论文《媒体影响力的量化指标》（《新闻实践》，2006 年第 10 期），中视金桥媒介研究中心的署名文章《如何评估电视媒体影响力》（《市场观察·广告主》，2007 年第 12 期）以及朱雯的硕士学位论文《东方卫视影响力评估研究》（南京师范大学新闻传播学院，2005 年 5 月）都提到了“媒体影响力”的问题，并针对该问题各自提出了观点，但其中有些文章是用“市场价值”偷换了“媒体影响力”概念来展开论述，有的文章中的评估方法过于简略或过于详细以至于不易在实践中应用，有的只适用于频道而不适于媒体的整体效果监测。

直到2010年，南京大学的郑丽勇在《新闻大学》发表了一篇名为《媒介影响力评价指标体系研究》的文章，同年又发表了一篇名为《媒介影响力乘法指数及其效度分析》（《新闻与传播研究》，2010年第6期）的文章，其所提出的媒体影响力评估范式给本研究带来了很大启发。

其后，郑丽勇的研究生郑丹妮在其硕士学位论文《党的主流媒体影响力问题研究》（南京大学，2011年5月）中，以郑丽勇的范式对党的主流媒体进行了影响力检验，研究比较完整，结果令人信服，也从实用角度证明了郑丽勇范式的可取。

在借鉴吸收郑丽勇范式的基础之上，本研究构建出了自己的影响力解析范式。

2. 少数民族新闻传播与广播电视事业发展研究

（1）国外没有一个研究领域能与中国的“少数民族”问题研究完全对等，但从我国政府和学术界通常把“民族”翻译成“ethnic”或者“minority”两个词来看，与我国少数民族新闻传播与广播电视事业较为接近的是“ethnic media”（中文可译为“族裔媒体”）或者“ethnic minority media”（中文可译为“少数族裔媒体”）。不管是“ethnic”还是“ethnic minority”，其主要内涵都与中国的“民族”一词相重合，就是少数的、语言文化处于非主流的群体。

虽然西方对于媒体与少数族裔之间互动关系的探讨由来已久，但“族裔媒体”真正成为独立的概念却是近几年的事情。其中，以西方学者罗伯特·帕克与斯图亚特·霍尔的两项研究最为著名。

身为美国芝加哥学派创人的罗伯特·帕克早在20世纪初在他的成果《移民报刊与控制》（*The immigrant press and its control*）中阐述了报纸里如何展现其社会控制力，从而帮助移民实现“美国化”的。而英国“文化研究之父”斯图亚特·霍尔也从对离散族裔媒体的讨论出发，对加勒比海黑人电影如何在“相似性、连续性”（similarity and continuity）与“差异、断裂”（difference and rupture）两个不同维度上阐释黑人的“文化认同”与“文化身份”问题进行了分析。

另外，加拿大西门莎菲大学主持过“布景上的沉默”（silent on the

set）研究，通过对2000—2001年加拿大66小时电视剧抽样的内容分析与文本分析，揭示出电视剧制作者是如何采用既不制造刻板印象，也不挑战文化霸权的呈现方式的，认为媒体将少数族裔“正常化”与“隐形化”。还有学者针对创刊于20世纪80年代与90年代末的两份面向加勒比海黑人的英国小报，比较分析了不同的社会－历史环境如何对英国族裔媒体报道中黑人族群的身份呈现产生了不同影响（Prentoulis，2011）。而在另一项针对洛杉矶族裔媒体的研究中，作者亦对1893—2000年媒体呈现的韩裔美国人与黑人关系进行了话语分析，勾勒出其在不同历史情境下由冲突到融合的变化趋势（Thornton，2011）。[①]

还有学者从媒介生产和媒介消费的角度对族裔媒体进行了研究。

但这些研究与主流研究比起来，是微弱的、片段式的，而且由于国情不同，其与中国的少数民族新闻传播与广播电视研究也难以画上等号。

（2）就国内情况而言，少数民族新闻传播以马树勋的《民族新闻探索》为肇始，之后虽有少量零星研究，但难成体系。少数民族新闻传播的集大成者应属中央民族大学白润生教授，他几乎是“白手起家”，耗时十年编著出版了《中国少数民族新闻传播通史》，这套丛书的出版意味着少数民族新闻传播建立了较为完整的学科体系，之后白克信和蒙应合的《民族新闻学导论》、周德仓的《西藏新闻传播史》、林青的《中国少数民族广播电视发展史》、益西拉姆的《中国西北地区少数民族大众传播与民族文化》、阿斯买·尼亚孜的《新闻传播与少数民族受众》等作品的加入，使得少数民族新闻传播理论研究体系更加丰满。

同时，郑保卫的《我国少数民族地区新闻传播业发展现状及对策》（《现代传播：中国传媒大学学报》，2013年5月，第31—35页）、《西藏、新疆新闻业发展现状、问题及对策》（《中国少数民族地区信息传播与社会发展论丛》，2010年，第67—70页），李克的《西北少数民族地区新闻事业现状及对策》（《中国少数民族地区信息传播与社会发展论丛》，2010年，第17—27页），罗曲的《信息传播与凉山彝族社会经济的发展》［《西南民族学院学报》（哲学社会科学版），2001年第6期］等对少数民族新闻传播理论做了补充。

---

① 孙佳乐：《我国广播电视公共服务体系建设路径研究》，湖南大学硕士学位论文，2012年9月。

尽管近些年来，少数民族新闻传播研究取得了很大进展，但从客观来说未成显学。

另外，也有不少学者在少数民族新闻传播学科发展中，将自己的关注重点聚焦于少数民族广播电视功能与效果，如郭建斌的《独乡电视：大众传媒与少数民族乡村日常生活》（山东人民出版社，2005 年）、李春霞的《电视与中国彝民生活——对一个彝族社区电视与生活关系的跨学科研究》（四川大学博士学位论文，2005 年）、林晓华的《媒介素养与少数民族发展》（四川大学博士学位论文，2006 年）、师晓艳的《少数民族地区电视传播效果研究》（西北师范大学硕士论文，2012 年）、龙丽双的《传承还是消解——大众传媒在传承少数民族文化中的问题与思考》（《新闻界》，2013 年第 16 期）、谭华的《大众传播与少数民族社区的文化建构——对现代媒介影响下的村落变迁的反思》［《湖北民族学院学报》（哲学社会科学版），2007 年第 1 期］、罗秋霞的《浅谈民族类语言节目的传播影响力》（《视听研究》，2012 年第 10 期）、谭舒的《少数民族地区电视媒体的社会功能与定位》（《当代传播》，2013 年第 2 期）、顾雪松的《少数民族电视节目制作及传播效果分析——以五大少数民族自治区为例》（《贵州师范学院学报》，2015 年第 5 期）、李西莉的《少数民族地区电视传媒发展的思考》（《今传媒》，2011 年第 9 期）等。

还有学者将关注的目光投向了媒体对少数民族国家认同和民族认同的作用，相关文献有：钱磊的《大众传媒与西藏地区受众现代观念关联性研究》（西藏民族学院硕士学位论文，2013 年）、木尼拉·叶尔健的《大众传媒与新疆哈萨克族社会变迁研究》（新疆大学硕士学位论文，2014 年）、南长森的《西北少数民族地区新闻传播与国家认同研究》（武汉大学博士学位论文，2012 年）、张媛的《潜移默化——大众传媒与少数民族国家认同培养》（《传播与版权》，2015 年第 4 期）、刘新利《试论大众传媒与少数民族的国家认同建构》［《西藏民族学院学报》（哲学社会科学版），2013 年第 5 期］。

本研究的对象是维吾尔族观众以及新疆电视事业，许多专门研究新疆广播电视问题的学者为本研究提供了很好的思路借鉴，如金玉萍的《电视收视实践中的认同表征——基于托台村的民族志研究》（复旦大学博士学位论文，2010 年）、麦合布拜·麦麦提力的《喀什地区电视台维吾尔语频道栏目研究》（新疆大学硕士学位论文，2014 年）、米克丽班·迪木拉提的《新疆电视台少数民族语言频道经营理念研究》（新疆大学硕士学位论文，2008 年）、马瑞婕的《新疆电视台新闻联播研究》（新疆大学硕士学位论文，2010 年）、种立博的《新疆电视台维吾尔语频道媒介生态环境研究》（新疆大学硕士学位论文，2012 年）、夏木西卡买尔·艾买提的《新疆电视台维吾尔语译播栏目研究》（新疆大学硕士学位论文，2011 年）、蒋雪娇的《新疆少数民族语言影视译制业现状及发展研究》（新疆大学硕士学位论文，2011 年）、闫瑞的《新疆卫视汉语频道在新疆的传播效果研究》（兰州大学硕士学位论文，2013 年）、李小琴的《喀什地区电视媒体发展中存在的问题及其对策——以喀什电视台为样本分析》（《中国西部科技》，2010 年第 15 期）、黄莉莉的《维吾尔族受众对新疆电视台维吾尔语频道新闻节目信任度研究》（《新闻世界》，2015 年第 1 期）等等，这些研究非常有针对性。

综合来看，前期研究成果一是数量少；二是量化研究少、文献研究多；三是立足于观众立场的研究少，绝大部分都是立足于电视台的立场思考问题，视角难免受限；四是孤立研究多，缺乏对于问题根源的探讨，仅是描述事实；五是结论缺乏前瞻性和系统性，大部分文献的结论都是泛泛而谈，比如要加强人才建设、要强化节目制作，这种结论只能触及问题的表面，如果人才建设和节目建设所依附的制度是无生命力的，那么所谓的“加强”只能是一句空话。

但不论怎样，这些前期成果还是对笔者有很大帮助，明确了研究的定位和指向。

3. 公共电视理论及实践研究

（1）国外相关研究

最早关于公共电视的理论研究来自国外，由欧美学者首开先河。欧美学者从历史与实践层面对公共广播电视进行了较为深入的研究。历史研究如 J. Cain 的“The BBC：70 Years of Broadcasting”，Charles Curran 的“A Seamless Robe：broadcasting，philosophy and practice”等，这些文章对英国 BBC（英国广播公司）从 20 世纪 20 年代诞生至 90 年代的发展历程进行了梳理。其他国家的学者也对其所在国的公共广播电视发展历程进行了研究，如法国学者 Cecile Meadel 的“The birth of a public radio service in

France”，西班牙学者 Enrique Bustamante 的“TV and public service in Spain”等。

自由主义思潮和市场化改革一直是公共广播电视合法地位的最大威胁，国外学者从政府、社会及公共广播电视本身出发，为公共广播电视的合法地位寻找理念支撑。

Marc Raboy 的“The Role of the Public in Broadcasting Policy—Making and Regulation Lesson for Europe from Canada”从公共政策角度入手，认为公共广播电视是公民政治参与的重要途径，也是实现政治民主和科学决策的必然要求，因此政府应为公共广播电视发展提供政策扶持；Allan Brown 的“Economics，Public Service Broadcasting，and Social Values”从社会价值的角度阐述了公共广播电视的社会价值，认为公共广播电视有利于满足多元化的社会需求，促进社会阶层对话，实现社会平等；也有学者运用比较研究的方法，如 Philo C. Wasburn 的“Democracy and media ownership：a comparison of commercial，public and government broadcast news”通过比较公共广播电视与商业广播电视的运营表现来反证公共广播电视的独特价值。

欧美学者的研究从多方面证明，公共广播电视及其提供的公共服务在任何时候都是有价值的，公共广播电视存在与否既关乎政治民主、社会公平，也与传媒业的可持续发展密切相关。

20 世纪 90 年代以来，数字技术使广播电视进入多频道时代，网络的崛起也使广播电视面临更严峻的挑战，公共广播电视的生存竞争更为激烈，很多学者开始关注公共广播电视的转型问题，探讨数字时代公共广播电视的应对之策。Trine Syvertsen 的“Challenges to Public Television in the Era of Convergence and Commercialization”认为公共广播电视在数字时代面对的压力主要来自商业媒介的融合与兼并，公共广播电视应思考如何重塑自身影响力以抗衡商业媒介帝国；Peter Goodwin 的“Public Service Broadcasting and New Media Technology：What the BBC has done and What It Should Have Done”从新媒介技术的角度探索 BBC 在数字时代的发展道路；Alicia M. Kemmitt 的“Transforming United States public service media through strategic communication”，Matthew Hibberd 的“The reform of public service broadcasting in Italy”分别探讨了美国和意大利公共广播电视的改革之策，认为

公共广播电视应以品牌塑造影响，应对竞争；等等。[①]

（2）国内相关研究

这些西方学者的研究为国内学者提供了翔实的材料。20 世纪 80 年代开始，国内学者通过翻译西方学者的著作，丰富了社会各界对于公共广播电视的认识，如 Charles Curran 著、冯建三译的《统理 BBC》，Shank Leman 与 L. K 合著、彭泰权译的《透视 BBC 与 CNN：媒介组织管理》，Kops 与 Manfred 合著、何勇编译的《公共广播电视及其经济来源分析》等。

此外，国内学者在研究中外广播电视的文献中也对公共广播电视多有涉及，如施大权、高冠钢、陆卫华编著的《当代世界广播电视》，胡正荣、李继东的《广播电视公共服务、政治理念与社会实践》，郭镇之的《美国公共广播电视的起源》、《欧洲公共广播电视的历史遗产及当代解释》，陆地的《世界电视产业市场概论》等，对公共广播电视体制的基本类型、制度变迁、现状及困境、改革方向等做了介绍。

另一方面，尽管中国没有所谓的公共广播电视体制，但由于中国广播电视与西方国家一样面临着市场化的侵袭，且发达国家公共广播电视作为一种实践形态确实发挥了“公共服务”的作用，因此，不少研究者将对发达国家公共广播电视体制的分析与中国当下的社会背景结合起来，通过探究西方公共传播政策及公共广播电视的设计理念、体制变迁，为我国广播电视改革提供理念资源，树立价值取向。

如石长顺、向培凤的《公共电视与公共领域构建》，徐海涛的《论广播电视公共服务的共享与实现》，李继东的《论英国公共广播电视理念的缘起与嬗变》，王哲平的《美国公共电视的理念与机制》，张燕的《公共领域建构与媒体之关系研究》等认为发达国家公共广播电视的理论渊源是“公共领域”和“市场失灵”理论，从而揭示了媒介公共属性与市场属性、政治属性之间的矛盾冲突。

李娜的《欧美公共广播电视危机与变迁研究》、李继东的《英国公共广播政策变迁与问题研究》等考察了公共传播政策在国家、市场与社会之间的重构关系，认为我国的媒介政策变迁应该在政治、社会和经济价值之间寻找平衡点，因为媒介政策应以公共利益为最终目标。

---

① 孙佳乐：《我国广播电视公共服务体系建设路径研究》，湖南大学硕士学位论文，2012 年 9 月。

目前，在建设我国广播电视公共服务体系的必要性和紧迫性这一问题上，学界已取得了一致意见，但是，研究者对于我国广播电视公共服务体系建立路径的思考上却呈现出不同的取向。

一类学者认为，建立广播电视公共服务体系，应该多考虑如何在现有的媒介体制下通过运作细节修正以提供和保障公共服务。如杨乘虎的《中国广播电视公共服务体系建设三论》，刘祥平、肖叶飞的《中国广播电视公共服务：政策与规制》，杨飚的《健全农村广播电视公共服务体制研究报告》，王承英、陈章楷的《如何建立农村广播电视公共服务体系》等都认为，我国广播电视公共服务体系可以保持原有广播电视体制不变，通过引入新的制作主体、吸引多元化的投资、引入第三方评价机构等方式来匡正商业化和市场机制对广播电视所产生的不良影响。

与上述研究取向相比，多数学者选择了改革意味更为强烈的措施，这些学者以发达国家公共广播电视体制为参照，试图通过改革我国广播电视业的格局，建立中国的公共广播电视来提供和保障公共服务。如陆地、高宝霖的《中国是否需要建立公共广播电视》，石长顺、张建红合著的《公共电视》等认为，解决我国广播电视媒体“机关式管理，事业单位要求，企业化运作”三重属性内在冲突，避免广播电视业结构失衡、竞争失序、管理失范的有效途径就是引入公共广播电视体制，改变我国广播电视业的格局。

引入西方公共广播电视体制，建立我国的公共广播电视必然要面临广播电视格局的改变。特别是在电视体制改革问题上，即使考虑开办公共电视，仍然还有许多问题需要考虑，如商业电视与公共电视怎样分离？是建立一个全新的公共电视，还是仅在现有公共频道基础上改革？基于某些专业频道所担负着的公共服务职能，有学者认为可以从改革现有的公共频道来实现，比如陆地、高菲的《我国建立公共电视的总体思路、模式和路径》，焦阿娟的《公共服务诉求下我国公共频道向公共电视的转型分析》，方雪琴、阎大荣的《公共电视的本土化建构》，袁英的《中国公共频道向公共电视转型分析》等，在分析了公共频道的历史、性质、运营现状后得出结论：在现有电视频道众多的情况下，改革现有频道为公共电视更具操作性。

在监管主体方面，鉴于西方公共广播电视的独立性，多数学者主张由全国人民代表大会来保障广播电视公共服务体系的运行。如陆地、高菲的

《我国建立公共电视的总体思路、模式和路径》，石长顺、张建红的《公共电视》，张燕的《公共领域的建构与媒体之关系研究》认为，全国人民代表大会作为决定全国性公共电视的中心力量，应由人大立法，以法律来确定公共电视机构的独立法人地位。在财源方面，研究者参照西方公共广播电视的资金来源结构，主张采用政府投入、小份额的商业运营、个人捐助等多样化的资金投入来保障广播电视公共服务。

在法制保障方面，方德运的《我国广播影视公共服务体系建设实践与思考》一文指出，建立健全广播影视公共服务法制体系不仅可以界定政府、广播电视和企业的行动范围，还能为广播电视公共服务营造一个良好的发展环境。刘祥平、肖叶飞在《中国广播电视公共服务：政策与规制》一文中提出，规制广播电视公共服务的两种可行方式，一是建立公共广播电视法，二是在《广播电视管理条例》和《广播电视设施保护条例》的基础上增加相关条款，对广播电视的公共服务职能做出明确规定。石长顺、张建红建议制定并出台一部《公共电视法》，他们在参考台湾学者翁秀琪的观点后认为，公共电视法应对公共电视的理念、组织形式、管理运作方式、经费及财务、节目的制播原则等做出明确而详细的规定，让公共电视在中国的发展有法律保障。

目前可见的对我国广播电视公共服务体系建设最为系统的研究应属中国传媒大学于 2008 年开展的“北京市广播电视公共服务体系建设研究”的课题项目。该课题立足我国实际，对广播电视公共服务体系的诸多问题进行了阐释，发表了《广播电视公共服务的基本内涵》《中国广播电视公共服务的三个历史阶段》《中国广播电视公共服务体系建设三论》《广播电视公共服务支撑技术框架分析》等一系列论文，同时还出版了《中国电视公共文化服务发展创新研究》（杨乘虎著），笔者认为该书逻辑清晰，资料丰富，体系完整，有很高的参考价值，美中不足的是在如何建立中国特色的公共电视体制方面论述不够细致。

在少数民族公共电视方面，目前仅有少量相关研究，而且基本都是将广播电视置于公共文化服务的大体系之下看待的，比如李翔的《少数民族地区公共文化服务体系建设研究》、索晓霞的《试论民族地区公共文化服务体系建设的特殊性》、潘思柳的《民族地区基本公共文化服务差异研究——基于泰尔指数的分析》等。

总体来看，学界对于我国广播电视公共服务体系的研究还有一些缺陷，其一是脱离“制度创新”谈创新，空谈人才问题、管理问题、经费问题，其实这些问题的背后的实质都是制度问题；其二是“目标”和实现目标的“路径”之间没有区别对待。发展公共电视可以设置为目标，这个目标对于我国现行的广播电视体制而言是颠覆性的，但实现目标的路径可以是改良型的、循序渐进的、平稳过渡的，不一定要一步到位，这才符合中国的国情。

第一章　WSRVC：对“电视媒体影响力”进行解析的新思路

既然要研究电视媒体在维吾尔族观众中的影响力，那么就需要对“电视媒体影响力”进行解读：什么是电视媒体影响力，如何解构“电视媒体影响力”？

“电视媒体影响力”① 是个“既老又新”的名词。言之“老”，是因为但凡谈及传媒产业，必然谈到“影响力”这一概念，从2003年起，就有对“媒体影响力”内涵的研究论述不断涌现，并非新生事物，而言之“新”则是指纵观前人研究，“媒体影响力”这一概念大多处于应用层面，缺乏对其内涵的解构与合成，比如“媒体影响力”由哪些关键因子构成？不同的因子包含哪些指标？各因子之间的权重如何？在媒体融合化日趋明显的今天，“融合”对于“电视媒体影响力”的影响程度如何？……这些都缺乏深入的、系统的论证。

依据加拿大传播学家麦克卢汉的“媒介即信息”理论，不同媒体的影响力必然会被打上媒体技术特性的烙印，尽管受到了网媒冲击，但电视媒体在相当长一段时间内仍将充当主流媒体的角色，缺少对“电视媒体影响力”内涵的针对性，显然与其媒体地位不符。

本章试图在简要回顾媒体影响力分析理论基础上，结合媒体融合时代特征、研究对象维吾尔族的特殊性以及本研究的客观条件，对“电视媒体影响力”进行解构提出新的思路。在此思路的框架下，借用焦点小组访谈、问卷调查等研究方法，得出相关结论。

---

① 国内著作中，有“媒体影响力”“媒介影响力”“传媒影响力”等三种不同的表述方式，但经本人研究、甄别之后发现，尽管三者的表述方式不同，但所指却相同（研究过程本文从略）。鉴于此，本文采用了“媒体影响力”这一名词形式。

第一节 从“媒体影响力”再到“电视媒体影响力”

影响力（Influence）概念较早出现于人际交往理论，是指“文化活动者以一种所喜爱的方式左右他人行为的能力”①。从本质的角度来看，“影响力是一种控制能力，这种控制能力表现为影响力的发出者对于影响力的收受者在其认知、倾向、意见、态度和信仰以及外表行为等方面的控制作用”。

“媒体影响力”是媒介（或媒体）为了达到某种传播效果，而借助某种传播手段向受众传递某种信息而对社会所发生作用的力度。媒介影响力的基本目的就是让受众得到信息，并使受众能够理解和接受信息传播者的传播意图。②

媒体影响力主要通过两个层面起作用：一是媒体的物质技术属性层面，如广播、电视、报纸、杂志、网络、手机等作为不同类型的传播渠道在传播信息时所打上的各自的“物质技术烙印”，并由此产生的对于人们认知、社会判断和社会行为的影响。加拿大传播学家麦克卢汉认为对于“人的组合与行动的尺度和形态，媒介正是发挥着塑造和控制的作用”。他所强调的是，媒介对于人类社会的最大意义，不是它作为媒介所承载的具体信息，而是它作为“人体的延伸”所带来的人类感知世界、认识世界方式的改变以及由这种改变所带来的对于人类社会活动的影响。显然，他强调的主要是媒介的物质技术形式的发展所带来的“影响力”。二是媒体的社会能动属性层面：媒体通过它对于信息的选择、处理、解读及整合分析等等在传播信息时所产生的对于人们认知、社会判断和社会行为的影响。事实上，传媒的社会能动属性是通过一种系统化、结构化的信息表现与解构方式影响着人们的关注重点、议题选择甚至思维方式和价值判断，这就是媒介在一定的物质技术形态基础上对于人们的社会活动所发生的能动的

---

① 覃业广、冯利、陈朴主编：《文化学词典》，中央民族学院出版社，1988 年 8 月第 1 版，第 725 页。

② 华文：《媒介影响力经济探析》，载《国际新闻界》，2003 年第 1 期，第 78 页。

“影响力”。①

结合“媒体影响力”的内涵以及双重层面的剥离，笔者对“电视媒体影响力”做出如下定义：

电视媒体影响力指的是电视媒体借由其物质技术属性和社会能动属性，对受众打上的“物质技术烙印”以及对受众认知、社会判断和社会行为的影响。

第二节 “电视媒体影响力”的前期研究

国内对于媒体影响力的研究可以追溯到2003年喻国明教授的专著《传媒影响力：传媒产业的本质与竞争策略》，这本书以及后来喻教授发表于《国际新闻界》2003年第2期的《关于传媒影响力的诠释——对传媒产业本质的一种探讨》一文，均提出并阐释了“媒体影响力”的概念、内涵以及本质，虽唤起了学界对“影响力”的关注，但并未有人进行深入系统的量化研究。

此后，学者赵彦华提出“媒介影响力”的五个要素分别是：规模、时间、内容、方向和效果，同时认为媒介影响力包括媒介社会影响力和媒介市场影响力两部分，并对如何评价媒介的质量进行了分析。② 这一系列文章同样表现出了“重定性轻，定量”的特点，“媒体影响力”的测量仍不具备系统性和精确性。

学者朱雯提出了“五星分析法”，这种方法更偏重于对媒体的市场影响力评价，研究对象也仅适用于单个频道，难以应用于整体评估。③

学者何春晖、毛佳瑜把传媒影响力分解为四个层面：对内部公众（员工）的影响力、对受众的影响力、对广告主的影响力、对同行和学术界的影响力。这种分解方法过于面面俱到、“大而全”，对于最核心的“受众影

① 袁薇佳：《媒介影响力与品牌打造》，载《当代传播》，2004年第4期，第84页。

② 赵彦华：《媒介影响力的分类及功能特征》，载《中华新闻报》，2003年9月1日，第5版。

③ 朱雯：《东方卫视影响力评估研究》，南京师范大学新闻传播学院硕士学位论文，2005年5月。

响力”却未再细分解读，这一体系体量庞大，导致难以实施，而且测量结果会比较笼统。①

2007 年，中视金桥媒介研究中心提出了对于影响力的计算公式，即媒体影响力水平 = 媒体影响受众的能力 ×60% + 受众影响社会的能力 ×40%②，这虽承认媒体具有社会影响力和市场影响力两重含义，但受其身份局限，它的研究视角仅着眼于市场影响力，这实际上忽略了我国传媒产业的基本属性：社会影响力第一，市场影响力第二。在我国，社会影响力是根本，市场影响力仅是传媒产业大趋势下，社会影响力的外在表现之一。

综上所述，在早期研究中，国内的媒体影响力研究呈现出几个基本特征：1. 重应用，轻内涵；2. 重定性，轻定量；3. 指标设计过于宏观和模糊，不便于理解；4. 研究导向偏重市场影响力。

除了上述数篇重点文献之外，国内也有不少文章中提到了“媒体影响力”概念，但仅为名词应用层面，并未进行独立的、系统的研究。

直到 2010 年，《新闻大学》在 2010 年第 1 期刊登了一篇名为《媒介影响力评价指标体系研究》的文章，作者是南京大学的郑丽勇，其将“媒体影响力”分解为四个维度，即：广度、深度、强度和效度，强调媒介影响力指数（MII）是由广度因子（WF）、深度因子（DF）、强度因子（SF）和效度因子（EF）按不同权重赋值后相加的结果。③

继而在《新闻与传播研究》2010 年第 6 期中，郑丽勇发表了一篇名为《媒介影响力乘法指数及其效度分析》的文章，对于前篇中的体系进行了修正和效度检验，主要是将强度和效度因子改成信度和高度因子，并将其改为乘法模型。这两篇文章叠加，产生了郑丽勇其特有的媒体影响力评价方法。

这两篇文章发表之后，得到了国内学者的广泛认同，不管是下载率还是被引频次都高于前人及同类研究，其原因在于：

1. 它着眼于基础研究和基本规律的探寻，不仅能为某个栏目提供评价范式，也能够用于多个频道之间的影响力对比，还能用于频道自身历史的

---

① 何春晖、毛佳瑜：《媒体影响力的量化指标》，载《新闻实践》，2006 年第 10 期，第 15—16 页。

② 中视金桥媒介研究中心：《如何评估电视媒体影响力》，载《市场观察·广告主》，2007 年第 12 期，第 97 页。

③ 郑丽勇、郑丹妮、赵纯：《媒介影响力评价指标体系研究》，载《新闻大学》，2010 年第 1 期，第 125 页。

纵向对比。

2. 平衡了定性与定量的比重，尽可能的避免了主观因素的影响。

3. 指标设计清晰、可行，分析“切口”适中。

4. 以社会影响力为评价主要导向，充分尊重了中国的国情和传媒制度，避免被媒体的经济利益所牵制。

尽管郑教授的范式有了很大进步，但笔者认为该范式也存在一些不足之处，供探讨如下：

1. “深度”和“强度”边界模糊

该研究当时依托喻国明、赵淑兰等学者的媒介影响力发生机制理论，将“影响力的发生机制”设定为“接触”“认知”“说服”“放大”四个环节，这一框架为郑教授的研究提供了灵感，但似乎也在很大程度上限制了思维的开放性。

在郑丽勇的理论中，深度被界定为“平均收视时间”，而强度被界定为“忠诚度”“美誉度”等，但两者之间的界限比较模糊，“平均收视时间”本身就应该是“忠诚度”的一个重要指标，看某个频道时间越长，说明对它的忠诚度越高。因此，依笔者看，深度与强度因子可以合并为“强度”，以更好地实现测量目的。

2. “高度”因子的设置“简单粗放”

郑教授的乘法模型中提到的高度因子，是基于国内“四级办媒体”的体制而定的，他假设级别越高的媒体，其影响力程度越高。这种假设顾及了媒体经营单位的整体性差异，比如中央电视台的高度肯定是高于省级电视台的，但忽略了节目类型的差异、频道定位的差异。如单就频道而言，央视的 CCTV－3 综艺频道在娱乐领域的影响力未必比湖南卫视更高；而同样是新闻节目，就民生新闻而言，CCTV－新闻频道虽然高度很“高”，但未必比市级电视台更有影响力。

“高度因子”的这种不足，或许就是后续其他学者的研究较少使用郑教授的乘法模型，而更愿意采用其加法模型的原因之所在。

3. 缺乏对融媒体时代的关注

鉴于郑教授的研究时限，他的范式中没有关注媒体融合的问题。这并非其疏漏，而是时代性的局限。

继郑教授之后，有少数学者关注到了媒介影响力中的互动性因子问题。比如孔柳的硕士论文《信息时代媒介影响力研究——理论基础与概念模型》（2013 年）就提到了该问题，但他所称的“互动”单纯指的是网络媒体中信息发送者与接受者之间的互动频次，并不涉及媒体融合问题；而蒋信成在其《理性互动：媒介影响力的助推器——兼对郑丽勇教授媒介影响力指标体系质疑》中虽提出要在媒体融合时代考虑互动因子，但并没有给出方法和答案，使其文章仅停留在“质疑”层面上。[①]

第三节　电视媒体影响力的“WSRVC”五维分析模型及在本研究中的调适

一、WSRVC 分析模型的基本组成

综上所述，以前人研究为基础，结合媒体融合的时代特征，笔者认为可采用“广度（Width）+强度（Strength）+信度（Reliability）+效度（Validity）+融度（Media Convergence）”的“W－S－R－V－C”五维分析模式对电视媒体的影响力进行分析和解读。

1. 广度（Width）

“广度”是电视媒体影响力的基础性指标，它包括了媒介整体，或者单个频道、某个栏目的覆盖率、开机率、到达率、收视率等子指标，以及由此延伸出来的观众群体的电视机拥有率、电视机类型、信号接收方式等“充分条件”的情况。

2. 强度（Strength）

郑丽勇教授认为，电视媒体影响力的强度取决于两个因素：一是媒介内容本身对受众的影响，二是媒介品牌对受众的影响。

内容影响因子有两个影响因素，一是媒介满足受众需求的程度，二是媒介内容质量的优劣，可细分为真实性、完整性、全面性、客观性、准确性、平衡性等指标。

---

① 蒋信成：《理性互动：媒介影响力的助推器——兼对郑丽勇教授媒介影响力指标体系质疑》，载《新闻记者》，2012 年第 7 期。

媒介品牌影响因子的影响因素包括品牌形象、品牌体验和品牌忠诚度三个方面，其中品牌忠诚度中包含了“平均收视时间”这一指标，其他指标还包括：级别高度、独立性、公正性、社会责任感、平等、批判精神和人文关怀，以及时效性、原创性、深入性、美誉度、忠诚度等。①

内容影响因子和品牌影响因子的各项指标可以通过李克特量表对受众进行调查，一般可采用五级量表，各指标权重相同。

上述对于“强度”指标的分解固然详细，但就本研究的实际情况而言，无法对照理论将所有子指标一一进行测量，同时试调查的结果也显示出普通观众很难从专业的角度对太过细分的子指标进行准确的回答。

本着“站在观众立场上看问题”的态度，在实际操作中，本研究对理论进行了如下调适：

（1）将内容对于观众的影响强度和媒介品牌对于观众的影响强度合并为“熟悉度”这一个概念。在列出各级电视台的每个频道之后，由观众选出三个认为最熟悉的频道。对于普通观众而言，“熟悉”的频道即为对于一个频道传播强度的整体认知，避免了因指标设置过度“学术化”和“专业化”所带来的理解困难。

（2）采用李克特量表对各级电视台、各频道的“熟悉度”进行打分赋值，其中“非常熟悉”的选项得分为最高 5 分，限选 3 项，“非常不熟悉”的得分为最低 1 分。

3. 信度（Reliability）

“信度分析”原本是统计学中的一个专业术语，指测验结果的一致性、稳定性及可靠性，一般多以内部一致性来表示该测验信度的高低。信度系数愈高即表示该测验的结果愈一致、稳定与可靠。

在本模型中，借用“信度”一词，指的是不同观众对于具体栏目、频道或者是媒介机构整体的信任程度。

本研究认为，电视媒体提升广度和强度的目的就是实现观众对于电视媒体所传播内容的“信赖”“确信”。但“信度”的产生并不是空中楼阁：（1）构成“信度”的基础是观众的“满意度”——观众只对自己满意的内容产生“信”，传播“强”度大的媒体（频道或者栏目）“信度”未必

① 郑丽勇、郑丹妮、赵纯：《媒介影响力评价指标体系研究》，载《新闻大学》，2010 年第 1 期，第 124 页。

一定高；（2）“满意度”的基础是电视媒体对于观众“需求”的满足程度。这是基于“使用与满足”的传播学基础理论产生的一种判断。“使用与满足”理论是站在受众的立场上，通过分析受众对媒介的使用动机和获得需求满足来考察大众传播给人类带来的心理和行为上的效用。同传统的讯息如何作用于受众的思路不同，它强调受众的能动性，突出受众的地位。该理论认为受众通过对媒介的积极使用，从而制约着媒介传播的过程，并指出使用媒介完全基于个人的需求和愿望。不管是维吾尔族观众还是其他身份的观众，都遵循着这一规律。

因此，在问卷设计上，用层层递进的三重指标去测量观众对不同媒体、同种媒体、不同频道之间的信度差异：

（1）第一重指标：维吾尔族观众的收视动机指标；

（2）第二重指标：基于收视动机，维吾尔族观众对于现有电视节目的满意度；

（3）第三种指标、基于满意度，维吾尔族观众对于电视媒体的信任度指标。

4. 效度（Validity）

“效度”（Validity）也是从统计学中借用来的一个词汇。效度即有效性，在统计学中它是指测量工具或手段能够准确测出所需测量的事物的程度。

本分析模型中，借用“效度”一词，指代电视媒体对于观众所产生的效果。关于电视媒体效果的理论有很多，研究角度也有很多。本研究主要从媒体对人的现代化影响角度来解析电视媒体对维吾尔族观众带来的传播效果。

作为少数民族，维吾尔族长期处于发展较为落后的地区，由此引生出了诸多社会问题。少数民族的问题，归根结底还是发展的问题，而解决发展问题的最终离不开少数民族同胞个体人格的现代化。美国哈佛大学的社会学者阿历克斯·英格尔斯就认为，“现代”一词不仅用于政治或经济领域，还能用来形容国民心理素质的高低。因此，现代化的研究，除了继续关注国家体制等宏观层面外，其触角应延伸到人格、心理等微观层面，因为个人的思维格式和心理结构是国家获得现代化的基础。他还用自己的研究证明了大众传媒对人的现代化的作用。

本研究也立足于电视媒体的功能，测量电视媒体对于维吾尔族观众现代化的影响效果。在实际的问卷测量中，将人的现代化具象为四种偏向、十一种观念，每一种观点又可以根据具体项目的研究目的，化解为几个语句进行测量。如下表 1—1 所示：

表 1—1　电视媒体对人观念的影响

效度	偏向	观念
电视媒体对人的观念现代化的影响	政治偏向	政治观念
		平等观念
		国家观念
		民族观念
	经济偏向	消费观念
		成就观念
	文化偏向	传统观念
		开放观念
		教育观念
	技术偏向	科学观念
		媒介观念

5. 融度（Media Convergence）

包括跨屏直播率、跨屏点播率和回放率、网络（PC 端 + 移动端）的关注度、社交媒体（微博、微信、贴吧等）互动程度等。这些指标均构成了融媒体时代，是电视媒介进一步扩大其影响力、积极参与媒介融合的必要指标。

二、WSRVC 模型的“金字塔”结构解读

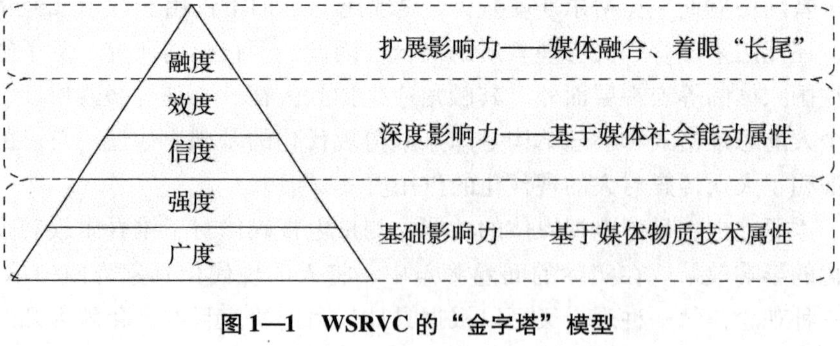

图 1—1　WSRVC 的“金字塔”模型

WSRVC 还具备以下内涵：

1. 媒体影响力会遵循和经历“层层递进式”的梯度进程，层级越高，实现难度越大，影响的观众群体规模越小。

电视媒体及其他各类媒体的影响力，都是存在层层递进关系的，即先谈到广度、解决媒体覆盖的有无问题，才能进一步谈到强度问题；而影响力的强度，从某种程度上来说，只是电视媒体主动施加的一种力度，这些力度对于观众的影响仅存在于浅层意识中，观众被包围但未必妥协于这种力度。只有对自己满意的媒体、满意的频道观众才会产生信赖，继而在需求上得到满足、在观念上得到改变。

2. 媒体影响力的“广度”和“强度”是其物质技术属性的外化，是影响力的基础阶段。媒体要扩大其影响力，初期必然经过“广度”和“强度”的扩张阶段，在这一阶段，电视节终端的普及、覆盖率的提升等是重点，由此产生的投资主要是在电视的“硬件”方面“村村通”工程就是典型事例。

3. 媒体影响力的“信度”和“效度”主要是由电视媒体所播出的内容品质所决定的，追求影响的“深度”，这一阶段产生的主要投资都集中在“软件”方面。

4. 媒体影响力的“融度”是产生“长尾”收益的必要保证。“媒体融合”不是让一个电视媒体经营单位放下原本的电视业务不做，去发展网络业务，而是要求电视媒体以自身的长远发展为出发点，考虑如何在传统的生存空间之外，拓展更大的生存空间，收获更多的影响力。

三、“电视媒体影响力”赋值、权重与指数合成的必要性辨析

在郑丽勇以及其他学者的一些研究中，都对媒体影响力进行了指标合成，以期形成一个“媒体影响力指数”。而为了进行合成，就有必要对影响因子进行赋值和权重的平衡。

但笔者认为，在研究中可以暂时不考虑“电视媒体影响力指数”合成，因为这种“合成”缺乏足够的必要性：

“影响力”的大小是相比较而言的，不管是电视媒体之间，还是电视媒体与其他媒体之间的跨媒体比较均是如此，而进行这种比较的意义就在

于发现差异。

由于“影响力”的构成较为复杂、指标众多，合成过程又充斥着主观因素的干扰，合成之后只有一个数值，对于电视台而言，一个笼统的指数，对于发现各因子之间的差异及原因并无帮助。即便是对于政府的广电管理部门而言，这种类似于排行榜式的指数目录也缺乏价值。

WSRVC模型最大的价值在于其以观众为出发点，为电视台等媒介经营单位提供了一个分析框架，在这个框架下，可以发现自身与其他媒体、与历史相比而言的进退趋势，从中找出问题，以便更上一层楼。

第二章　两次问卷调查的研究方法及样本构成

为了本次研究，我们分别在2010年和2015年进行了两次问卷调查。这两次调查的主导思路相同，研究路径相似，相隔五年时间所得到的调查数据，更能从历史曲线上看出电视媒体对维吾尔族观众影响力的变化态势。

受篇幅所限，本章中对于两次问卷调查的相同之处不重复赘述，仅就不同之处进行阐释。

第一节　2010年的问卷调查概况

一、调查对象的确定和抽样方法

调查的研究对象为维吾尔族电视观众。2009年的人口统计数据显示，维吾尔族总人口达987万人，其中长期居住在新疆维吾尔自治区的维吾尔族观众共计941.3796万人（2006年人口统计数据），约占新疆总人口的46%，主要聚居在新疆维吾尔自治区天山以南的喀什、和田一带和阿克苏、库尔勒地区，其余散居在天山以北的伊犁等地。除新疆外，还有少量维吾尔族聚居在湖南桃源、常德等地以及暂住在北京、上海等大城市。

考虑到新疆地广人稀、往返各地路途遥远的实际情况，2010年的问卷调查采用三级抽样的方法。第一级抽取地区（市），按照各地区（市）民族人口数量，采用PPS抽样方法抽取具体的入样地区（市），共抽取了维吾尔族聚居的新疆7个地区（市），分别是乌鲁木齐、吐鲁番、哈密、阿图什、喀什、阿克苏、和田。

第二级抽取调查员，按照便利和判断抽样原则，在中央民族大学公开招募调查员，要求其家庭所在地为以上入样的7个地区（市）或其下属的县、乡（镇）等，通过对报名者进行面试，并参考其家庭所在地，最终确定了15名调查员。

第三级抽取最终被调查的少数民族电视受众，抽样方法为配额抽样，参照维吾尔族人口的性别和年龄分布，并根据项目研究的需要制作了配额表，要求调查员在选取调查对象时严格按照配额表执行。此外，问卷调查应该当场一次性完成，调查员应检查并确认没有漏答、错答的问题后才能离开被访者，不允许把问卷置留在被访者家中过几天再回收。

表2—1 新疆维吾尔族观众电视影响力调研配额表

配额表—A				配额表—B			
	男	女	总计		男	女	总计
16~20岁	2	3	5	16~20岁	3	2	5
21~30岁	3	2	5	21~30岁	2	3	5
31~40岁	2	2	4	31~40岁	2	2	4
41~50岁	2	1	3	41~50岁	1	2	3
51~60岁	1	2	3	51~60岁	2	1	3
总计	10	10	20	总计	10	10	20

注：调查员可自行选择配额表A或B，但一经选用不得更改，且两表不可混合使用。

除此之外，本研究所选的被访者还必须满足以下条件：

1. 维吾尔族；
2. 住所地正在或曾经为新疆；
3. 家里至少有一台电视机；
4. 年龄要求在16~60岁；

5. 每家（户）被访不得超过 2 人

2010 年 6 月，调查员统一接受了项目培训，主要包括项目调研的主要内容和意义、项目问卷基本情况、调查访问基本原则和注意事项等。2010 年 7—8 月，调查员利用暑假在家期间进行实地调查，同时项目组督导赴各地进行实际调研的指导和督查。

从以上配额表也可以看出，课题组要求每位调查员至少调查 20 名电视受众，多则不限，由此预计目标样本量为 300 人。2010 年 9 月调查问卷被送回北京后，经过核查，筛除不合格问卷，最终确定有效问卷 319 份，达到事先预定的目标。

二、主要调查内容

2010 年的问卷调查，根据当时的知识水平和文献资料，笔者在 2010 年 4 月份完成了调查问卷的初稿，邀请相关领域的专家进行审核，并在中央民族大学的维吾尔族学生中间进行试测，同时也征求其对于问卷个别敏感语句具体措辞方面的意见，最终汇总专家和少数民族学生的意见，并结合初试调查的数据结果，于 2010 年 5 月确定了最终的调查问卷。

2010 年的调查问卷共分为五个部分：收视现状、收视内容（包括新闻节目、娱乐节目、影视节日、科教节日、广告节目五大类型）、收视习惯、收视动机、价值观念、基本人口背景资料等（见图 2—1）。其中每一部分又可以分解为若干个问题，为了不影响和诱导被访者，把各部分的问题都打乱了原有顺序，并进行了随机排列，在后期编码统计时再恢复原来的顺序（具体问卷详见附录一、附录二）。

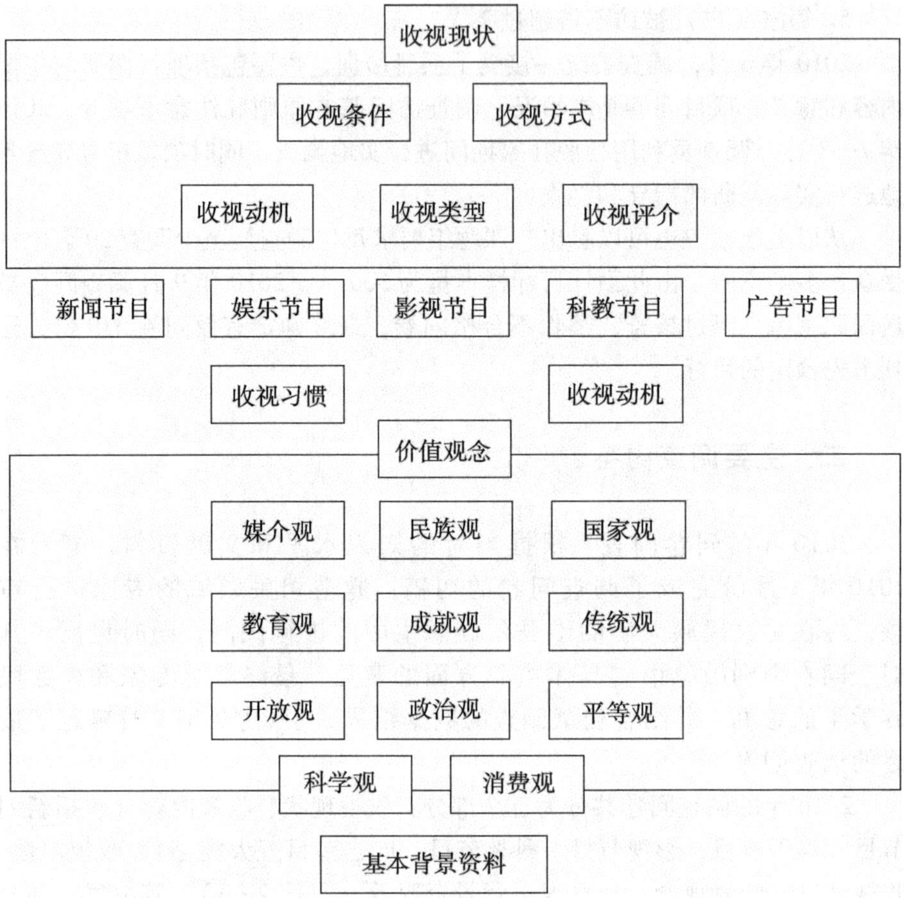

图 2—1　电视媒体在维吾尔族观众中影响力研究调研问卷结构示意图

三、2010 年样本概况

从最终回收的问卷来看，被调查者性别和年龄比例基本符合事先预定的配额要求，与维吾尔族整体的人口统计情况也基本吻合。

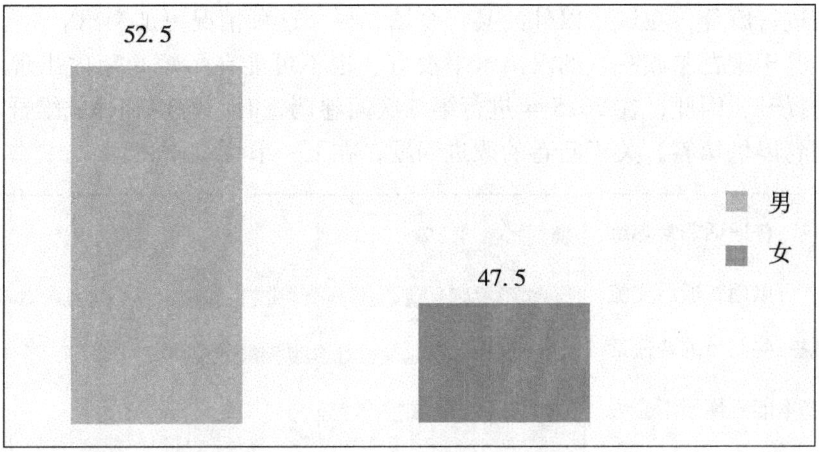

图 2—2　被访者性别比例

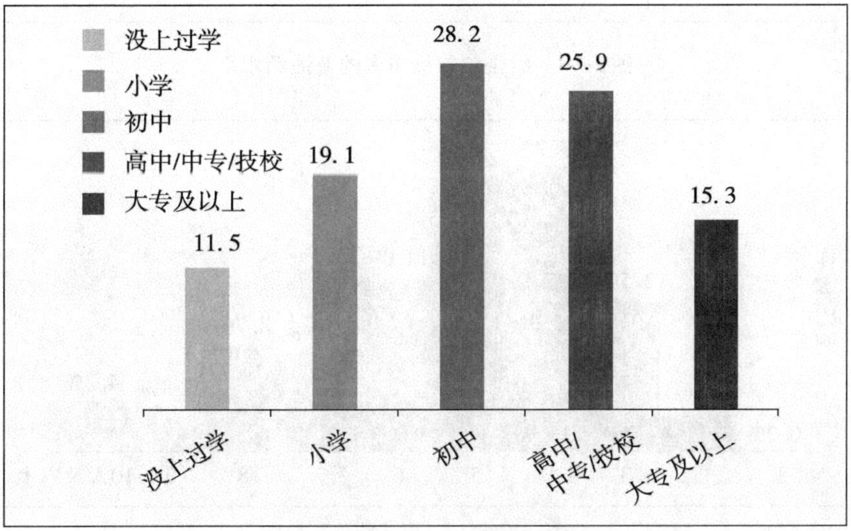

图 2—3　被访者教育程度构成

鉴于普通话水平在民族地区电视传播中的重要性非常重要，调查问卷专门设置了一道题目对受访者的普通话水平进行了解，数据结果如图 2—4 所示。总体看来，当时维吾尔族整体的普通话水平较差，后来的深度访谈和民族志研究也证明了这一点，特别是面对一些专业性较强的问题时，维吾尔族观众的理解就会比较吃力，需要多次、反复，或者是转化成简单的语言进行解释，在城市以外的县、乡镇和村，这种情况更加突出。

鉴于维吾尔族观众的汉语水平没有、也不可能在短短 5 年内出现跨越式的提升，因此，在 2015 年进行第二次问卷调查时，特地翻译成维吾尔语的问卷以供填答，关于问卷的改进问题，在下一节详细阐述。

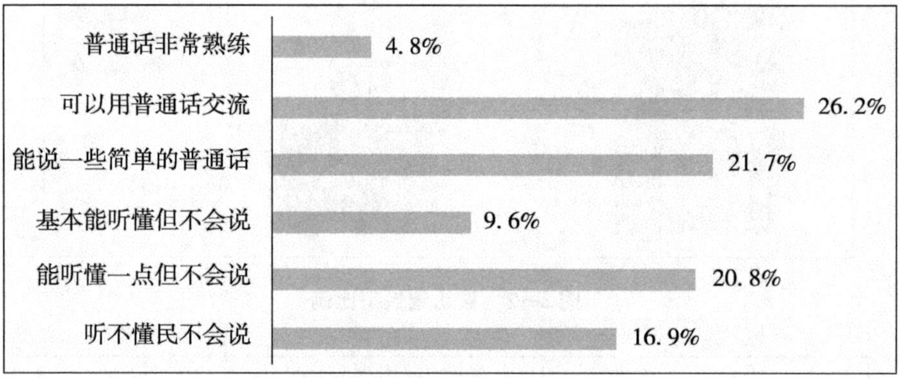

图 2—4　维吾尔族被访者的普通话水平

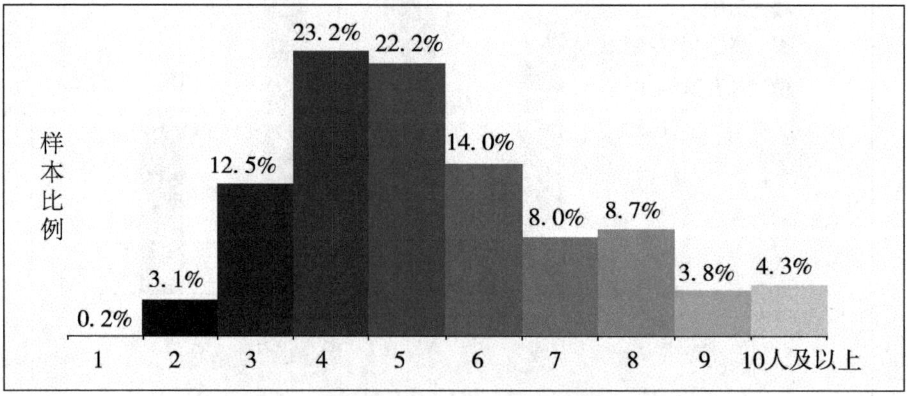

图 2—5　维吾尔族被访者的家庭人口数

第二节　2015 年的问卷调查概况

通过对 2010 年所采用的问卷调查方法进行研究，发现其存在以下几个方面的不足：

1. 目标受访者锁定的低效率和高成本

2010 年问卷调查采用的是三级抽样的方法，对新疆的维吾尔族受众进行了概率抽样，其初衷是保证样本的代表性，但这种抽样方法效率低、耗时长。

2. 语言障碍导致的结果误差

维吾尔族观众的汉语水平普遍不高，大部分维吾尔族受访者进行日常交流对话尚可，如果让他们进行深入的思考和表达就存在较大的困难。

2010 年的调查问卷全部是汉语问卷，需由维吾尔族访员按自己的理解，将汉语问卷翻译成维吾尔语解释给受访者听，再代替受访者在问卷上填答，这就致使在信息传递过程出现了误差，直接导致 2010 年的问卷调查中的逻辑错误多、废卷率高。

3. 问卷调查过程中的“执行难”“监督难”“回访难”

新疆地域宽广，在交通不便的情况下，行走于两个村镇之间往往要花上一天的时间。在实地调查过程中，虽然招募了当地访问员进行调查，但访员从居住地到实际调查地点所花费的时间成本和交通成本往往超出常人想象，再加上维吾尔族观众很少有接受问卷调查的经验、对于调查人员不信任等，导致入户访问的拒访率高，各种突发事件频出，在这种情况下，访员的耐心和责任心受到了极大挑战。

而作为督导方，因为语言和交通阻碍，督导组也很难进行深入的督导和及时的回访。

4. 问卷设计还有待改进之处

通过实际操作，发现问卷存在的问题如下：

（1）问卷过长，导致访问员普遍反映做完一份问卷最少要 30 分钟，甚至是 1 个小时，这对访问员和被访者的耐心都带来了极大挑战，对结果的准确性也产生了不利影响。

（2）个别语句指向模糊或意思接近，以致受访者难以做答。

比较典型的题目是 2010 年问卷中的 G9 题，测量维吾尔族观众各种观念的语句和测量维吾尔族观众收视动机的语句，不同程度存在着指向模糊或者语义接近的情况，这必然会影响到调查结果的精确性。①

① 详见附录中的调查问卷。

针对上述问题，2015 年版的问卷调查进行了如下改进：

一、抽样方法的改进

改三级抽样为“整群抽样”的方式，随机抽取三所民族院校的四个班级作为样本，分别是中央民族大学维吾尔族语言文学系大二与大三①的两个维吾尔族班、新疆大学新闻与传播学院广播电视新闻学专业大二班和新疆师范大学语言学院维吾尔语专业大二班，本着自愿的原则，四个班共有 97 名维吾尔族同学及其家庭自愿成为受访家庭。

实施整群抽样有如下几个优点：

1. 抽样实施方便。

2. 样本分布比较均匀。

如果是在汉族群体进行成群抽样，可能会出现样本分布比较集中的情况，不利于调查结果的代表性。

但如果是对维吾尔族观众进行成群抽样，样本分布会更加均匀，这是由少数民族特殊的招生政策所决定的。

以中央民族大学为代表的民族类院校在对维吾尔族招生时，是按地域和人口比例分配招生名额的，地域分布比较均匀；维吾尔族学生在读书时免学费，还享受高额的奖学金或助学金，所以维吾尔族大学生的家庭收入和社会阶层分布也很均匀，不会集中于高收入或者高社会阶层家庭。

3. 很多维吾尔族观众不会说汉语，也看不懂问卷。样本中的大学生能进行双语沟通，保证了结果的准确性。

综上所述，必须在充分考虑维吾尔族观众的实际情况下设计调查方法。

---

① 中央民族大学维吾尔族语言文学系是五年制，大一属于预科阶段，大二和大三相当于普通高校的大一和大二阶段。

二、对问卷内容的优化

（一）精简题目数量 保证重点问题 重点答案

在2015版问卷中，所有问题的设置更加科学合理，不再过分追求大而全，比如对于不同类型的节目（新闻、影视、综艺娱乐、科教、广告）喜好程度的研究，除新闻节目之外，未再将其他几类节目进行细分，比如影视剧不再针对不同题材的影视剧进行喜好打分，综艺娱乐节目不再细分为晚会、流行音乐等，科教节目不再细分为讲座节目、健康知识等，广告节目也不再研究不同产品和品牌的广告对维吾尔族观众的作用有何差异，也不再让受访者填写最喜爱的主持人或者影视明星的姓名。

在缩减内容的同时，也增加和完善了部分选项。比如考虑到维吾尔族观众有体育健身的需求以及体育节目本身的广泛性，增加了对体育节目评价的相关问题。

（二）优化部分问题的题干与答案 指向更明确 意思更清晰

1. 对部分测量语句进行修订

电视对于观众观念的影响，是我们重点要考察的问题之一。根据2010年的调查情况以及时代变化，我们对于2015版问卷中的G9题中一些反映维吾尔族观众观念的测量语句进行了优化，最终呈现在李克特量表中的项目分为11个维度共有语句22个（项目语句选择参考了价值观和现代化观念等相关量表）。经检验，量表克朗巴哈信度系数为0.84①，量表中各陈述语句与所属维度的相关系数多数在0.60以上，平均值为0.72，表明该量表具有较好的信度。采用主成分分析法②强制提取11个公共因子（方差最大正交旋转），累积贡献率达到77.82%，KMO值为0.827，Bartllett球形

① 信度是指一份问卷特别是量表的内在一致性、稳定性及可靠性，信度分析一般可用再测信度、折半信度以及克朗巴哈a信度系数，其中后者适用范围较广，也是目前最常用的信度系数，该系数大于0.8表明量表内在信度较好。

② 主成分分析法，多元统计分析方法之一，简单地说就是一种简化数据结构的方法，即如何把多个变量化为少数的几个综合变量，而这几个综合变量可以反映原来多个变量的大部分信息，详细原理及步骤可参见统计教材。

检验显著，表明量表具有较好的效度。

表 2—2　调查问卷中观念量表的信效度检验

价值观念	项目语句	共同度	贡献率	相关系数①
媒介观	现在人们离开大众传媒已无法生活 媒体对政府工作起着重要作用	0. 586 0. 429	5. 16%	0. 728 0. 647
民族观	看电视可以让我增强民族自豪感 电视有利于本民族的传统习俗传承	0. 403 0. 391	7. 35%	0. 586 0. 603
国家观	电视增强了我作为一个中国人的自豪感 我愿意通过看电视来学习普通话	0. 616 0. 644	7. 67%	0. 727 0. 667
教育观	从电视中我学到了很多知识 电视对于学生的学习是有帮助的	0. 705 0. 762	9. 97%	0. 84 0. 844
成就观	看电视使我对未来生活充满信心 看电视让我觉得自己的奋斗更有动力	0. 536 0. 451	5. 62%	0. 811 0. 806
传统观	电视让我安于现状而不愿意生活有所改变 电视传播的很多现代观念会改变我们的生活	0. 79 0. 554	5. 59%	0. 675 0. 787
开放观	我会把电视上看到的内容讲给别人听 看电视时，大家愿意听我发表意见	0. 777 0. 714	7. 86%	0. 835 0. 762
政治观	看电视使我增强了法律和法治意识 看电视使我更了解国家的相关政策	0. 763 0. 51	7. 63%	0. 793 0. 812
平等观	电视里的女性抛头露面是不好的 我觉得电视有助于女性地位的提高	0. 805 0. 809	7. 67%	0. 836 0. 828
科学观	电视里经常播出自然灾害是不吉祥的 电视增强了我的科学意识	0. 43 0. 522	6. 63%	0. 615 0. 7
消费观	我希望自己的衣食住行都像电视里的那样 我愿意多花钱去购买电视推荐的广告产品	0. 369 0. 88	6. 67%	0. 659 0. 861

2. 根据时代发展，更新部分选项

比如，在拥有电视机的类型上，去掉了等离子电视，而添加了网络电

① 此处的相关系数为各个语句与其所属维度总分的 Pearson 相关系数。

视（盒子）的选项。

（三）增加了对于网络时代发展态势的相关问题

结合网络时代的特征，增加了主要上网方式、手机收视行为习惯、媒体融合与社交分享等问题，为探索网络时代电视媒体影响力的拓展提供支持。

三、执行过程的改进

1. 问卷形式。

（1）将汉语问卷制成手机版、电脑版等多种在线形式，同时提供纸质版问卷，供不会使用手机或者电脑者填答；

（2）不仅有汉语版问卷，还有维吾尔语版问卷，方便汉语水平低的受访者直接用维吾尔语问卷作答；

2. 聘请维吾尔族同学做督导员。

3. 在完成纸质版问卷回收工作后，委托维吾尔族同学对纸质版问卷进行翻译和数据录入，经过问卷审核，筛除不合格问卷，最终确定有效样本402 份。

四、2015 年样本概况

（一）性别

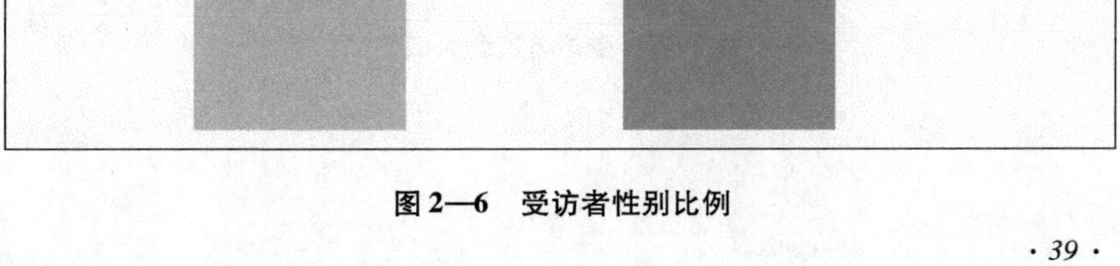

图 2—6　受访者性别比例

在所获取的样本中（N＝402），59.0% 为男性，41.0% 为女性。男性比例略高于女性比例。根据2010 年第六次全国人口普查数据，这种情况确实存在。而调查结果中的男性比例相对更高，其原因可能是学生调查员在进行收视情况这一领域的调查时倾向于寻找男性亲属接受调查。

表 2—3　第六次全国人口普查中全国和新疆维吾尔族群众性别及比例情况（2010 年）

	维吾尔族人口比例					
	男	比例	女	比例	总计	比例
全国	5，097，594	50.6%	4，971，752	49.4%	10，069，346	100%
新疆	5，064，182	50.6%	4，937，120	49.4%	10，001，302	100%

（二）家庭人口数

绝大多数受访者家庭人口数在 3—5 人之间，家庭人口数为 4 人的受访者占到 54.2% 。而这与第六次人口普查时，新疆地区平均每个家庭的人口为 3.26 人的情况大致相同。

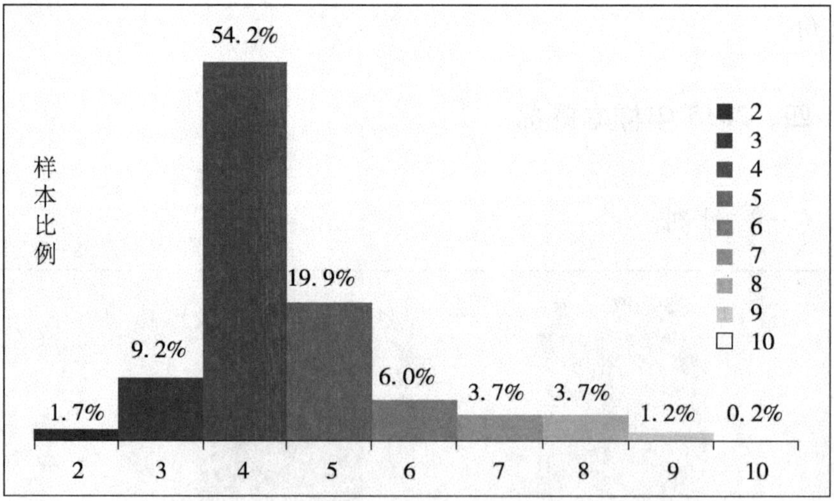

图 2—7　受访者家庭人口数

（三）文化程度

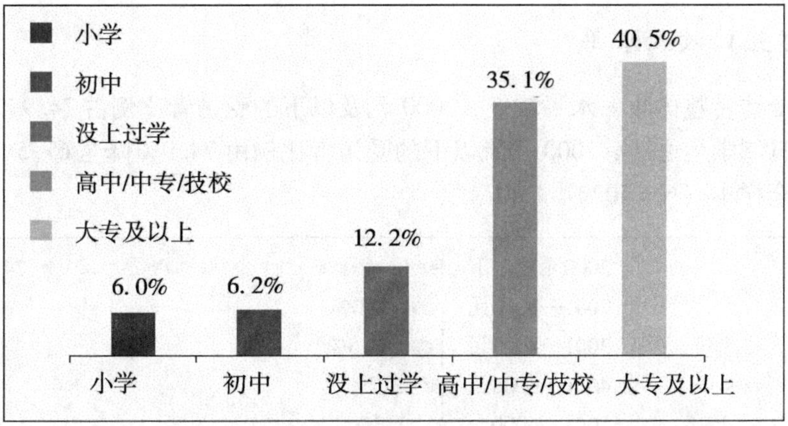

图 2—8　受访者文化程度

大部分受访者文化程度在高中及以上，占 40.5%。这一方面与样本中学生群体的比例较高有关；另一方面，可能在实际调查过程中，学生调查员更愿意选择高学历朋友进行调查。

（四）职业

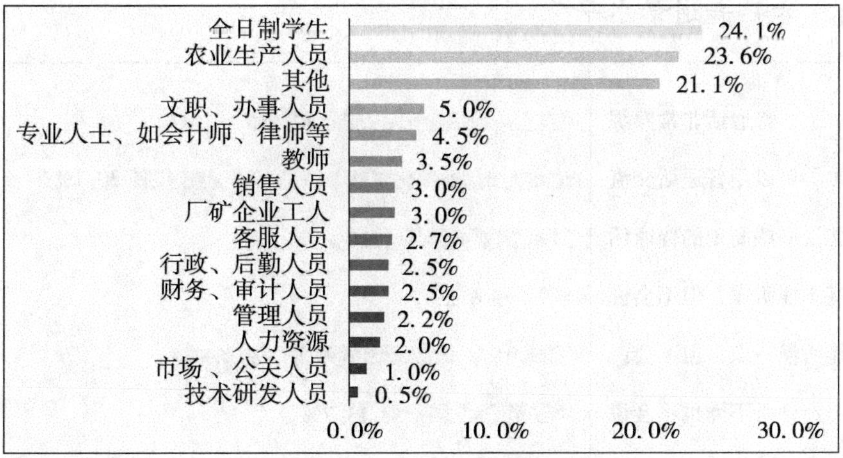

图 2—9　受访者职业分布

受访者中，全日制学生数量较多，占24.1%。全日制学生比例略高于平均水平，这与本次调查的抽样方法有关。

（五）收入水平

受访者整体收入水平较低，2000元及以下的受访者比例占74.9%，排除全日制学生之后，2000元及以下的受访者比例由74.9%降至67.5%。

全样本（N=402）

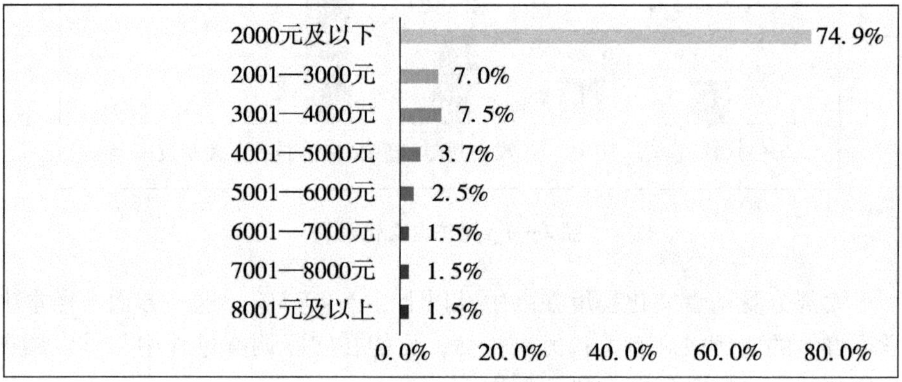

图2—10 受访者收入（全样本）

（六）普通话水平

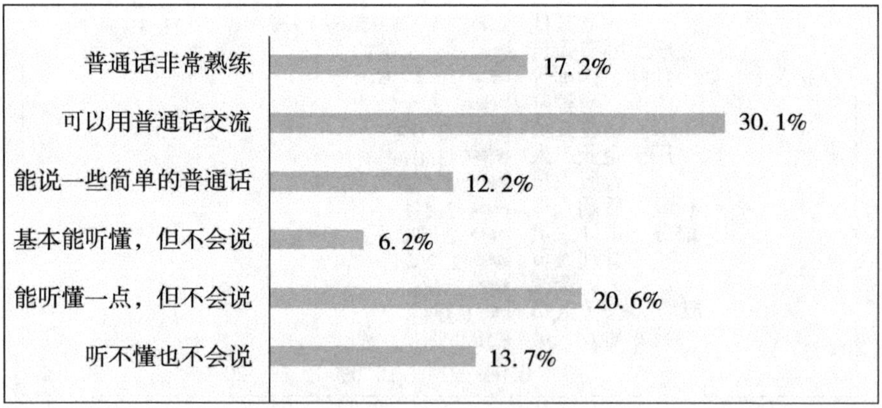

图2—11 受访者普通话水平

普通话水平与维吾尔族观众对于电视节目的选择和理解息息相关，笔者在对被访者普通话水平进行调查时发现，大部分受访者普通话水平较高，可以用普通话进行交流或者能说一些简单的普通话，而这也为维吾尔族观众观看中央级以及其他省级电视台的普通话节目扫清了障碍。

第三章　从“玩具”到“媒介”：电视媒体对维吾尔族观众的基础影响力研究

加拿大学者麦克卢汉说过：媒介即讯息，意即真正有意义的讯息并不是各个时代的媒介所提示给人们的内容，而是媒介本身；人类只有在拥有了某种媒介之后才有可能从事与之相适应的传播和其他社会活动，进而“影响了我们理解和思考的习惯”，这一观点至今仍得到广泛认可。

但对于我国的维吾尔族观众来说，这个观点的验证过程似乎太长了一些：直到 1998 年“村村通”工程开始之前，对于广大普通维吾尔族观众来说，电视还只是一种“少数人才有的、神奇的，用听不懂的语言（汉语）播出声音和图像的“玩具”，而非一种“媒介”。

1998 年，国家启动“村村通”工程，继而又推行了“户户通”工程等一系列惠民工程，随着文化惠民工程的深入，维吾尔族观众的电视覆盖率逐年提高、电视机拥有率不断攀升，维吾尔语电视节目也逐渐丰富，电视才从一种“玩具”变成了真正的“媒介”。

本章第一节共分两个方面，第一节是电视媒体对维吾尔族观众的广度研究，其广度主要包括两个方面，一是电视的覆盖及节目传输的情况，二是维吾尔族观众电视接收终端的变化情况。在谈及新疆地区电视覆盖率及传输情况时，必然会概括性地介绍“村村通”工程、“户户通”工程等国家和自治区重大文化惠民工程对维吾尔族电视观众所起到的特殊作用和意义。第二节主要介绍电视媒体对维吾尔族观众的影响强度，包括了收视长度、黄金时间段、重点节目以及播出强度、不同频道在维吾尔族观众中的熟悉程度、电视媒体与其他各类媒体之间的强度比较等。为了说清来龙去脉，本章同时也对新疆电视台——这个对维吾尔族观众产生重大影响力的本土媒体的情况进行了简要介绍。

本章内容不仅有对维吾尔族观众收视行为清晰、直观的描述，还有五年来其变化情况，以及与全国观众普遍水平的对比情况，告诉“你”，维吾尔族观众如何看电视，与“你”相比，有何异同。

第一节　电视媒体对维吾尔族观众影响力的广度研究

一、新疆电视事业发展与维吾尔族观众的收视现状

（一）艰难探索：新疆电视事业的起步①

新疆电视事业的发展可追溯至1960年，新疆自主试制出了电视发射设备，成功传送出图像和声音，奠定了新疆电视事业发展的基础。遗憾的是，因次年的国民经济调整，新疆电视事业停止发展。直到1970年，新疆广播事业局再次筹建成立新疆实验电视台，并于同年10月1日建成，开始使用5频道播出黑白电视节目。节目用维吾尔语和汉语播出，每周各一次，每次2到3个小时。新疆实验电视台在1970年率先开办的维吾尔语节目是我国历史上首次开办的少数民族语言节目，同时也是我国少数民族语言广播电视事业的开端。

1972年7月1日，新疆实验电视台正式更名为新疆电视台，每周仍播出维吾尔语、汉语黑白电视节目各一次，每次3个小时左右。自1976年开始，新疆电视播出频率有所增加，改为每周4次，维吾尔语、汉语各两次，每次3个小时。直到1979年12月，增加了8频道彩色电视设备，每周三晚上和周日中午各播出汉语彩色电视节目一次，每次3个小时。1985年9月22日，新疆电视台增办了哈萨克语彩色电视节目。

在电视事业发展初期，新疆电视台的影响力非常有限，甚至不能保证乌鲁木齐地区的观众收看到清晰的节目，一直到1987年10月12日，乌鲁木齐高山广播电视转播台4、6频道发射机启用，这一状况才得到真正的改

① 本部分内容，除特别说明外，均摘编自国家广播电影电视总局、中国广播电视年鉴编辑委员会：《中国广播电视年鉴》，中国广播电视年鉴社出版。

善，乌鲁木齐地区的240万人收到了清晰的电视信号。虽然早在1978年，新疆克拉玛依就有建立电视录像转播台的尝试，但这种小范围的尝试，并未改变新疆电视影响力的基本格局，如何走出中心城市，解决地广人稀地区的覆盖问题，一直是新疆广播电视事业很长一段时期内努力的首要方向。

1983年，国家广播电视部提出“四级办台、四级混合覆盖”的方针。这一方针有力地促进了新疆广播电视事业的发展，借此机遇，新疆的电视才逐渐走出了乌鲁木齐，开始建设以自治区台为中心、以中心城市电视台为辅助、以县广播电视台（站）为补充、以乡（公社）级放大站为保障、以专线传输为主的连接千家万户的普及型广播电视网。

1984年，我国发射试验通信卫星成功。同年4月，通信卫星第一次把中央电视台的节目实时转播到了新疆，当时转播了在美国洛杉矶举行的奥运会，大大地增强了新闻的时效性。

1986年7月1日，新疆利用央视一套节目播出结束前的卫星时段，租用邮电部的米泉地球站，将维吾尔语、汉语节目正式上星传输，成为全国最早上星播出的省区级电视台。

20世纪90年代初，新疆电视覆盖面占全疆总人口的65%，全疆大部分厂矿、农牧区、兵团农牧区团场人民拥有了彩色电视机。1993年，新疆电视台租用中星五号的一个转发器，维吾尔语、汉语、哈萨克语三种语言的节目在16个小时内分时段上星播出。1997年，新疆电视台节目通过租用亚太一号卫星、采用数字技术，实现了维吾尔语、汉语、哈萨克语三种语言的卫视节目分频道播出；完成了183个县（团场）5.72千瓦/20部电视发射机，1.45千瓦/8部调频发射机的安装、调试，扩大了民族语言边境地区的覆盖率。除此之外，新疆还投资1000多万元建成了904中波发射台并开播，乌鲁木齐电视收视效果不佳的状况得到改善。1998年，新疆广电网络传输有限公司正式挂牌成立，实现了有线电视台网分营。

通过全疆电视人艰辛的探索与努力，截至1997年底，全疆电视人口覆盖率已达到82.48%。当然，在这辉煌成就的背后，不管是覆盖率还是节目的制作水平，还与全国水平存在较大差距，而就全疆而言，维吾尔族观众聚居地区又属于电视覆盖的“洼地”，维吾尔语的节目更是“洼地中的洼地”。“覆盖面少，电视机数量少，节目更少”，这“三少”最能说明电视媒体在新疆地区的发展状况。正因为这种差距的存在，党和国家启动了一系列旨在提高电视媒体在少数民族地区传播效果的举措，如“村村通”工程等，就是打破这一僵局的法宝。

（二）打破坚冰：从“村村通”到“户户通”

1. “村村通”工程起源

截止到 1997 年，全国还有很多老少边穷地区未能接通广播或电视，尤其像新疆这样地广人稀的地区更是广播电视覆盖的难点。为解决广大农村地区听不到广播、看不到电视的突出困难，自 1998 年起，国家广电总局协同国家发改委（即当时的国家计委）共同实施“村村通”工程。

农村地区的电视覆盖问题是我国电视事业发展道路上的重点和难点，一直受到国家重视。早在 1996 年就有三份国家级的重要政策性文件不约而同地对电视覆盖问题提出了要求。

——1996 年 3 月 17 日，第八届全国人民代表大会第四次会议批准了《中华人民共和国国民经济和社会发展“九五”计划和 2010 年远景目标纲要》，其中提到“加强广播电视覆盖网建设，2000 年广播和电视人口覆盖分别达到 85% 和 90%”。

——1996 年 10 月 10 日，中国共产党第十四届中央委员会第六次全体会议通过《中共中央关于加强社会主义精神文明建设若干重要问题的决议》，提出“要以提高中央和省级广播电视覆盖率为重点，加强广播电视覆盖网的建设”。

——1996 年 12 月 14 日，中共中央办公厅、国务院办公厅联合下发了《关于加强新闻出版广播电视业管理通知》，再次要求“以提高中央和省级广播电视覆盖网为重点，加强广播电视传输覆盖网的规划、建设和管理”。

仅 1996 年短短一年时间，全国人大、党中央、国务院都对广播电视覆盖率做出了重要指示，主管广电事业的广电总局对此迅速做出回应。

1997 年初，广电总局召开全国广播影视厅局长会议。会议上，广播电视的覆盖率成为一个重要议题。会议指出：“（广播电视）事业发展的重点是覆盖，覆盖的重点在农村。”至此，广播电视“村村通”这一概念已呼之欲出。

而真正被视作“村村通”工程开端的是 1998 年初由广电总局召开的

全国广播影视厅局长会议，这次会议提出了“要把事业的重点放在覆盖上，把覆盖的重点放在农村，争取到本世纪末，基本消灭广播电视的收听收看盲点，基本实现村村通广播电视”的要求。“村村通”这一概念被正式提出来。

继年初的全国广播影视厅局长会议后，1998 年 9 月 24 日至 26 日，广电总局在贵州召开“村村通广播电视”现场会议。这次会议标志着长达 12 年的“村村通”工程正式启动，会议形成的重要文件《“村村通广播电视”现场会议纪要》被下发至各级广电部门和计委，成为指导“村村通”工程的纲领性文件。

“村村通”工程自 1998 年起，分三个阶段实施。第一个阶段为 1998—2003 年实施的已通电行政村的“村村通”建设，第二阶段为 2004—2005 年实施的已通电 50 户以上的自然村“村村通”工程建设，第三阶段为 2006 年至“十一五”末强力推进全面完成 71.5 万个 20 户以上已通电自然村的“村村通”建设。

新疆根据自身情况，率先在 1995 年开始试点实施“乡乡通广播电视工程”，对广大农牧地区广播电视事业的发展做出了极具前瞻性的部署。“乡乡通广播电视工程”，主要解决的是广播电视盲点乡（镇）的传播覆盖问题。1995 年，新疆先后完成了 500 个广播电视盲点乡（镇）卫星电视、调频广播收音站的建设任务①，这是新疆根据自身特点的先行一步，同时也为后续全疆乃至全国大规模统筹实施“村村通”奠定了良好的基础，并取得了宝贵的经验。

2. 两大工程推动下的新疆地区电视覆盖进程②

“村村通”工程分三阶段施行，第一阶段广电总局和相关部委完成了在全国已通电的行政村基本实现“村村通”广播电视的任务。具体而言，完成了 10 万个广播电视盲乡盲村的覆盖工程，解决 7000 万以上人口收听收看广播电视问题，使全国广播、电视人口综合覆盖率分别达到 91.5% 和 92.5%。“村村通”工程的第二阶段着力于解决已通电 50 户以上自然村的

---

① 种立博：《新疆电视台维吾尔语频道媒介生态环境研究》，新疆大学硕士毕业论文，2012 年 5 月。

② 本部分内容中的资料，除注明出处的之外，主要来源于新疆广播电影电视局村村通运维管理中心所提供的内部资料。

广播电视覆盖问题。截至2005年底，中央财政和地方配套累计投入资金34.4亿元，基本解决了全国8.6万个50户以上的自然村共2700多万农民群众听广播、看电视的问题，广播电视受众可以收看收听到至少4套电视节目和2套广播节目。在“村村通”工程的带动下，2005年我国广播、电视人口综合覆盖率提高到94.48%和95.81%。第三阶段，我国有线电视用户超过1.6亿，2008年底广播、电视人口综合覆盖率分别达95.96%和96.95%，相比1997年的86.02%和87.68%有了质的飞跃。并于2010年底已全面完成“十一五”村村通建设任务，实现了全国20户以上已通电自然村“盲村”通广播电视，“村村通”工程的受益人口累计已经超过1亿。

在“村村通”等一系列工程的推动之下，新疆地区的广播电视覆盖稳步走过了突破发展的20年，取得了卓越的成绩。

（1）1998—2002年，新疆完成了“村村通”一期工程任务，解决了乡镇和行政村的广播电视覆盖问题。新疆的“村村通”一期工程成果斐然，截止1999年，全区广播综合覆盖率达到87.39%，电视综合覆盖率达到89.48%。仅2000年一年时间，全疆为1658个盲点村开通广播电视，基本实现了20世纪末全疆“村村通”广播电视的目标。“村村通”工程一期的实施，新增覆盖人口约85万人，广播和电视人口覆盖率均增加5个百分点，分别达到87.91%和90.28%。新疆生产建设兵团也在国家广播电影电视总局的支持下，不断增加对广播电视的投入，兵团、师局广播电视局全力组织实施，使兵团基本同步实现了有电连队通广播电视的目标，兵团广播电视覆盖率稳步提高。2000年，兵团广播人口覆盖率为87.1%，电视人口覆盖率为90.9%。

1998到2002年，新疆共实施了2745个广播电视盲点乡、村的覆盖工程。采用了无线覆盖和有线覆盖相结合的方式，无线建设标准为县镇“2+2”（2套广播+2套电视）、村级“1+1”（1套广播+1套电视），有线电视的建设标准为乡镇“3+2”（3套广播+2套电视）、村级“2+1”（2套广播+1套电视）。

（2）2003年—2007年，新疆地区完成了“村村通”广播电视覆盖第二期任务——已通电50户以上自然村的广播电视覆盖。在这一阶段，新疆地区的工作卓有成效，解决了新通电行政村和50户以上自然村的广播电视覆盖问题，共完成了1951个广播电视“盲点”村的覆盖。截至2007年底，全区广播综合覆盖率由1999年的87.39%上升到93.53%，电视综合覆盖率由1999年的89.48%上升到93.48%。

（3）2008—2013年，新疆“村村通”工程步入最后一个阶段。在此阶段，新疆着力解决20户以上已通电自然村广播电视的覆盖问题。

2008年，我国中星9号广播电视直播卫星成功发射升空。以卫星发射为契机，“村村通”工程开始以卫星覆盖为主要技术手段，于2009年完成6050个村的建设，安装205，801套直播卫星接收设备和6050套大喇叭设备；2010年完成了8463个村的建设，安装346，441套加密型直播卫星接收设备和8463套大喇叭设备，有力地推进了广播电视节目在边远地区的覆盖范围；2011—2012年安装157，061套直播卫星接收设备；2013年安装150，107套直播卫星接收设备。截止到2013年，新疆共安装约86万套直播卫星“村村通”设备，累计为14513个村配备了大喇叭设备。

（4）2012—2015年，在新疆“村村通”工程接近尾声的时期，为进一步推进新疆广播电视在农牧地区的覆盖，2012年，新疆自治区政府投资实施“户户通”工程。“户户通”工程是“村村通”工程的进一步延伸，目标是在有线电视未通达的广大农村地区继续推进，进一步完成新疆地区的广播电视覆盖，全面完成“十二五”建设任务。

“户户通”工程于2012年正式启动，新疆自治区三年内累计投资12.5亿元。该项目采用“双模”技术①（直播卫星加地面数字电视双重模式），通过改装机顶盒，让用户既能接收卫星电视节目，又能接收本地地面数字信号，解决了有线电视网络未通达地区农牧民收听收看广播电视的问题。也弥补了直播卫星覆盖方式导致的只能收看上星节目，不能收看当地节目（特别是少数民族语言广播电视节目）的问题。

在“村村通”工程的基础上，“户户通”工程实施顺利，进展迅速。在工程启动当年便完成了全疆50万户“户户通”工程设备的建设任务。紧接着，2013年完成120万户建设工作，2014年完成90万户建设任务。

2014年底，全疆累计安装“村村通”设备86万套、“户户通”设备260万套。在2015年，新疆继续实施40万套“户户通”工程建设，最终

---

① “双模”技术最先由新疆广电局提出并在全国推广使用。

完成广播电视“村村通”“户户通”总计386万的建设目标，惠及新疆农牧民1000多万人。

截止到2014年，全疆电视人口覆盖率已达到96.60%，相较于1997年新疆电视人口覆盖率提高了14.46%，不仅在人口覆盖率上有了质的飞跃，更是逐步完成了走出城市中心，解决地广人稀地区覆盖问题的工作目标。

3. 以“村村通”工程为代表的文化惠民工程对新疆维吾尔族观众的意义

在“村村通”工程、“户户通”工程的助力之下，新疆经过了近20年艰苦卓绝的奋斗，不仅改变了新疆广大农牧地区广播电视的落后局面，还奠定了新疆地区今后广播电视事业繁荣发展的基础。这一成就对新疆广播电视事业的发展具有重要意义。具体而言，这些电视文化惠民工程对新疆维吾尔族观众有以下重要影响：

（1）人民的信息权得到了充分的保障。当前，随着我国经济社会的快速发展，在提高物质生活水平的同时，人们的精神文化生活需求呈现出一系列阶段性新特征：文化消费进入快速增长期，具有多层次、多方面、多样化的特点；人们思想活动的独立性、选择性、多变性、差异性不断增强，多元、多变、多样的趋势更加明显；人们自主意识不断增强，维护知情权、参与权、表达权、监督权的意愿更加强烈等。在农村地区，担负起为广大农民提供经济信息、党情民意、娱乐服务等信息的大众媒体主要是电视。“村村通”等工程极大地提高了电视在新疆广大农牧区的覆盖率，也相应地使广大农民、广大维吾尔族公民的信息权和知情权得到了更好的保障。

（2）新闻宣传和舆论导向的通路基本建立。以电视为主的广播电视网络是我们党、人民和政府的喉舌，是新闻宣传和文化建设的重要阵地。当前科学技术日新月异，带来了舆论形成机制的深刻变化和舆论引导格局的深刻调整。如今，电视是广大农村最为普及，也是最让老百姓喜闻乐见的媒体，打造完善的电视网络无论是对巩固传统阵地，还是开辟新的阵地而言都具有重要意义。以电视为主的广播电视体系是农村地区传播思想文化信息的集散地和社会舆论的放大器，是人们获取信息的重要渠道，是在现代社会具有重要影响的大众媒体。尤其是在新疆地区，电视媒体不仅承担着“内宣”的任务，还肩负着“外宣”的使命。因此，只有在农村地区建设完善的电视传播网络，才能保证党和人民宣传事业的发展，牢牢把握现代社会的话语权和舆论引导的主导权。

（3）为全面加强应急广播体系打好了基础。广播电视具有传输快捷、覆盖面广、接收简便、老少皆宜等优势，既是人民群众获取资讯信息、享受文化娱乐的重要渠道和方式，也是国家发布应急信息、传达政令的重要工具。建立应急广播体系，对于满足国家应急需要、维护国家安全都具有重要意义。近年来，我国发生的如汶川大地震等重大自然灾害事件给人民群众的生命财产造成了重大损失。对此，中央领导多次批示要求将国家应急广播体系纳入国家应急体系加快建设，希望能利用广电网络的快速和便捷为国家应对突发事件时的信息发布、政令传达等职能提供方便。过去，新疆广大农村是广播电视的盲区，人们连正常收看电视都成问题，更不必说利用电视来获知抗险救灾和灾情预警。但是经过“村村通”、“户户通”和大喇叭工程的建设，目前广大农村已经基本建立起完备的广播电视覆盖网络，为下一步建设应急广播体系打下了良好的基础。

（4）初步建立起了农村的广播电视公共服务体系。听广播、看电视是人民群众的基本文化权益，维护人民群众听广播、看电视、看电影的权利，是广电系统义不容辞的基本职责。实施“村村通”“户户通”等工程以来，广电部门始终坚持“事业建设的重点在覆盖，覆盖的重点在农村”的方针。按照覆盖城乡、经济可行、安全可靠、保证长效的总体要求，在农村初步构建了广播影视公共服务体系，强化了县、乡（镇）广播电视机构的公共服务职能，推进了县对乡镇广播电视的垂直管理运营体制建设，建立健全了以县为中心、乡（镇）为基础、面向农户的广播影视公共服务体系。

（三）欣欣向荣：维吾尔族观众的收视现状①

在“村村通”等广播电视文化惠民工程助力之下，新疆电视事业得到了很好的发展。经过20年来的不断突破和积淀，今天的维吾尔族观众的收视现状已不同于往日。全国电视事业的繁荣、新疆电视的全面覆盖、电视

① 本部分内容中的资料，除注明出处的之外，主要来源于新疆广播电影电视局村村通运维管理中心所提供的内部资料。

行业工作水平的全面提高等等都为维吾尔族观众的收视状况的改善打下了坚实的基础，目前，维吾尔族观众的收视现状相较于几年前已经有了较大的改善。下面将从覆盖方式和收视数量来阐述维吾尔族观众的收视现状。

1. 覆盖方式

新疆地区电视覆盖方式，目前主要是以有线覆盖和卫星覆盖为主、无线覆盖为辅的运营方式运行。在“村村通”和“户户通”实施的过程中，随着技术的发展，因地制宜地对几种覆盖方式进行了混合使用，“村村通”“户户通”覆盖地区存在着无线+有线覆盖模式、直播卫星覆盖模式、直播卫星+地面无线数字覆盖模式。近年来，各地广播电视部门从当地实际出发，运用无线、有线光缆联网，卫星接收以及小功率无线发射、小片有线联网等多种技术手段，不断扩大对广大农村地区的广播电视信号覆盖，县、乡、村广播电视传输网络初步形成。现就新疆广播电视的三种主要覆盖方式做一简要介绍：

（1）有线覆盖+无线覆盖

有线覆盖具有节目套数多、节目信号质量高、可提供数据、语音等多业务服务的特点，广受新疆电视观众好评。自2010起，新疆有线网络开始架设至县乡一级，截至2014年2月，全疆有线电视传输干线网总长3万多公里。① 目前，有线覆盖从城市中走出来，代替无线覆盖成为城镇及周边农村的主要覆盖方式，全疆有线电视用户200多万户，覆盖群众1000多万人。

有线覆盖虽好，但因其建设成本大，维护困难，特别是在人口分散区域的运用，存在着一定的局限性，因此，在远离城镇的农村、人口相对分散的区域，主要采用“村村通”、“户户通”、无线等覆盖方式。

无线覆盖采用了无线发射技术，在全疆15个地州市，87个县市，856个乡镇，建立了732个乡镇广播电视站。同时，在乡镇广播电视站和一些村广播电视室配有小功率广播电视发射机，在全疆城镇及周边广大农村进行了大范围公益的无线覆盖。但由于有线电视网络的发展和不断完善，使用无线收视的观众已属少数。

（2）卫星覆盖

卫星覆盖是覆盖区域最广、接收最便利的传输覆盖方式，近年发展的

---

① 资料来源于新疆广播电视影视局官方网站所公布的信息。

直播卫星数字传输技术实现了群众收听收看多套高清晰广播电视节目的目标，成为边远农村地区的有效覆盖手段。

单独的卫星覆盖模式主要存在于远离城市、地广人稀的边远地区，这些区域难以进行无线或有线覆盖。这部分区域主要为“村村通”工程受惠区域，共安装约86万套直播卫星“村村通”设备，累计为14513个村配备了大喇叭设备。

采用直播卫星的覆盖方式具有传送节目套数多、接收质量好、建设运行维护成本低等优点，是当前“盲村”群众接收广播电视最经济、最方便、最有效的方式，解决了边远地区群众收听收看广播电视难的问题。同时，中星9号直播平台采用了我国自主研发的卫星传输标准，可以保障信息安全，便于加强管理，是现阶段提高广播电视覆盖率、实现广播电视公共服务均等化的有效途径。

（3）直播卫星+地面无线数字（双模方式）

新疆对有线电视未通达的城镇周边广大农村采用了直播卫星加地面无线数字混合模式覆盖。通过直播卫星覆盖与无线覆盖技术互补，用户既能接收到卫星节目，也能接收到当地无线数字信号，不仅可以收看高质高量的卫星电视节目，还能够收看到更多的本地少数民族语言节目。

2. 收视数量

新疆目前与全国一样，保持了“四级办台、四级混合覆盖”的模式，目前能收到中央级、本省（直辖市、自治区）及外省（直辖市、自治区）级、地市级、县乡级四级混合播出的电视频道共150个左右。其中，中央级电视频道15个，新疆省区级电视频道15个，其余为其他省级电视频道、本地电视频道以及其他卫星、数字电视频道，维吾尔族观众有了较多的选择空间。

当然，对于维吾尔族观众而言，收视最为广泛的、收视频次最高的当属维吾尔语言频道[①]。在新疆播出的维吾尔语节目包括新疆电视台开播的维吾尔语频道电视节目和维吾尔族聚居地市/县的本地节目，但受节目制播水平和受众范围的限制，地市、县级的维吾尔语节目在维吾尔族观众中不具有整体影响力。因此，在新疆维吾尔族观众中影响力最广的是新疆电

① 下文中有详细数据支持，此处仅对各维吾尔语频道概况进行介绍。

视台的维吾尔语频道。新疆电视台共15个频道，其中维吾尔语6个（包括3个数字频道），其他频道分别为汉语6个，哈萨克语2个，此外，还有一个以4种语言分时段播出的少儿频道，每天总播出量为275小时。[①] 其中收视最为广泛且最具有代表性的维吾尔语频道分别是：XJTV－2维吾尔语新闻综合频道、XJTV－5维吾尔语影视频道、XJTV－9维吾尔语经济生活频道。3个维吾尔语频道的节目日播出总时长为3315分钟，在XJTV－2、XJTV－5、XJTV－9频道及少儿频道的日播出时长分别为1087分钟、1050分钟、1060分钟及125分钟。维吾尔语频道通常在早晨8：00或9：00开播，在次日凌晨2：30—3：07之间结束，播出时间符合维吾尔族观众的作息时间，且播出时长随着近年来的电视事业的发展而不断加长。

对于维吾尔族观众对各类节目的收视数量、时长等收视现状的研究结果如下：

（1）新闻类节目

维吾尔族观众能收到的新闻类节目一般包括中央电视台、各省卫视新闻、新疆电视台及当地电视台的新闻节目。由于地缘性因素和语言障碍，对维吾尔族观众影响较为广泛的是新疆电视台维吾尔语新闻节目，其中包括编译自中央电视台的《新闻联播》、《焦点访谈》和新疆电视台自办的《新疆新闻联播》、《新闻午报》、《新闻夜班车》、《今日聚焦》。维吾尔语新闻在新疆台三个维吾尔语频道中的日播出总时长为338分钟，其中新闻首播均在维吾尔语新闻综合频道，时长为106分钟，在该频道重播时长为102分钟，除此之外，《新疆新闻联播》《今日聚焦》在维吾尔语影视频道也进行重播，共计70分钟，而《新疆新闻联播》在维吾尔语经济生活频道重播时长为60分钟。在所有维吾尔语新闻节目中，最有代表性的是《新疆新闻联播》。将《新疆新闻联播》分别用汉、维吾尔、哈萨克、柯尔克孜语在三个卫视频道和少儿频道播出，维吾尔语版的《新闻联播》拥有大量的维吾尔族观众，其收视广泛的原因当然不仅是本民族语言的缘故，更是因为其所报道的内容与维吾尔族观众息息相关。《新疆新闻联播》是由新疆电视台的新闻中心用汉语进行采访制作再翻译为维吾尔语的，与之不同的是《今日聚焦》就是由维吾尔族新闻团队进行自采自制的维吾尔语

① 数据源自新疆广播电影电视局官方网站提供的公开信息。

新闻节目。

（2）影视节目

维吾尔语影视节目是维吾尔语电视节目中栏目最多，播出时间最长的节目类型。维吾尔语影视剧在新疆电视台的日播出总时长约为1310分钟，共29集，分别在维吾尔语新闻综合频道播出8集，维吾尔语影视频道播出10集，维吾尔语经济生活频道播出9集，多语种的新疆少儿频道播出2集。这些影视剧包括译制剧和自制剧，其中译制影视剧由译制机构将汉语或者其他语言类型的电视剧译制为维吾尔语再由新疆电视台播出，译制任务主要由新疆广播影视译制中心承担，还有其他13家地州市县一级的译制机构共同承担50%的译制任务。按每集45分钟计算，目前全疆少数民族语言影视剧年产量是6000集左右，其中维吾尔语影视剧有3650集（剩下的是哈萨克、柯尔克孜、蒙古语等少数民族语言），而新疆广播影视译制中心每年的译制量为3000集左右，其中维吾尔语1600集左右，译制的影视剧在新疆电视台的第2、第5、第9频道播出，目前的译制量能保证各频道每天平均播出3集新剧，另有少儿频道播出影视剧1集。自制影视剧由于对制播水平、资金设备等要求较高，所以目前都是由新疆电视台进行制播。近年来，新疆电视台在对内地优秀影视剧学习借鉴的基础上不断积攒经验，推出了属于维吾尔族本民族的影视剧，比如2014年开播的《幸福家庭的烦恼》就是以维吾尔族家庭生活和语言文化为背景的自办的室内栏目剧。

（3）娱乐节目

2010年的研究结果显示，娱乐节目是少数民族喜欢的节目类型，但在对村民进行访谈时发现其对娱乐节目几乎无任何印象。当时的田野调查报告对此现象进行了如实记录："总体来说，当前已有的娱乐节目或许数量过少或许是不适合藏族、维吾尔族等少数民族观众的，他们看不到或者并不喜欢收看目前这些娱乐节目，但是并不是说他们不喜欢娱乐节目，他们只是没有合适的或者说是足够的娱乐节目来满足收视需求。"① 而5年后的调查结果显示，娱乐节目的播出数量和时长都有很大的提高。不仅因为近年来其他各省级电视台都在一定程度上增加了娱乐节目的制播量，更主要

① 王斌、陈锐：《少数民族地区电视传播效果研究——以西藏、新疆为例》，中国广播电视出版社，2012年6月。

的是新疆电视台也加大了自制娱乐节目的制播力度，推出了不少维吾尔族观众能看懂、看着好的娱乐节目。现今，新疆电视台制播的维吾尔语娱乐节目周播总时长为2360分钟，在三个维吾尔语频道播出，且主要集中在维吾尔语影视频道和经济生活频道。其中，不仅包含《麦西来甫》这样以综艺晚会为主要形式的老牌娱乐节目，还包括近些年来新疆借鉴内地优秀娱乐节目创作经验自办的新型娱乐节目，如《丝绸之路好声音》《新疆达人秀》《梦想秀》等广受维吾尔族观众欢迎的新疆本土娱乐节目。

（4）科教节目

对于维吾尔族观众而言，目前可收看的科教节目也有较丰富的选择。新疆电视台的维吾尔语科教节目主要编译自中央电视台，包括《致富经》《人与自然》等，其中《致富经》节目是最具有代表性的维吾尔语科教节目，它是根据新疆维吾尔族观众的实际需求，把CCTV—7的《致富经》《农广天地》《科技苑》三档节目剪辑精编而成的，只选取了原节目中适合新疆地域发展的部分，这在一定程度上解决了维吾尔族观众看CCTV—7学习农业知识却不得其法的困难。在对新疆电视台编译中心进行访问调研的过程中，编译中心帕尔哈提主任在谈及维吾尔族观众对这档节目的满意和喜爱时认为：“这档节目相当于是一档为新疆独家定制的致富经节目，有的农民在看了节目后深受帮助走上了致富道路，还为编译中心送锦旗以示感谢”①。除此之外，维吾尔族观众还可收看到一系列由新疆电视台制播的本土科教节目，如《探索》《沃土》等优秀节目。

（5）体育节目

在体育方面，维吾尔族观众可以收看到的节目虽不如影视剧和娱乐节目那么多彩丰富，但近年来体育节目的可收视数量也有所增加。1984年4月，新疆观众收看到经我国通信卫星转播的美国洛杉矶奥运会是维吾尔族观众收看到的有史以来第一个体育节目，现在维吾尔族观众不但能收看到中央台体育节目和其他专业体育频道的节目，还能收看到自己本民族语言的体育节目，如《新疆体育》就是这样一档对新疆内外进行的各类体育赛事，如奥运会、CBA、世界杯、欧洲杯等赛事进行直播、转播或录播，以满足广大观众用本民族语言来收看的需求。《新疆体育》每周正播两次、

① 摘自新疆电视台编译中心访谈记录。

重播三次，总播出时长为150分钟，另外，还有一档足球编辑类栏目《足球世界》，每周一期，时长为30分钟。虽然维吾尔语体育节目仅有两档，数量还有待增加，但确实已经实现了从无到有的突破，也使得体育节目在维吾尔族观众中有了更大的覆盖面。

（6）广告节目

广告对于很多观众来说是“无可奈何”的选择：既不喜欢被广告打扰，但生活中的种种消费行为又离不开广告。除去中央电视台及其他省级电视台的汉语广告不谈，维吾尔族观众现已能收看到本民族语言、本民族企业产品、本民族明星代言的电视广告，从而更加主动地获取对自己有用的信息。新疆电视台广告部所提供的资料显示：“维吾尔族企业主认为最有效果的媒体投放方式依然是电视，电视对于维吾尔语广告投放主来说，占到他们整年广告预算投入的75%（维吾尔族企业家对全媒体广告投入的占比），因此可以看出，电视广告是维吾尔族企业主最乐于接受的广告形式。”①

同时由于新疆电视台是覆盖全疆区域最广的媒体，因此绝大多数的企业主选择对维吾尔族观众进行广告传播时，大多会选择新疆电视台进行投放。目前，新疆电视台三个维吾尔语频道的广告日播出总时长为611分钟，其中维吾尔语综合频道日播出时长为217分钟，维吾尔语影视频道和经济生活频道的广告日播出时长均为197分钟，与频道日播出时间长短相吻合。

二、维吾尔族观众的接收终端持有与使用情况

众所周知，电视是一种单向传播的媒体，即便实现了覆盖，但没人去使用它，就失去了覆盖的意义。因此，当谈及电视对维吾尔族观众的影响力有多大时不仅是在说覆盖率有多高，还要考虑维吾尔族观众中电视机拥有率是多少、基本收视行为如何。

1. 电视机拥有历史

关于维吾尔族观众电视机拥有率的问题，2015年的统计结果显示已近100%，其递增趋势与新疆电视业发展的大趋势高度吻合。

---

① 摘自《新疆电视台2015年上半年广告经营情况报告》。

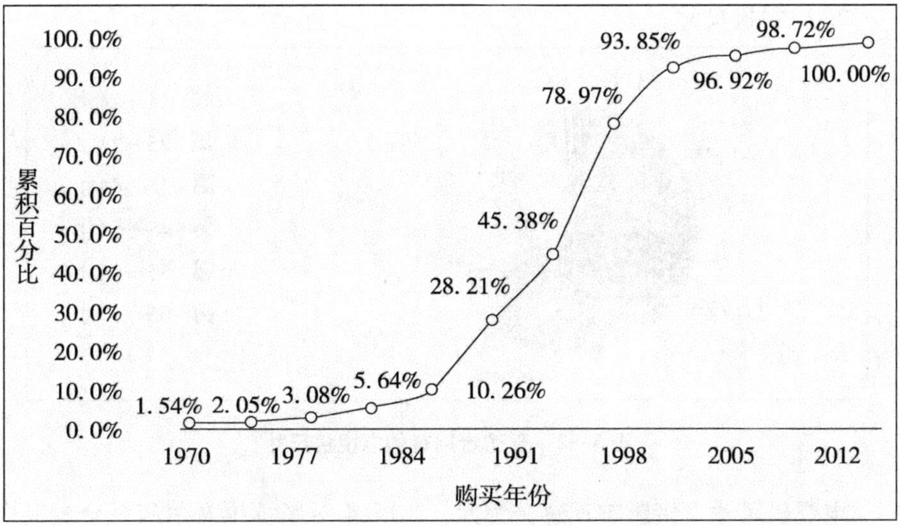

图3—1 受访者购买电视机的时间

在新疆电视事业发展早期，购买电视机的维吾尔族家庭寥寥无几，直到1986年，拥有电视机的家庭数也只占全部维吾尔族家庭的10.19%。而从1970年到1986年，新疆电视节目也只是从每周播一次增加到每周播四次。总的来说，电视事业发展缓慢，电视人口增长也十分平缓。电视拥有率在1986年呈现出一个小波峰，回顾1986年这一时间点，正是新疆维吾尔语节目、汉语节目正式上星传输的时间。电视拥有率在1986年之后呈现出明显增长趋势，尤其是在20世纪90年代初，新疆电视机拥有率增长迅速，从1986年到1994年短短9年之间电视拥有率上涨到接近50%，但维吾尔族家庭电视机的拥有率仍然远低于同期的信号覆盖率，也就是说，那个时候即便是信号覆盖到的地区，仍有大量的维吾尔族观众看不到电视。综合问卷调查、深度访谈和焦点小组访谈的结果可以得知，20世纪90年代电视机在普通维吾尔族农牧民家庭中仍是稀罕物、贵重物，大都集中在乌鲁木齐、喀什等中心城市地区。20世纪末至21世纪初，在维吾尔族农牧民收入提高、覆盖率提升和电视节目的进一步丰富等多重刺激之下，电视机的拥有率才快速攀升，2010年之后，维吾尔族家庭的电视拥有率接近100%。

2. 电视机尺寸

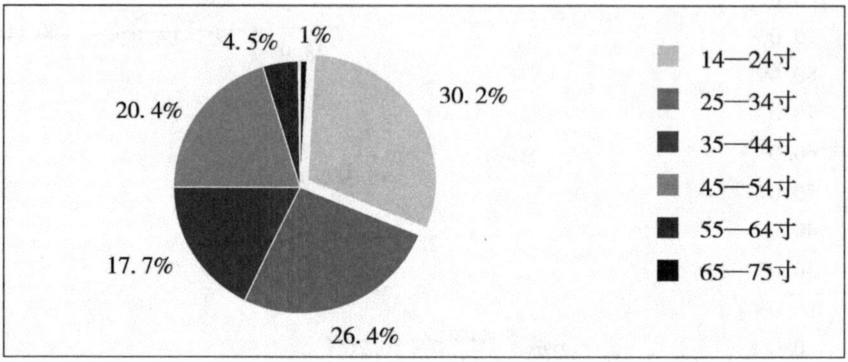

图 3—2　受访者拥有的电视机尺寸

电视机尺寸直接影响观感，为此，2015 年对新疆维吾尔族观众拥有电视机尺寸进行了专项调查。结果显示，有过半的维吾尔族观众（56.61%）拥有的电视机尺寸在 35 寸以下。近年来电视机倾向于宽屏化，35 寸以下的电视机多为早期购买。35—54 寸中等屏幕的电视机拥有率为 38.12%，大多属于购买时间较晚或后期更换的设备。而电视机尺寸在 55 寸以上的大屏电视机拥有率仅为 5.28%，其中 65 寸以上电视机的拥有率仅为 0.8%，拥有者为极少数的群体。

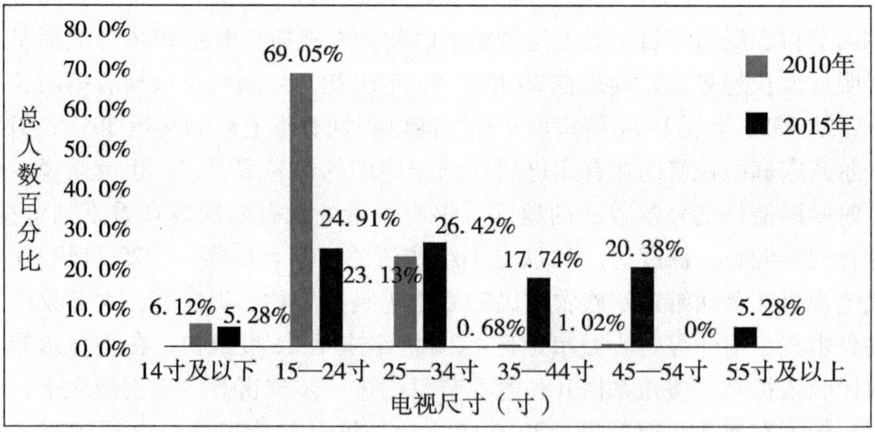

图 3—3　受访者拥有的电视机尺寸对比（2010 年/2015 年）

而通过和2010年的研究数据进行比较可知，维吾尔族观众拥有的电视机的尺寸有了很大变化。截至2015年，拥有15—24寸较小型电视机的观众数量下降了44.14%，而拥有35寸以上电视机的观众从1.70%上升至43.40%，增加了41.70%，尺寸越大，同样的电视节目产生的观感越好，也就越受到观众的喜爱。

3. 拥有电视机类型

电视机类型是维吾尔族电视持有与使用情况研究中的一项重要参考指标，统计结果如下：

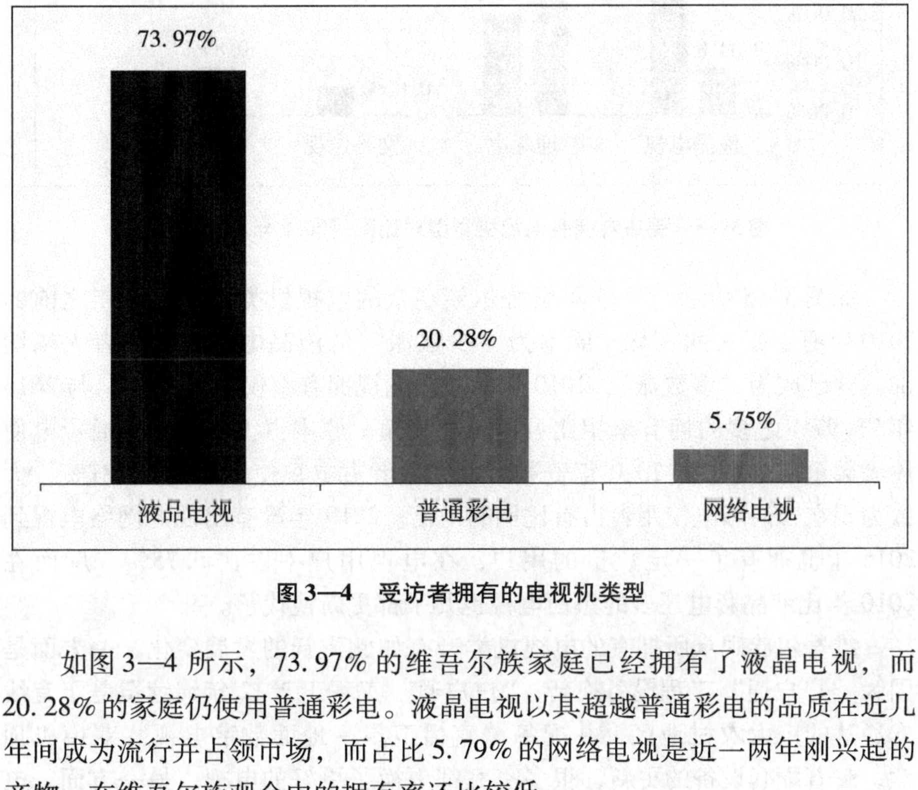

图3—4　受访者拥有的电视机类型

如图3—4所示，73.97%的维吾尔族家庭已经拥有了液晶电视，而20.28%的家庭仍使用普通彩电。液晶电视以其超越普通彩电的品质在近几年间成为流行并占领市场，而占比5.79%的网络电视是近一两年刚兴起的产物，在维吾尔族观众中的拥有率还比较低。

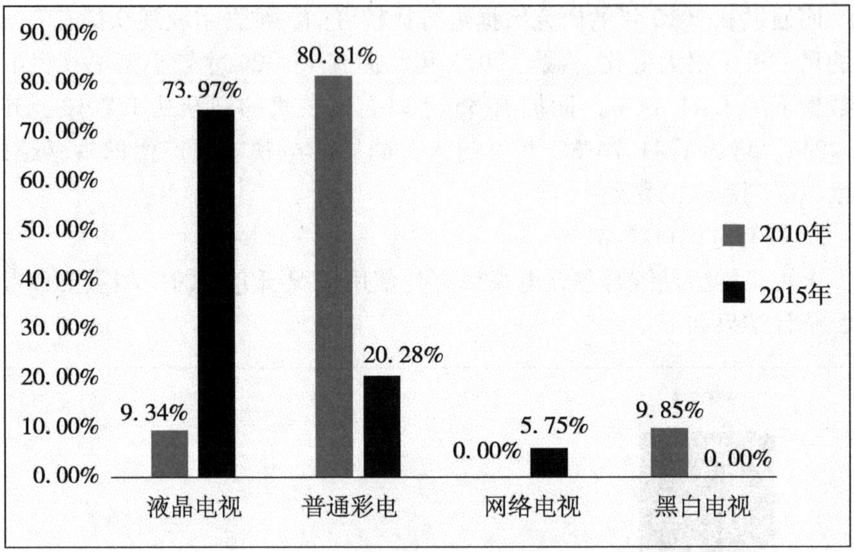

图 3—5　受访者拥有电视机类型对比图（2010 年/2015 年）

如图 3—5 所示，2015 年维吾尔族观众的电视机类型对比 5 年之前的 2010 年有了很大的变化。原本为“少数派”的液晶电视的使用者大幅增加，现已成为“多数派”，2010 年的液晶电视拥有率仅为 9.34%，与 2015 年 73.97%之多的拥有率相比可谓凤毛麟角。原本占大多数的普通彩电使用者数量急剧减少。2010 年普通彩电使用者占电视使用者的 80.81%，大致为现在普通彩电使用者占有比例的 4 倍。2010 年没有出现的网络电视到 2015 年也拥有了一定数量的用户，在电视用户中占比 5.75%，反而在 2010 年比液晶彩电还多的黑白电视也几乎都更新换代了。

维吾尔族观众所拥有的电视机类型有如此飞跃的发展变化，一方面是因为“户户通”工程设备换新，“户户通”工程于 2012 年继续覆盖了有线未通达的广大农村地区，并配备“直播卫星 + 地面数字电视”双模机顶盒，趁着配套设备的更新，很多家庭都更换了更好的电视。另一方面，电视技术不断革新，液晶电视能够为观众带来更好的收视体验。而维吾尔族观众的经济生活水平也逐渐提高，广大观众能够负担对更高品质电视的追求消费，这也是助推飞跃发展的原因之一。维吾尔族观众对于电视收视体验有了更高的追求，也说明电视已经对其生活产生了显著的影响。

4. 电视收视方式分析

电视观众作为传媒市场的核心要素，正随着传媒技术的发展而改变着对媒体的使用方式和消费习惯。电视收视方式是衡量电视媒体发展的重要指标之一，因此电视的收视方式的变化能从侧面反映出电视业的发展变化情况。

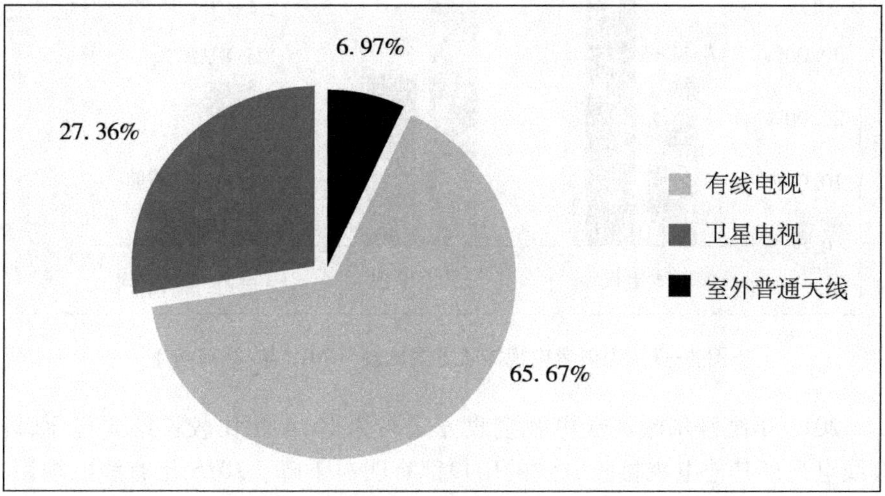

图 3—6　受访者收视方式

有线电视能够收看到更多的电视节目，且节目质量较高，从电视接收的方式来看，新疆有线电视（含数字机顶盒和模拟有线信号）的普及率已经达到了 65. 67%，但因其建设成本高、维护困难，难以在人口稀少的边远地区施行，目前主要为新疆人口相对集中的城区、乡镇电视的接收方式。

使用卫星接收电视占比为 27. 36%，“村村通”工程于 2008 年卫星发射之后安装了卫星接收设备，使一部分观众能够接收到大量的高质量卫星电视节目，但若不配以无线接收便无法收看到本地电视节目。

使用室外普通天线的观众占 6. 97%。室外天线接收属于无线电视，无线覆盖的时间大多在 2008 年之前，时间较为久远。这部分观众拥有的设备较为老旧，没有换新，单独使用无线设备只能接收到本地的电视节目，虽免费但节目数量较少。

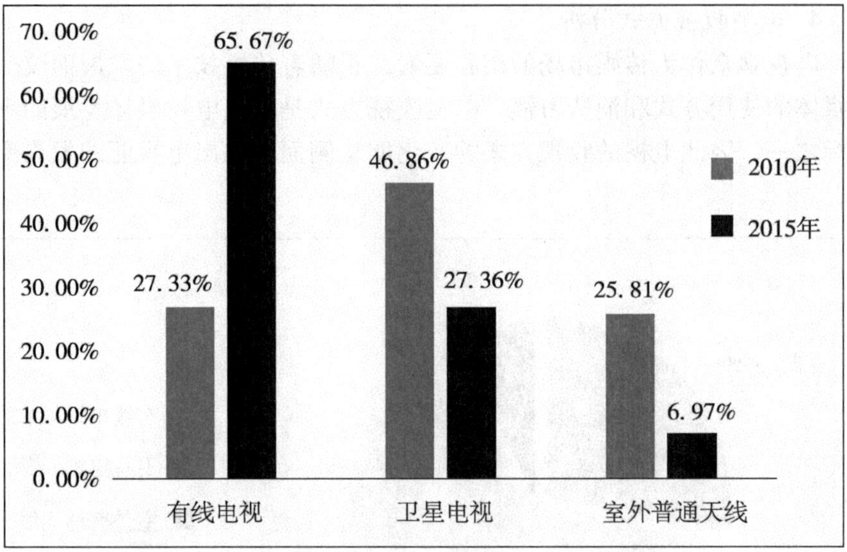

图 3—7　受访者电视接收方式比较（2010 年/2015 年）

2015 年维吾尔族观众电视接收方式与 2010 年相比较：结果显示，除有线电视外其他电视接收方式的用户都有明显下降。2015 年有线电视用户（65.67%）较 2010 年（27.33%）增长超过一倍，自 2010 年以来，新疆有线电视网络向县乡级铺设，进一步扩大了有线电视覆盖范围。卫星接收设备的使用比例由之前的 46.86% 下降至 27.36%，之前的卫星接收设备有部分经“户户通”工程更新为有线接收设备。

在“村村通”工程的机遇下，新疆电视事业得到了跨越式的发展。一方面，新疆地区的电视覆盖率与新疆电视事业一同取得了飞跃进展，电视媒体现已基本达到全疆范围内的覆盖，使维吾尔族观众对电视媒体有了广泛的接触。另一方面，有了电视覆盖的基础，维吾尔族观众的电视收视状况有了明显改善，不仅能接受到多级多台电视节目，更有了越来越丰富的本民族语言节目，收视数量明显提高。尽管从维吾尔族观众的电视覆盖或是收视现状上来看，都还与内地其他省市存在着一定差距，在一定程度上落后于其他发达省，但不可否认的是，电视媒体对于维吾尔族观众影响力的广度是与日俱增的，且已经有了相当的广度。

第二节　电视媒体对维吾尔族观众影响力的强度研究

强度是判定电视媒体影响力的指标之一，是在广度形成的基础上媒体影响力的进一步深化。广度是其媒体影响力的先决物质基础，只有在媒体的覆盖、使用有了一定广度的基础上，才能清楚地分析其产生的强度。强度是媒体主动施加给受众的一种力度，观众则处于被动接受状态。电视媒体自然希望受众能对自家媒体产生好感、信赖甚至给予美誉，以达到更深程度的影响，但这种力度对受众的影响还存在于受众的浅层意识之中，受众未必会因为这种力度而对媒体产生好感甚至信赖，继而受到媒体深度的影响。虽然受众不一定因为强度而受到媒体的深度影响，但强度却是深度影响产生的必要条件。因为强度是观众作为“受力方”所被动接受的，所以唯有通过对受力方，即观众感受到的力度的有无和大小来评估媒体对其产生的影响力强度。本研究用观众对媒体的熟悉程度来量化观众接受到的力度大小，并作为电视媒体对维吾尔族观众产生影响力强度的评判依据。在分析维吾尔族观众基本收视行为的基础上，进一步对比分析维吾尔族观众对各级、各类媒体的熟悉程度，以探究电视媒体对维吾尔族观众的影响力强度。

一、维吾尔族观众的基本收视行为

在对维吾尔族观众对各频道的熟悉程度进行深入研究之前，有必要对维吾尔族观众的基本收视行为进行研究，以探究电视在其生活中是一个会出声的“摆设”，还是一个有实际使用价值的媒体，而这同时也是电视媒体影响力强度研究的基础。

（一）收视时长

本研究首先关注了被访者的日收视时长，分别统计出维吾尔族观众的日收视平均时长和收视时长相同的观众占观众总额的百分比，并将之与

2010 年所收集数据进行对比。统计结果如图 3—8、图 3—9 所示：

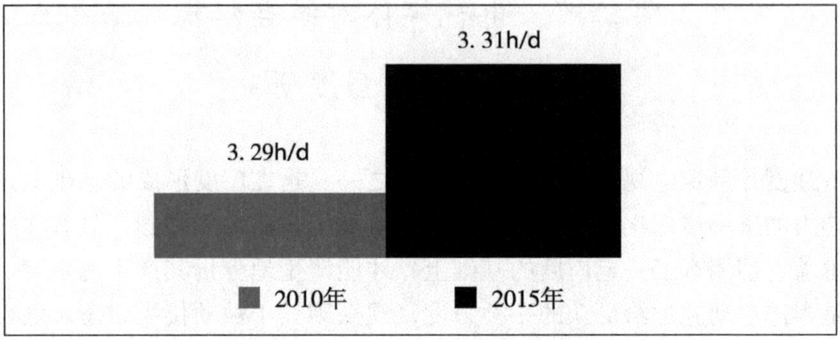

图 3—8　受访者电视收视平均时长对比图

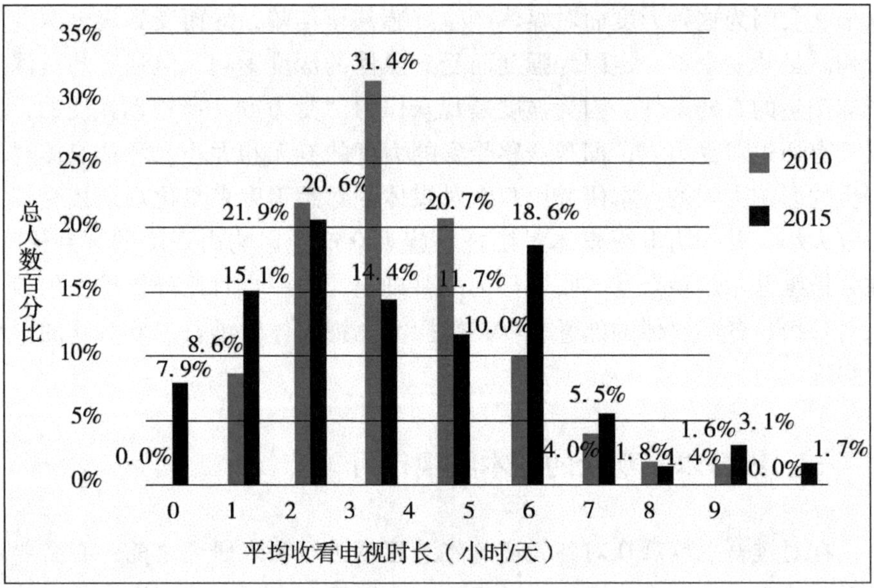

图 3—9　受访者日收视时长

统计结果显示，2010 年到 2015 年 5 年来电视媒体的平均使用时长变化不大，但长时间收视的电视观众比例明显增加。

2015 年的调查结果显示，收视时长达到 5 个小时及以上的观众比例提升了 12.9%，甚至出现收视超过 9 个小时的观众群体（占观众总数的 1.7%）。对于这样一些超常的时间值，除了可以理解为样本填答错误之外，或许还可以有另外的解释：通过对维吾尔族观众生活习惯的观察就可以发现，维吾尔族观众与汉族观众相比更喜欢热闹，对于色彩、音乐有更强的敏感度，很多维吾尔族家庭把电视处于长期打开状态，形成一种声音和画面上的陪伴。

另外，2015 年的维吾尔族观众收视时长分布较为离散，而 2010 年多数观众收视时长都集中在 2—4 个小时之间，长时间看电视的观众比例提高，也在一定程度上说明维吾尔族观众所收看的电视节目做得更好了，更加有吸引力，而另一方面，收视时长的离散分布也从侧面反映了维吾尔族观众近年来的电视收视行为个性化程度增强了。

（二）收视时间段

一般内地观众的集中收视时段是在当地中午午休及晚上晚饭时间之后，这也是电视收视的黄金时段。由于新疆与内地有两个小时的时差，因此维吾尔族观众作息时间普遍晚于内地观众日常作息时间，收视黄金时段也相应延后。为了解维吾尔族观众的电视收视时段的实际情况，本研究调查了对被访者的日常收视时间段，结果统计分析如下：

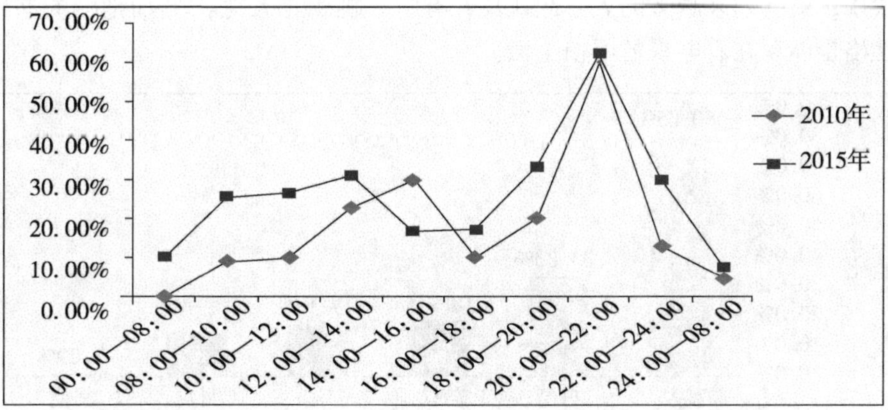

图 3—10　受访者收视时间对比（2010 年/2015 年）

如图 3—10 所示，维吾尔族观众收视时段与其生活方式基本相符。31. 1% 的人选择在中午 12 点至下午 2 点这一时间段观看电视，这个时间段是维吾尔族观众们陆续下班或结束上午的劳作享用午餐的时间。自中午 12 点起，电视开机率开始提升，到下午 2 点达到峰值，符合维吾尔族观众的生活习惯。而一天中电视收视的黄金时段当属晚上 8 点到 12 点这个维吾尔族观众晚饭到睡觉之间的休闲时间段，以晚 8 点为大概的时间节点，收视人数显著上升，并在晚 10 点达到一天收视的最高值。对比 2010 年，2015 年维吾尔族观众电视收视的黄金时段基本不变，但黄金时段的“丰满程度”略高于 2010 年。另外，比较明显的变化是 2015 年日间收视高峰时段前移，且爬升幅度没有 2010 年时明显。（此数据仅能显示不同时段的观众分布情况，并不能显示不同时段的收视人数）

（三）共同收视行为

通过对新疆维吾尔族观众的走访，发现其生活方式与内地很多地方家庭的不大一样，内地很多地方都是“小家庭”生活，亲戚之间、邻里之间互动交流很少。但维吾尔族是“大家庭”观念，喜欢一家人一起进行活动尤其是娱乐活动。维吾尔族是一个喜欢热闹、喜欢分享的民族。新疆电视台的新闻中心汉语组制片人是这样认为的：“维吾尔族是一个喜欢热闹的民族、喜欢歌舞的民族，节庆的时候会有很多人在街道上一起跳舞，家人、邻居……还会把路人拦下来跟他们一块儿跳，路人也乐于和他们分享快乐，就有越来越多的人一起跳舞，有时一跳跳一天呢。”① 而他们的这种性格也体现在看电视的习惯上面。

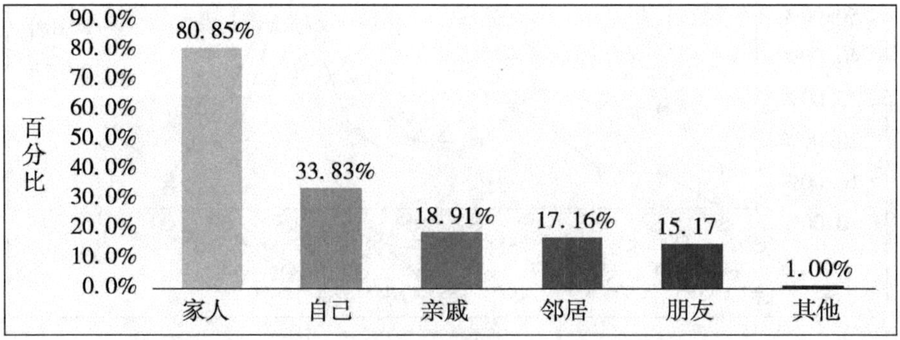

图 3—11 受访者共同收看电视的人群

① 摘自新疆电视台新闻中心走访记录。

调查发现，在所有维吾尔族观众中，只有33.83%的人表示通常是自己一个人看电视，其余人都更喜欢和家人、亲戚、邻居、朋友或其他人一起收看。80.85%的维吾尔族观众都习惯于和家人一起看电视，这说明维吾尔族观众拥有共同收视的习惯。而观众中有半数的人还习惯于和亲戚、邻居、朋友一起看电视，更加印证了维吾尔族观众的共同收视的行为。

而这种共同收视行为能达到多大的广泛性呢？调查结果显示，大多数维吾尔观众的家庭人口数为4—5人，占到了维吾尔族家庭总数的74.1%，新疆大多数家庭人口较多，新疆观众共同收视的特性意味着每台电视机前的观众数量更多，对于电视节目内容的评论和讨论就会因为家庭规模的增大而变得更加热烈和频繁，并且只有在达成某种共识之后才会趋于停止，家庭集体达成的共识对于每个家庭成员的作用会更为深刻。因此相比较于国内其他地区的观众家庭而言，电视对于维吾尔族家庭的整体影响也会更大。

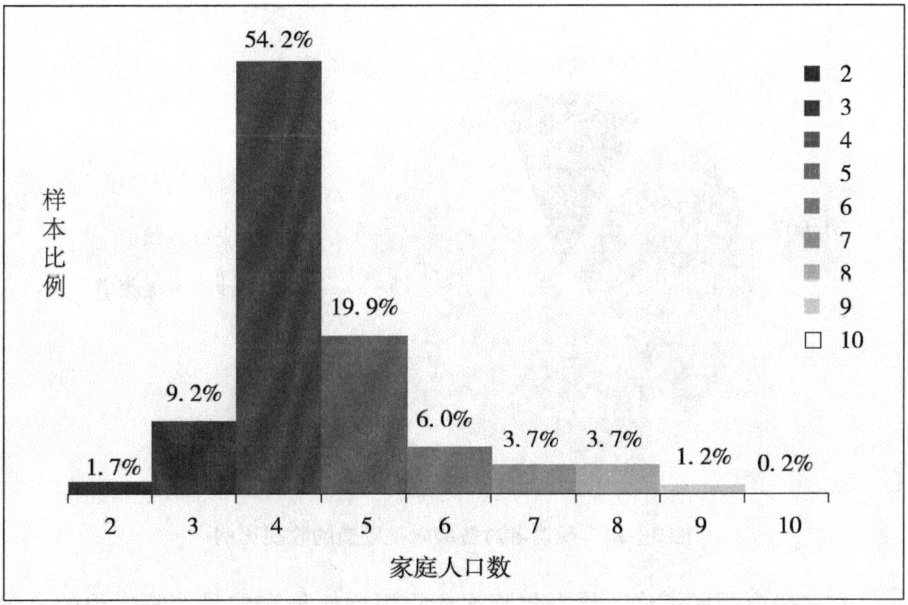

图3—12 2015年受访者家庭人口数

二、维吾尔族观众对各级媒体的熟悉程度比较研究

为了更好地进行对比，本研究将新疆电视台设定为参照坐标，并与中央级媒体和其他省区级媒体进行对比分析。

（一）各级媒体的收看比例

维吾尔族的电视观众大多数都能同时接收到中央电视台各频道、其他省级卫视频道和新疆自治区级电视频道。由于各级媒体的性质不同，频道定位不尽相同，维吾尔族观众对各级媒体的熟悉程度也会有所不同，而个中差异往往由维吾尔族观众对各级媒体的收看比例体现出来。问卷中设置了针对维吾尔族观众是否收看各级电视频道、收看比例等收视行为的问题，并对各级电视媒体的收视频率进行了统计。

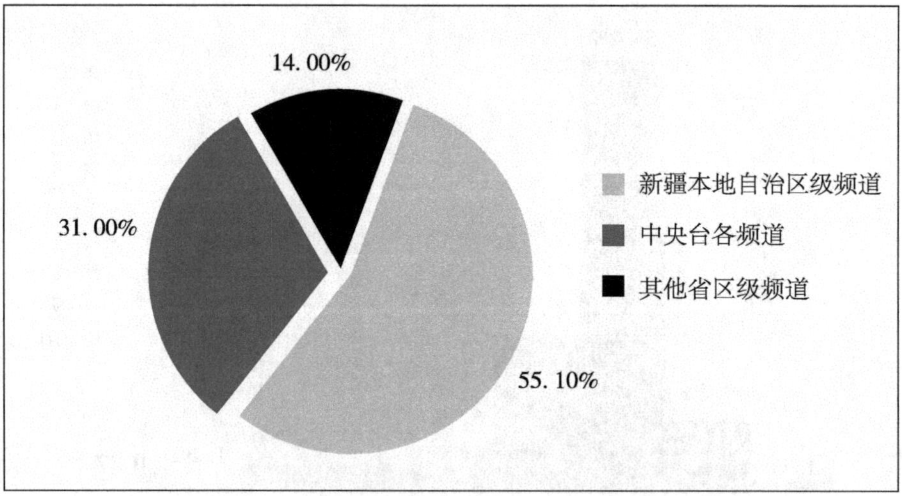

图 3—13　受访者对各级电视频道的收视比例

在各级电视频道中，维吾尔族观众收视比例最高的是新疆本地的自治区级电视频道（新疆电视台和新疆兵团卫视），超过半数为55.1%，将近是其他省区级电视节目收视比例（14.0%）的4倍。这与新疆本地频道的地缘性和民族语言节目优势是分不开的。新疆电视台不仅有汉语节目，还有维吾尔语节目、哈萨克语节目等民族语言的节目。民族语言节目更容易

被该民族观众所接受，这不仅是因为语言上的差异，更是因为语言差异背后蕴藏的文化传统的差异。本民族语言的频道自然容易被接受也往往更受欢迎，而本地汉语频道也因为播出内容与维吾尔族观众的生活息息相关，所以也有一定的收视率保障。

再将焦点转向中央电视台。在维吾尔族观众中，中央电视台各频道收视比例为31%，收视比例低于新疆本地电视，为其他省区级电视节目收视比例的2倍。中央电视台的节目无论是从频道栏目上看还是从内容上来说，都是质量非常高的，部分节目维吾尔族观众也很喜欢看。中央电视台相较于其他省区级频道而言是维吾尔族观众了解国内外大事、获取信息知识的一条重要途径。但是，中央电视台相较于本地电视台而言，一是较为宏观，其节目内容与维吾尔族老百姓，尤其是农牧民观众的生活有一定距离，容易让维吾尔族观众产生较强距离感和生疏感；二是语言差异，对于大部分维吾尔族观众来说，用汉语进行简单交流或许问题不大，但是如果要深入理解汉语节目还是有较大难度，因此中央电视台的节目虽然质量最高，但收视比例相较于新疆本地电视节目要低一些。

（二）中央级媒体熟悉程度

中央电视台有综合频道、经济频道、综艺频道、国际频道等15个频道，频道节目内容囊括了新闻、经济、体育、科教、娱乐、教育、影视、人文等人们生活涉及到的各个领域，内容优质，一直在国内电视行业起领军作用。同属中央电视台的不同频道因自身定位不同，对维吾尔族观众影响的强度也有所差别，体现在维吾尔族观众对不同的中央级电视频道熟悉程度的差异上。为研究这一差异，问卷中就维吾尔族观众对中央级电视频道的熟悉程度设置了多选题，要求被访者选择最多不超过三个频道。通过对被访者选的频次进行统计，并以百分比的形式表示选择某频道的观众占观众总数的百分比情况（各项相加不等于100%）：

图3—14显示，观众对于中央电视台各频道的熟悉程度划分为三个梯队。CCTV－1为第一梯队，维吾尔族观众对中央电视台CCTV－1的熟悉程度显著高于其他频道，其收视人数占比为46.77%。CCTV－1即综合频道是维吾尔族观众接触国内外新闻一手信息的主要途径，因此它也是维吾尔族观众熟悉程度最高的一个频道。

CCTV－3、CCTV－5、CCTV－6则属于第二梯队，收视人数占比分别为24.13%、32.34%、30.10%。它们与CCTV－1相比有一定差距，但观众对这三个频道的熟悉程度明显要高于其他频道。三个频道分别为综艺频道、体育频道、电影频道，均属于休闲娱乐型的频道，对文化和语言的要求相对较低，因此维吾尔族观众对这三个频道的节目内容更容易接受，接受程度自然也高。

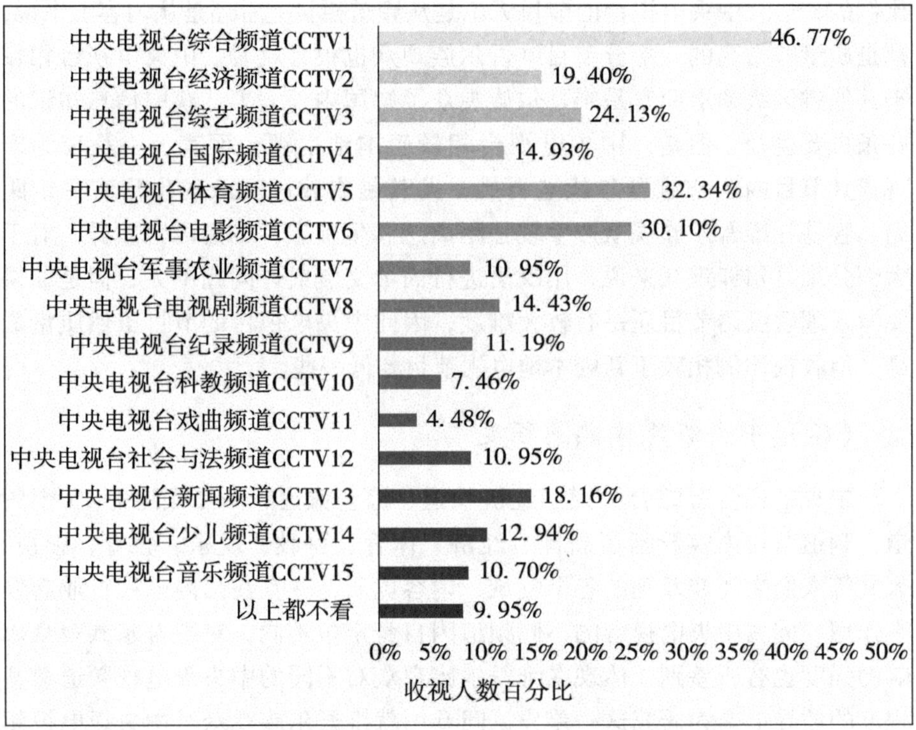

图3—14 中央电视台各频道熟悉程度对比图

而第三梯队则是剩下的11个频道，这第三梯队频道观众的熟悉程度普遍较低。把第三梯队内的11个频道进行比较，可以发现其理解难度与其被熟悉程度成负相关，即基于语言和文化的差异，维吾尔族观众越难理解的节目越不容易被他们所熟悉。比如说，观众对戏曲频道的熟悉程度是极其低的，原因就是维吾尔族观众根本听不懂，更何谈理解和喜欢？

对比2010年研究结果后发现维吾尔族观众对中央电视台各频道的熟悉

程度发生了较大的变化。

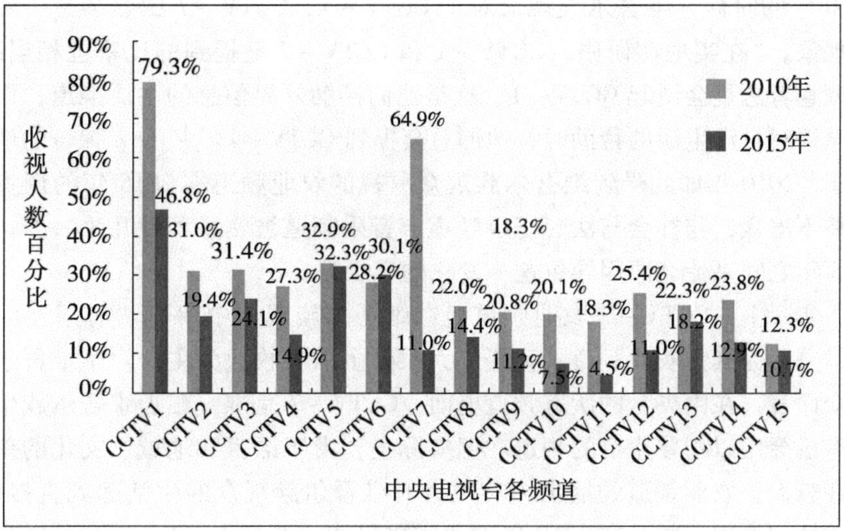

图 3—15 受访者对中央电视台各频道熟悉程度

首先，中央电视台各频道在维吾尔族观众中的熟悉程度呈总体下降趋势，除 CCTV－5 观众熟悉程度由 32.9% 降至 32.3%，CCTV－6 的观众熟悉程度由 28.2% 小幅增至 30.1% 以外，其他中央电视台频道的熟悉程度都有明显降低。一是由于网络等媒体的冲击导致电视媒体的份额有所减少，二是由于新疆本地频道在逐渐成长过程中对中央电视台各频道进行了分流。

其次，维吾尔族观众对于 CCTV－1 的熟悉程度的降低幅度尤为明显。2010 年的调查结果显示，维吾尔族观众对 CCTV－1 的熟悉程度达 79.3%，而 2015 年，这一比例降至 46.8%，降低了 32.5%。CCTV－1 是综合频道，其以最迅速、最准确的国内外事务报道的优势和 5 年前信息渠道的单一的状况，而受到维吾尔族观众的重视。但近年来维吾尔语综合频道迅速发展，不仅新闻联播的编译播报快速、准确，而且新疆本地的新闻栏目也渐渐做得有声有色，本民族语言加上本地新闻这一优势分流了一部分CCTV－1 的观众。而信息渠道选择的多元化也导致了一部分观众的流失。

最后，值得注意的是，CCTV－7 农业频道的观众熟悉程度下降最多，从 2010 年的 64.9% 降低至 11.0%，降低了 53.9%。在 2010 年，CCTV－

1、CCTV－7的观众熟悉程度显著高于其他所有中央台频道。可以说，在2010年的时候，维吾尔族观众对于CCTV－1、CCTV－7的熟悉是一种普遍现象。“在实地调研中，CCTV－1和CCTV－7被提到的比率也相当高，被调查者总是会说起CCTV－1，这是他们接触外界信息的主要渠道，而提到电视对自己生活的帮助时，他们总会提到CCTV－7。”① 令人惊讶的地方在于，2010年如此受到维吾尔族观众重视的农业频道在2015年的调查结果并不出众，与社会与法、纪录频道、音乐频道被熟悉程度几乎一样。短短5年之间是什么原因导致这一变化的产生呢？

实际上，CCTV－7农业频道会在维吾尔族观众中留下“有用”的印象，是因为其为农业频道，新疆广大农区多以农牧业为主，对于维吾尔族观众而言，在中央台的所有频道里面，CCTV－7是唯一贴近维吾尔族生活并有机会用以指导生活的频道。但实际上，由于语言和地域、文化的差异实在较大，农业频道的播出内容很难对维吾尔族观众的生活起到直接的、实质性的作用。并且在2010年的研究成果中，谈到CCTV－7时同样有这样一句话的纪录：“但我们也发现，他们其实并不能列举出对自己的实际帮助是什么，但依然会觉得这些频道会有帮助”。② 虽然维吾尔族观众难以从CCTV－7的农业节目里获得实质性的帮助，但对农业节目的关注反映出的是他们实际的需求。新疆电视台推出的新疆版的《致富经》节目，是由中央电视台的《致富经》《农广天地》《科技园》根据新疆地区人们的需求精编而成，并换为维吾尔族主持人播出的农业类节目，播出之后广受维吾尔族观众的好评。《致富经》相对于CCTV－7的节目来说更能满足维吾尔族观众的需求。因此，维吾尔族观众对CCTV－7“有用”的印象变淡了，收看次数减少了，自然熟悉程度也随之降低了。

（三）新疆自治区级电视媒体的熟悉程度

维吾尔族观众对新疆本地节目的收看比例最高，语言、文化、地域性等方面的因素使得新疆本地频道在面向维吾尔族观众时有一定的优势。但

---

① 王斌、陈锐；《少数民族地区电视传播效果研究——以西藏、新疆为例》，中国广播电视出版社，2012年6月。

② 王斌、陈锐：《少数民族地区电视传播效果研究——以西藏、新疆为例》，中国广播电视出版社，2012年6月。

不同频道因其定位不同在维吾尔族观众中的熟悉程度也有所不同。

1. 维吾尔语节目与普通话节目经常收视比例

问卷调查中就维吾尔族观众所收看的普通话节目和维吾尔语言节目比例设置了问题，要求被访者填答两种语言节目的收视比例（两者总和等于100%），用以比较维吾尔族观众对两种语言节目的熟悉程度。

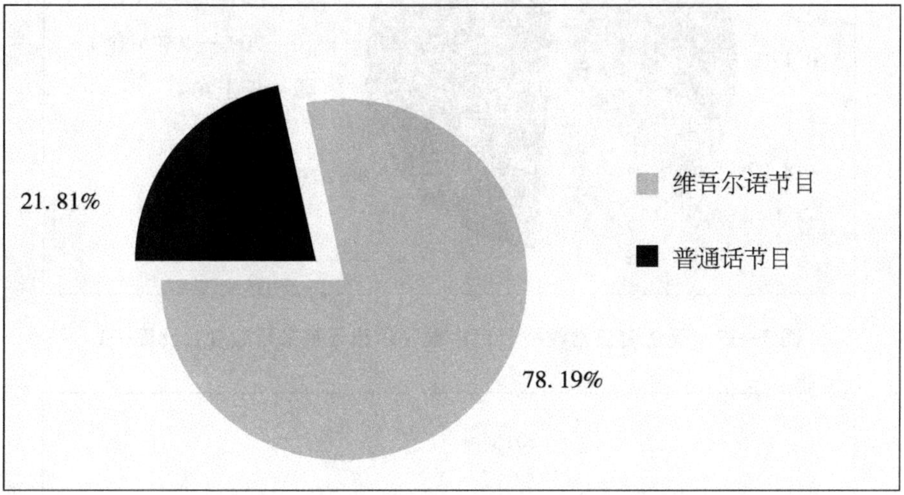

图3—16 维吾尔族语言节目与普通话节目所占的收视比例

维吾尔观众对自己本民族语言节目的收视比例是普通话节目的3倍多。在调研中可以看出，维吾尔族观众普遍面临着汉语的语言障碍，即使在省会乌鲁木齐，会说流利汉语的维吾尔族观众所占比例也并不高，除了在事业单位等工作单位的工作人员、部分商人和接受过汉语教育的学生能够熟练应用汉语进行交流外，大多数维吾尔族观众对汉语的使用都存在很大的困难。尤其是新疆广大农牧区的同胞们，平时生活中几乎不会使用到汉语，因而也没有学习汉语的迫切需要，且新疆农牧区地幅广袤，普通话的普及十分困难，不是短时间内能够达成的目标。而已经说了半辈子维吾尔语的农牧民同胞们想要学习汉语更是难上加难。普通话节目因为语言障碍而失去很大一部分维吾尔观众。

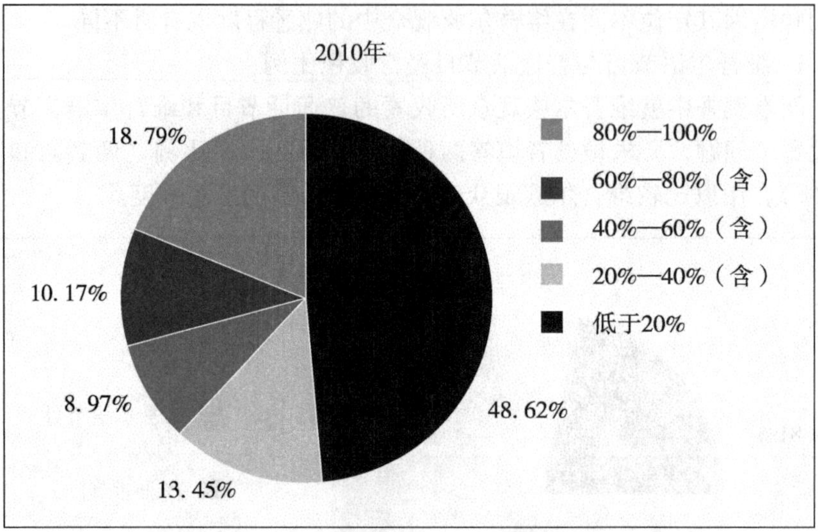

图 3—17 受访者日常收视节目中维吾尔族语言节目收视占比图—1

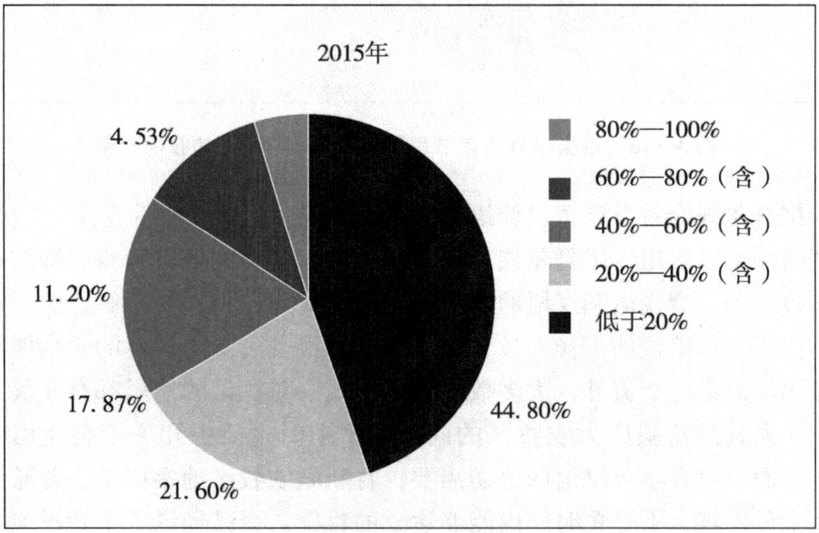

图 3—18 受访者日常收视节目中维吾尔族语言节目收视占比图—2

总的来说，维吾尔族观众收看维吾尔语节目的比例有所下降。而收看的节目中，维吾尔语节目占 80%—100% 的观众比例有所降低，从 2010 年 48. 62% 降低至 2015 年 44. 80%，5 年的时间仅降低 3. 82%，由于维吾尔族观众整体的汉语水平不会在短时间内获得大幅度提升，因此可以预见在未来相当长一段时间内，这部分观众所占比例不会有太大变化，观众对于维吾尔语节目的需求将是持续的、刚性的。

值得注意的是，2010 年收看本民族语言节目总收视时间在 20% 以内的观众占 18.79%，而到了 2015 年则下降至 4.53%，这说明维吾尔族观众并未因普通话水平提高而放弃维吾尔语节目，反而会随着知识的提升和视野的拓宽，更加喜欢本民族的语言文化，这些数据也再次佐证了维吾尔语节目对于维吾尔族观众的重要性和吸引力。

2. 新疆本土各频道之间的熟悉程度比较

维吾尔语节目与汉语节目的划分是根据语言差异对节目进行区分，在新疆本地电视中，无论是汉语节目还是维吾尔语节目都被放在了不同的频道播出，而这些频道在运营的过程中对观众所产生的影响也是不一样的。这里由于本地地面频道（地市级频道）影响力微弱，且地域性太强，不具有广泛讨论价值，对绝大多数维吾尔族观众产生重要影响力的都是本地自治区级电视频道，因此，仅对新疆本地自治区级频道之间观众的熟悉程度进行分析。

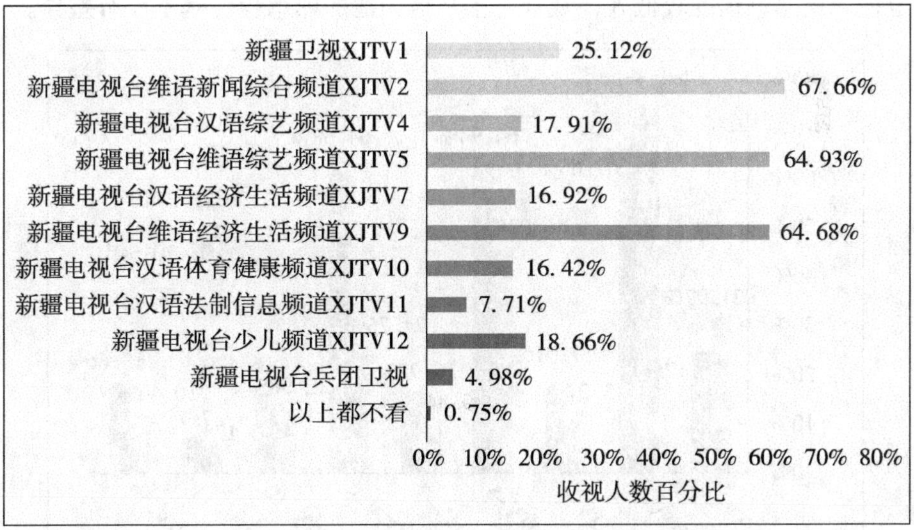

图 3—19　受访者对本地自治区级频道熟悉程度对比图

如上文所述，新疆维吾尔语频道主要有 XJTV－2 维吾尔语综合频道、XJTV－5维吾尔语综艺频道、XJTV－9 维吾尔语经济生活频道和维吾尔语、哈萨克语、柯尔克孜语、汉语 4 语种分时段播出的少儿频道。

维吾尔族观众对维吾尔语频道的熟悉程度显著高于其他频道，XJTV－2、XJTV－5、XJTV－9 三个主要的维吾尔语频道被观众熟悉的程度相差不大，均达到 64.00% 以上，但观众对维吾尔语综合频道的熟悉程度相对要高一些，为 67.66%。维吾尔语综合频道是除 CCTV－1 以外，维吾尔族观众了解国内外时政民生的重要途径。维吾尔语综合频道每天都会播放《新疆新闻联播》《中央新闻联播（维吾尔语版）》《新闻午报》《新闻夜班车》《今日聚焦》《焦点访谈》6 个新闻栏目，正播时长超过 2 个小时，与汉语综合频道的新闻栏目是一样的。

维吾尔族观众对汉语频道的熟悉程度普遍较低，只对新疆卫视的熟悉程度较高。新疆卫视是上星频道，不仅是第一个上星的少数民族地区省区级卫视，也是在少数民族地区卫视中的领先者，节目质量高，观众对其的熟悉程度也相应比其他本地汉语频道高一些。其他汉语频道中，除去兴趣人群较窄且理解难度较大的法制频道和覆盖维吾尔族观众数量有限的兵团卫视观众熟悉程度较低外，观众对于其他频道的熟悉程度基本没有差异。

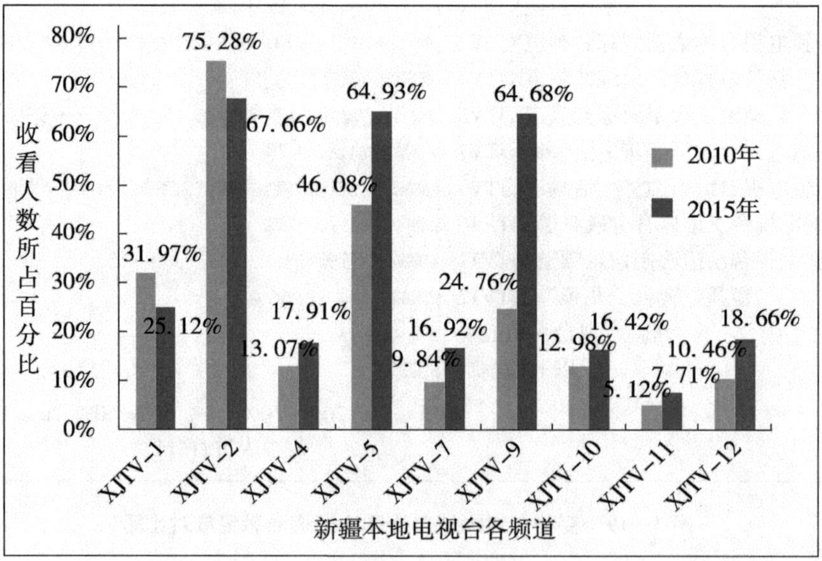

图 3—20　受访者对新疆本土电视频道熟悉程度对比图（2010 年/2015 年）

将2015年数据与2010年研究成果叠加比较，可以发现最大的变化是XJTV－5和XJTV－9收视率的大幅攀升，其中XJTV－9的进步最为明显。究其原因有二：

（1）XJTV－5和XJTV－9主要依托有线播出，2010年时，有线电视普及不够，而5年间，新疆有线电视网络已经架设到县乡一级，有线覆盖的人口大幅提升，能接收到新疆5套和新疆9套频道的观众越来越多。

（2）内容优势带来的集聚效应

2010年左右，XJTV－5和XJTV－9播出的节目内容少、重复率高、水平低且自制节目少，两个频道虽以维吾尔语播出节目，但在维吾尔族观众中影响力却不大，在当时的调查过程中了解到：“XJTV－9在几年前每年广告收入才200万出头，甚至当时电视台广告部经营别的上星频道时，九套是作为赠播的，属于谁都不想要、但丢了又可惜的鸡肋”。新疆电视台虎鱼传媒[①]的负责人这样介绍2010年XJTV－9的情况。2012年11月1日，新疆电视台成立了“发展少数民族语言影视作品领导小组”，由台长杨洪新任组长，此后将XJTV－9交由虎鱼传媒负责。虎鱼传媒通过对国内品牌节目进行“本土化改造”的方式陆续推出了《丝绸之路好声音》《新疆达人秀》《梦想秀》等几档综艺节目，其中维吾尔语的《丝路好声音》开播收视率达到5.28%，是迄今为止新疆电视台节目所达到的最高收视率。综艺节目的成功带动了新疆民族语言自办影视剧的发展，2014年开始投入制播的自办民族语言影视剧《幸福家庭的烦恼》《办公室趣事》等也取得了很好的社会反响。民族语言自办节目起先是在XJTV－9进行播出，后节目溢出至XJTV－5。民族语言自制节目的初步成功提高了XJTV－5和XJTV－9在维吾尔语观众中的熟悉程度，促成了目前XJTV－2、XJTV－5、XJTV－9平分秋色的现状。

（四）其他省区级媒体的熟悉程度

其他省区级媒体的熟悉程度在各类电视媒体中是最低的，这也是由被屡次提及的语言难关和文化隔阂决定的。然而随着现在维吾尔族观众汉语水平的提高，某些电视台的部分汉语节目的收视比例也逐渐提高。问卷中设置了对其他省区级媒体熟悉程度的多选题，让被访者在所有给出的省区级卫视频道中选择不超过3个自己最熟悉的媒体。统计结果如下：

---

① 虎鱼传媒：新疆虎鱼文化传媒有限公司，是新疆电视台为推动民族语言自办节目创办的公司，在新疆电视台的体制之内其即被称为“少数民族影视剧办公室”，即民族语言影视办。

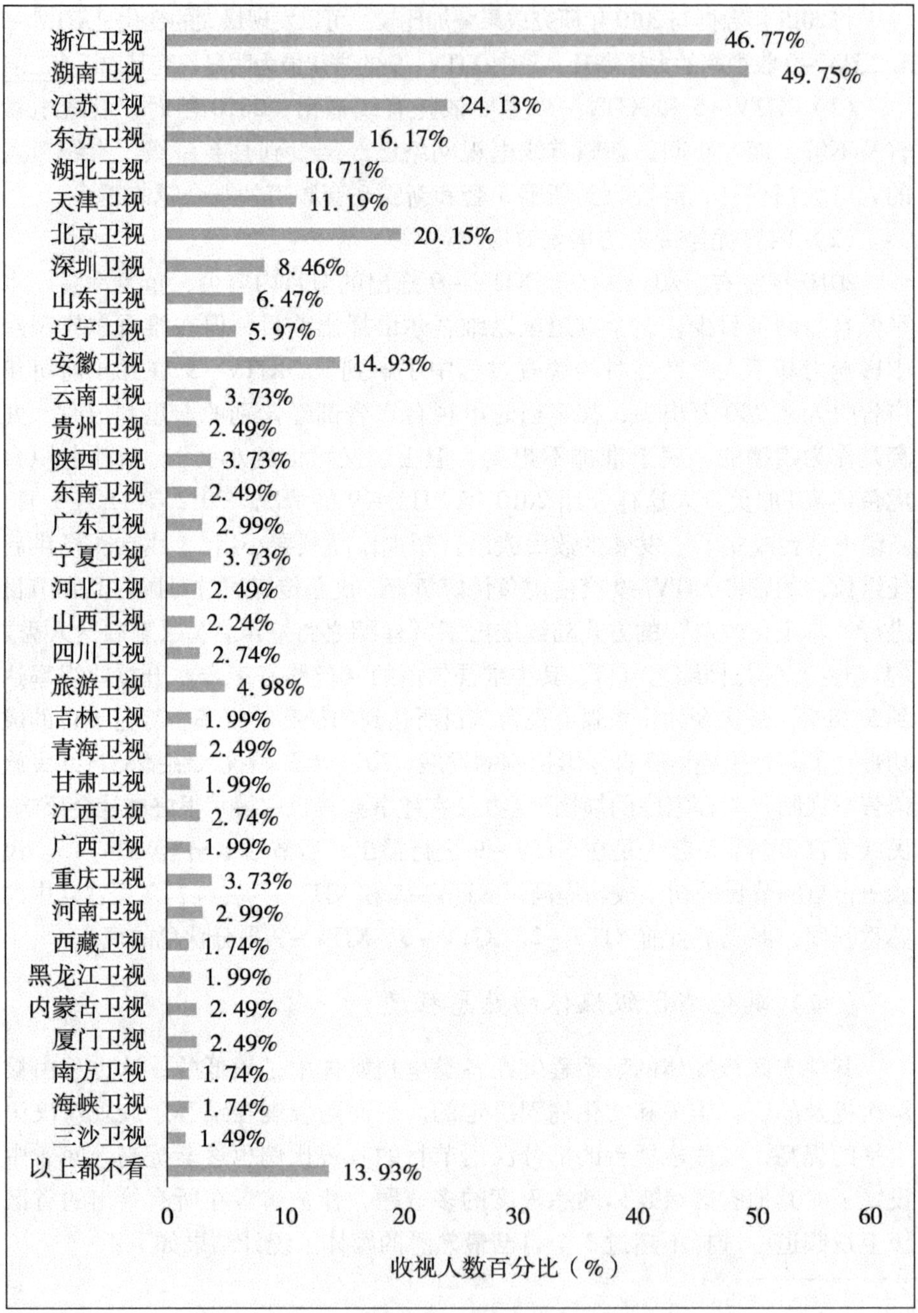

图 3—21　受访者对其他省区级卫视频道的熟悉程度

其他省区级卫视在维吾尔族观众中的熟悉程度呈阶梯性分布，位于第一梯队的是湖南卫视和浙江卫视，其熟悉程度分别为49.75%和46.77%；位于第二梯队阵营的有江苏卫视（24.13%）、北京卫视（20.15%）、东方卫视（16.17%）、安徽卫视（14.93%）；其余频道均属于第三梯队，其中绝大多数频道熟悉程度低于10%。湖南卫视、浙江卫视在省区级卫视频道中占据压倒性优势，深度访谈和小组访谈的结果也证明了这一点。

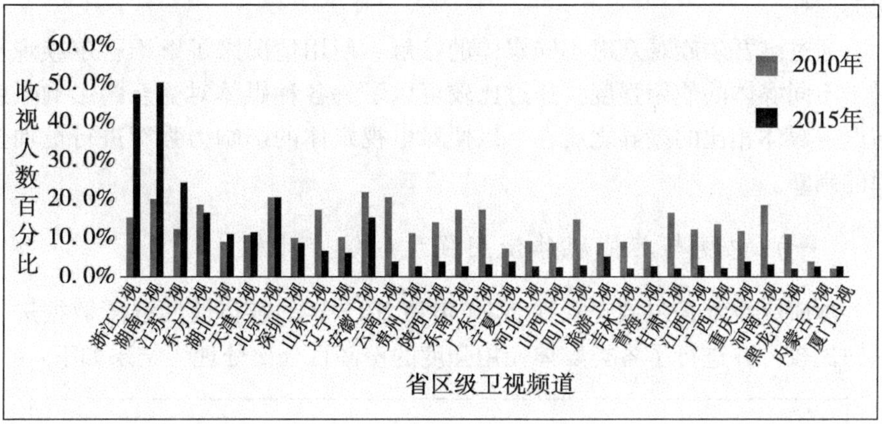

图3—22　受访者省区级卫视频道熟悉程度比较（2010年/2015年）

图3—22结果显示，2010年省区级卫视频道对于维吾尔族观众的影响力整体微弱。在2010年的相应数据结果中，维吾尔族观众对于省区级卫视频道的熟悉程度非常离散且平均，熟悉程度也普遍较低。2010年的数据结果显示，当时在维吾尔族观众中熟悉程度最高的是安徽卫视，其次是北京卫视、云南卫视和湖南卫视，三者之间的差度极小。各省区级卫视频道对于维吾尔族观众的影响力强度差异性都比较小，说明这些省区级卫视频道在当时对于维吾尔族观众的影响力整体微弱。

2015年，湖南卫视、浙江卫视、江苏卫视、湖北卫视、天津卫视、厦门卫视观众的熟悉程度有所增加，其中湖南卫视、浙江卫视、江苏卫视增幅较大。除上述6个频道，其余频道的熟悉程度都有不同程度的下降。湖南卫视、浙江卫视、江苏卫视的收视群体在维吾尔族观众中不断扩大。这三个频道都是以综艺娱乐节目见长，可见维吾尔族观众在收视过程中对娱乐性质的频道更加偏好。

三、维吾尔族观众对电视媒体与其他媒体使用强度的对比研究

在科技发达的今天，媒体数量在逐渐增加。各种媒体在维吾尔族观众中的普及虽然迟于内地，但随着新疆的不断发展，维吾尔族观众近年来接触到的媒体数量也在不断增多，日常信息了解和娱乐的途径都有了更多样化的选择。

通过维吾尔族观众对不同媒体的接触、使用情况来了解维吾尔族观众对于不同媒体的使用强度，通过比较可以了解各种媒体对受众的影响强度与电视媒体相比的差异之所在，以便对电视媒体的影响力强度进行更加全面的判断。

（一）电视与其他媒体使用强度的综合比较

本研究将维吾尔族观众在2010年和2015年的媒体使用强度数据进行纵向比较，并进行了各类媒体使用强度的份额百分比处理，结果如下：

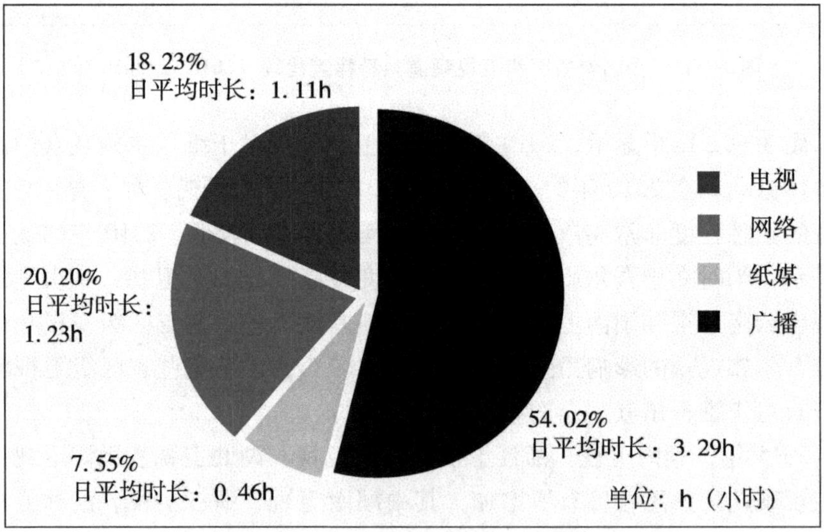

图3—23 受访者2010年各类媒体使用强度比例

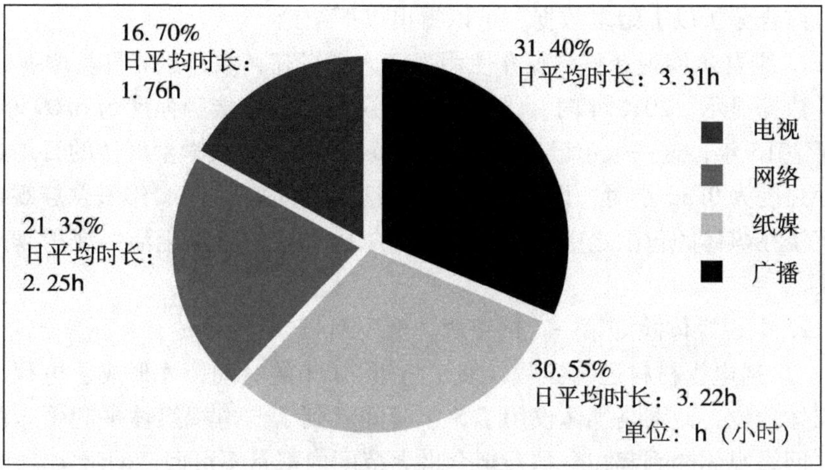

图 3—24　受访者 2015 年各类媒体使用强度比例

另外，考虑到样本中大学生比例较高，假设大学生身份的特殊性会导致媒体使用强度与样本中其他群体有显著差异，因此，笔者在进行统计时将样本中的大学生群体剔除之后，也按照同样的方法进行了数据统计，结果如图 3—25 所示：

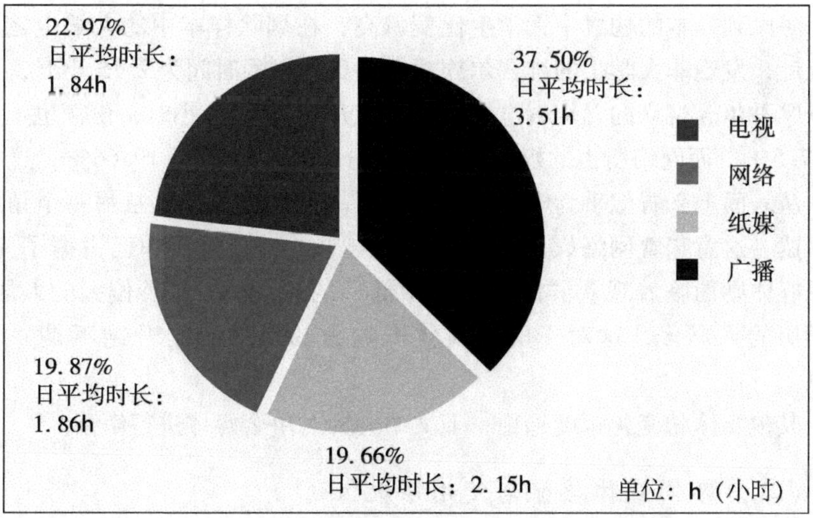

图 3—25　2015 年非大学生群体维吾尔族受访者中媒体使用强度比例

综合分析以上诸多数据，可以得出以下结论：

1. 维吾尔族观众整体媒介使用强度大幅提高，媒介素养日益增强

数据显示，2010 年时，维吾尔族观众日均媒体接触强度为 6. 09 小时，到了 2015 年，这一数字已经上升为 10. 54 小时，非大学生群体的日均媒体接触强度为 9. 36 小时。即除去工作时间和睡觉时间之外，维吾尔族观众已经沉浸在媒体的包围之中。媒体在维吾尔族观众的日常生活中变得越来越重要。

2. 电视媒体险守第一，网络媒体势不可挡

“广播电视村村通”工程耗费了将近 20 年的时间，才形成了电视今天的媒体地位，而网络媒体仅用了 5 年时间就到了与电视媒体平起平坐的程度，网络媒体的崛起在全国乃至全世界范围内都是不可回避的事实。

数据显示，维吾尔族观众日均网络使用强度为从 2010 年的 0. 46 小时爆炸性地增长到 2015 年的 3. 22 小时，而电视媒体的日均强度 2010 年为 3. 29 小时，2015 年仅上升至 3. 31 小时，这种小幅提升可以理解为样本偏差，电视媒体的强度几乎“原地踏步”。更重要的是，电视媒体所占的日均媒体接触和使用份额已经从 2010 年的 54. 02% 猛跌至 31. 40%，跌幅几乎击穿 50%。

考虑到样本的构成中大学生比例偏高，在剔除样本中的大学生之后进行统计，发现非大学生的维吾尔族观众中日均上网时间为 2. 15 小时，而这部分维吾尔族观众的日均看电视时间则上升到了 3. 51 小时，份额也上升到了 37. 5%，而网络所占的媒体使用强度份额则下降到了 19. 66%，这样的数据从表面上来看似乎为电视媒体挽回了一点面子，但是从另一个角度进行解读，这意味着网络媒体在维吾尔族未来的精英阶层中已占据了先机，电视媒体则面临着观众群体是“老 + 低”的窘境——年龄偏大的人居多、低学历的人居多，这对于电视媒体影响力的保持和提升绝不是一个好消息。

其他媒体的变化幅度趋稳，下文中会针对单个媒体进行解读。

（二）不同媒体接触与使用情况

1. 网络媒体的使用强度

这里所说的网络不仅指电脑上网，还包括手机等移动互联设备的使用

情况。在考察维吾尔族观众整体的网络媒体使用强度之前，需先了解一下近几年蓬勃发展的移动互联（手机上网）等新手段在维吾尔族观众中的使用情况，统计结果如下：

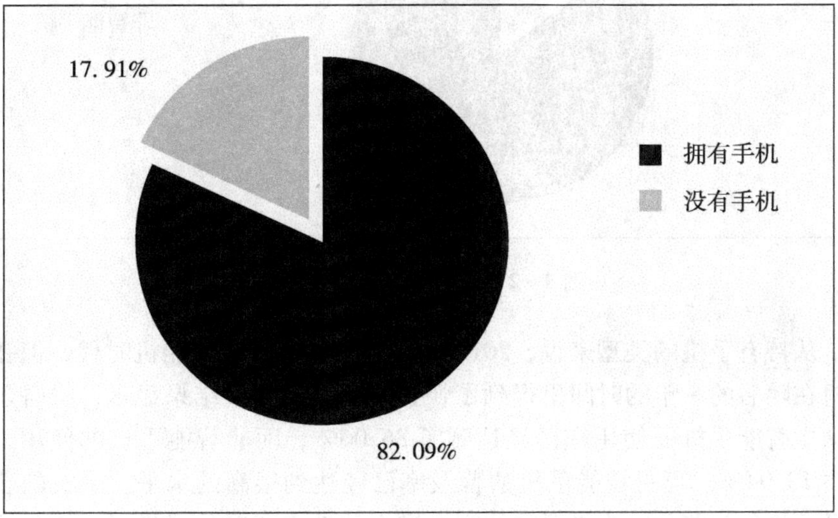

图 3—26　受访者手机拥有情况比例图

2010 年的调查结果显示，当时手机在维吾尔族观众中的普及率就已经达到了 60%[1]以上，而最新调查结果显示，至 2015 年维吾尔族观众的手机持有量又上了一个新台阶，达到 82.09%。2010 年的研究中记录：“在新疆地区和西藏地区实地调研的过程中，访问员与农牧民的交谈也时常会被手机铃声打断。”[2] 而在 2015 年的调查过程中，访问员在对一名南疆农区的女学生进行深度访谈时，也听到她接起来自农区妈妈的电话，她表示“这几年家里每人买了一部手机”。由此可见，新疆农牧区从 2010 年到 2015 年这 5 年来的手机普及率大大提高，在手机价格“平民化”的大趋势下，手机的全面普及只是时间问题。

---

① 王斌、陈锐：《少数民族地区电视传播效果研究——以西藏、新疆为例》，中国广播电视出版社，2012 年 6 月。

② 王斌、陈锐：《少数民族地区电视传播效果研究——以西藏、新疆为例》，中国广播电视出版社，2012 年 6 月。

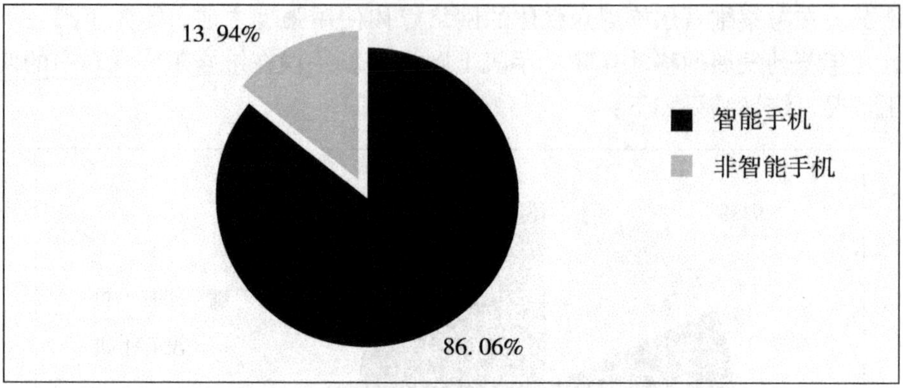

图3—27　受访者拥有手机类型

从持有手机的类型来说，2010年时，手机还处在功能机时代，但智能手机在随后的5年的时间里得到了快速的普及，调查结果显示，维吾尔族观众中智能手机的使用率已经达到了86.06%，而非智能手机的使用人群仅占13.94%。可见智能手机的普及率已经达到很高的水平。手机的普及以及手机的智能化，为维吾尔族观众进入移动互联时代提供了必要的物质保障。据本次统计结果显示，目前有85.15%的维吾尔族观众使用手机上网功能，用手机上网已经成为维吾尔族观众中的普遍现象。

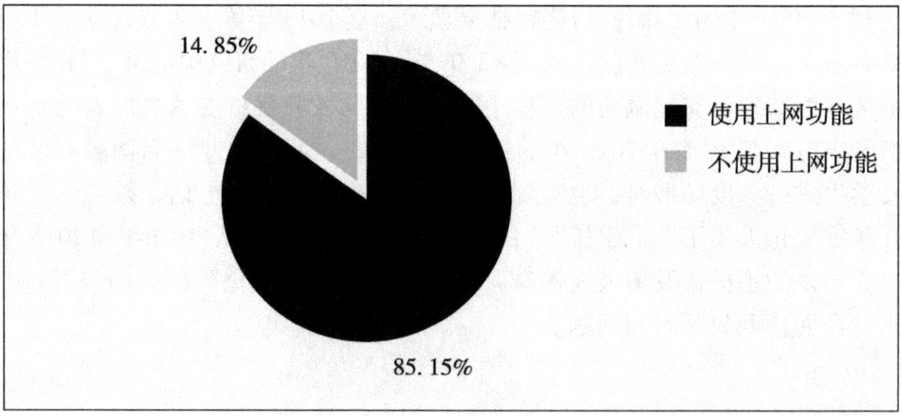

图3—28　受访者手机上网功能使用情况

综合手机上网和电脑上网等多种形式，笔者对被访者填写的日均接触网络的强度进行整理，结果如图 3—30 所示：

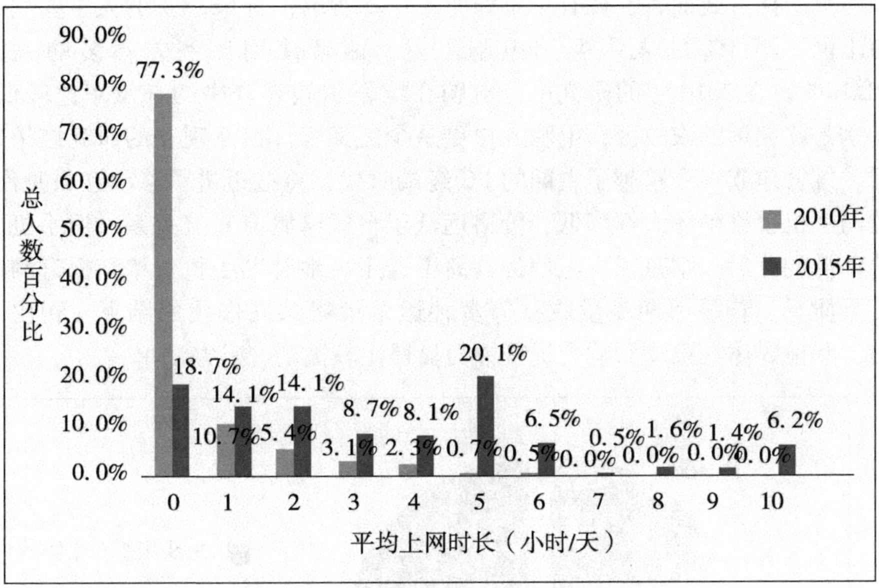

图 3—29 受访者手机上网功能使用情况

对比 2010 年的研究数据可以看到：维吾尔族观众中上网人数大大增加。2010 年，维吾尔族观众中有 77.3% 上网时长为 0，也就是说，在当时大多数的维吾尔族观众都不上网，而到 2015 年不上网的维吾尔族观众仅有 18.7%。且维吾尔族观众网络使用的平均时长从 2010 年的 0.46 个小时猛增到 3.22 个小时。这两个数据的变化说明了新疆地区网络覆盖进展很快，且网络媒体的普及和使用情况良好。同时，2015 年，长时间上网用户比例增加：2010 年，上网时长达到 6 个小时及以上的人数比例为 0.5%，而 2015 年这一比例增长到 16.2%；最高上网时长为 10 小时，占比 6.2%。这说明有更多的人开始接触网络，更多的人愿意花更多的时间在网上，同时也从侧面说明网络媒体正逐渐成为被越来越多维吾尔族观众认可的沟通外界、获取信息的重要桥梁。

另外，2010 年上网人群的人数与上网时间变化较为规律，上网人数随上网时长的增加而逐层递减。但在 2015 年的数据中这种规律被打破，维吾尔族观众的上网时长分布比较离散，说明现在维吾尔族观众上网行为较为多样化。但可以看出 83.8% 的人上网时长仍在 1—5 个小时之间，大多数人的上网时长都在合理范畴之内，上网时长超过 5 小时的仅是少数。

就上网方式而言，调查结果如图 3—30 所示，有 56. 8% 的人主要用手机上网，25. 1% 的人主要用电脑上网，两者使用比例差不多的人占 18. 10%，在 2010 年的研究中，电脑在维吾尔族观众中的普及率比较低，特别是在偏远的农牧区，电脑入户更是少之又少。但从现在的研究结果来看，维吾尔族观众跨越了上网的 PC 终端时代，直接迈进了移动互联时代，这与手机价格整体大幅降低、价格远低于台式电脑有直接关系，但手机价格降低的背后，则是三大电信运营商不遗余力地补贴手机价格、提升网络信号质量、着眼远期流量收益等多种运营策略共同作用的结果。相比而言，其他媒体在推动影响力提升方面显得比较被动，且办法单一。

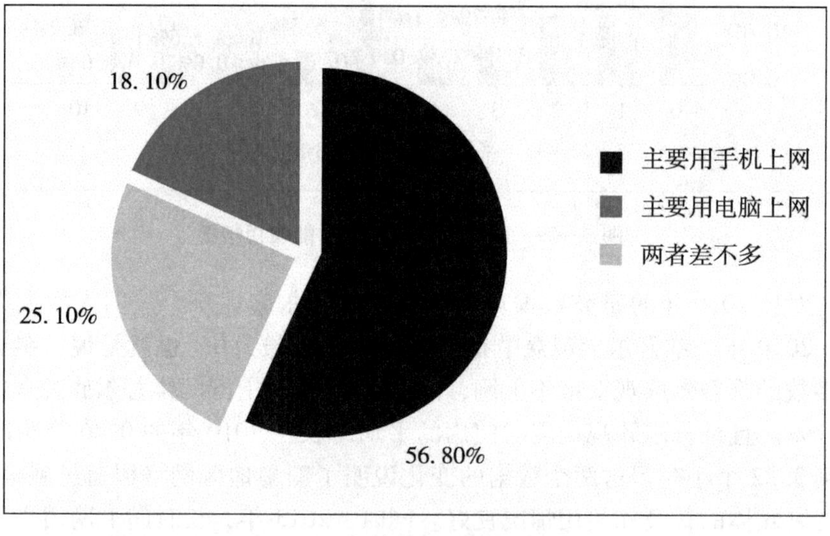

图 3—30 受访者主要上网方式

总体来说，2015 年网络媒体对维吾尔族受众的影响强度相较于 2010 年明显增强，且进展迅速。显而易见，网络媒体对维吾尔族观众产生的影响力已经构成了对电视媒体最大的外来挑战，而移动互联在维吾尔族观众中异乎寻常的发展速度，则让网络媒体在维吾尔族观众中影响力的提升驶上了一条具有前瞻性的快车道。

2. 纸媒（书籍、报刊、杂志）的使用强度

本研究对 2010 年和 2015 年被访者的纸媒使用时长进行了对比研究。

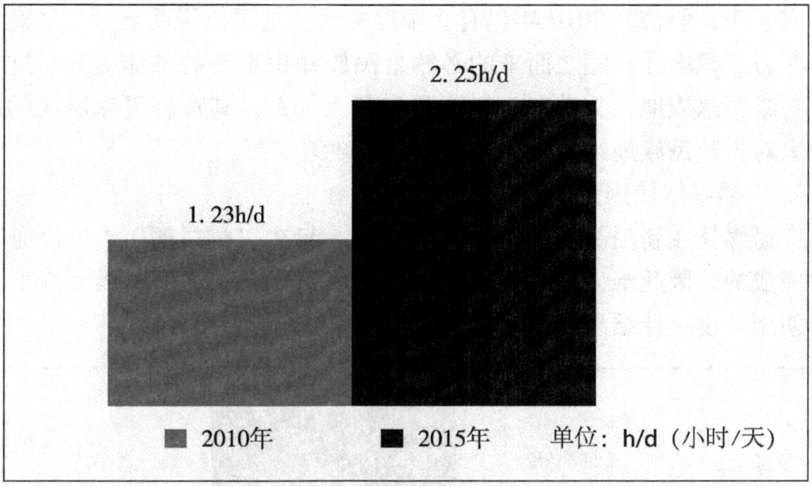

图 3—31　受访者纸媒使用强度对比图（2010 年/2015 年）

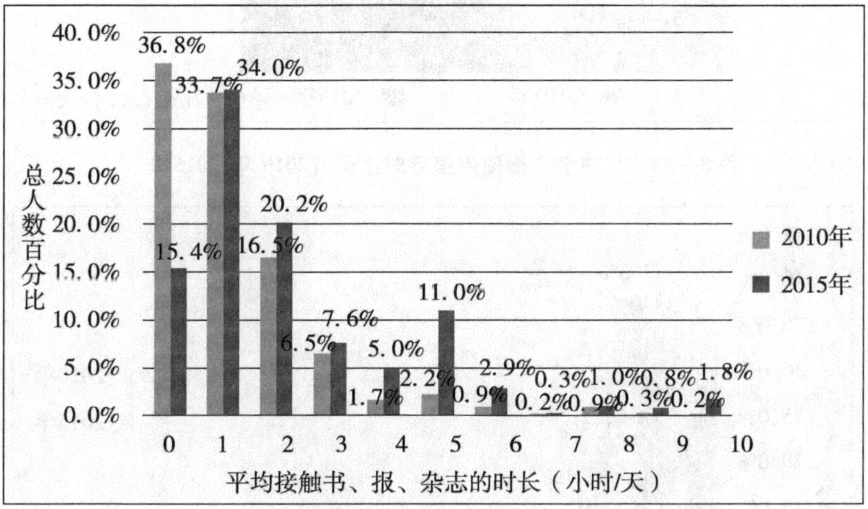

图 3—32　受访者纸媒使用强度分时对比图（2010 年/2015 年）

相对于 2010 年，2015 年完全不接触纸媒的人群从 36.8% 减少到 15.4%，也就是说不读书、不看报的维吾尔族观众在 5 年间减少了一半数量，而有阅读习惯人群的比例大大增加。

考虑到样本中大学生群体较多，而相应的读书看报的时间可能会比较多，因此，在剔除大学生群体之后进行了重新计算，结果为 1.86 个小时，虽略有下降，但较之2010年仍有大幅度提升。这足以说明维吾尔族观众的整体学习意识增强，随之而来的必然是民族知识水平的整体提升，这样的变化与维吾尔族地区文教事业的发展有莫大关系，其背后更深层次的原因是国家对少数民族地区文教事业的重视和政策支持。

3. 广播媒体使用强度

广播媒体在新疆的覆盖是与电视媒体一起在“村村通”“户户通”工程中完成的，因此绝大多数农牧区都能接收到广播。维吾尔族观众的广播媒体使用强度统计结果如图3—33所示：

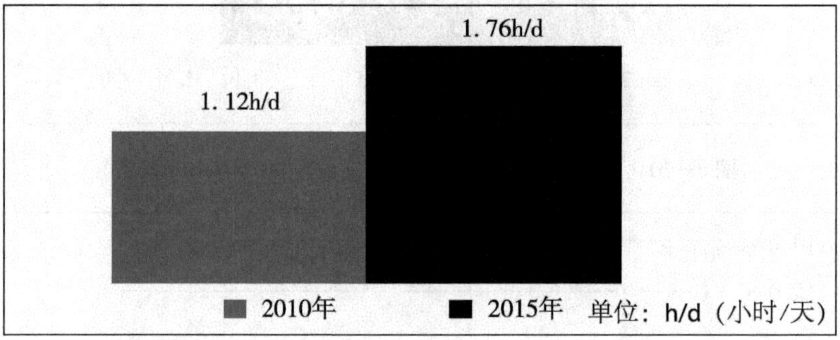

图3—33　受访者广播使用强度对比图（2010年/2015年）

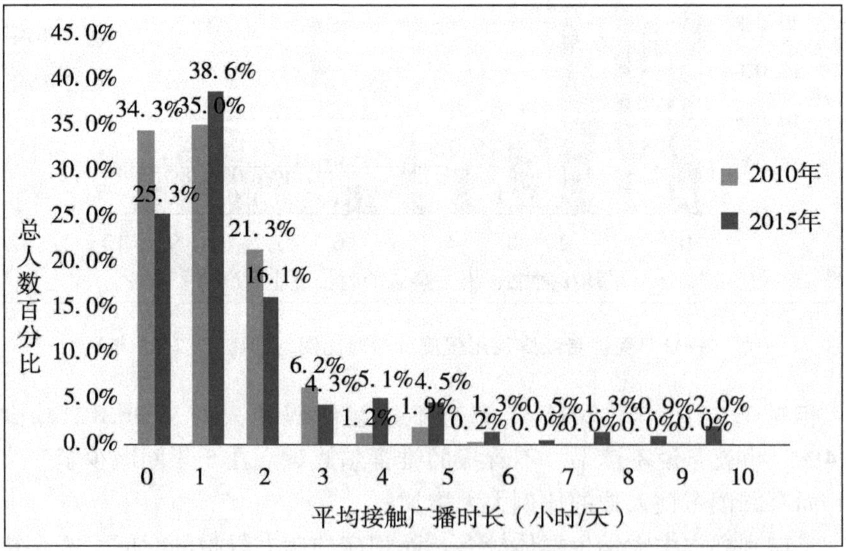

图3—34　受访者广播使用强度分时对比图（2010年/2015年）

总体来看，5 年来，维吾尔族观众中广播的使用强度略有增加，虽幅度不大，但这是在网络媒体冲击波席卷各媒体的大环境下逆势实现的，更显得难能可贵。

5 年来，不听广播的人群下降了 9%；有 38.8% 的人每天听广播时间在 1 个小时左右，比之前上升了约 3%。变化最大的则是重度听众的比例，每天听广播达 4 个小时及以上的听众比例从 2010 年的 3.3% 大幅增加到了 15.6%，其中还有 6.0% 的人每天收听时间高达 6 个小时以上（含 6 个小时）。

综合来看，出现这种现象一是因为维吾尔族观众中汽车保有量的增加形成了相对固定的听众群体，据统计，截至 2010 年底，新疆机动车保有量为 268 万辆，但 2015 年底，预计全疆汽车保有量会突破 600 万辆，这一数量的变化即成为广播媒体接触强度变化的有力支撑；二是新疆的交通具有“地广路远”的特点，跨地市的交通动辄需要 4—5 个小时的车程，这直接使得重度收听人群比例增加。

第四章　电视媒体对维吾尔族观众的深度影响力与扩展影响力分析

研究电视媒体对于维吾尔族观众的影响力，并非止步于对维吾尔族观众收视行为的简单描述，而更希望以精准的研究方法和结果，探究电视媒体如何影响维吾尔族观众的内心观念。根据本研究设定的分析框架，其可被称为深度影响力。

本章的第一、第二节即为对深度影响力的描述与分析。

第一节是对于维吾尔族观众对电视媒体不同节目、不同频道“信度”的测量。“信则有，不信则无”，这句中国古语用最质朴的方式表达了“信任”的重要性——充当党和政府“喉舌”的电视媒体每天播出大量的电视节目，这些电视节目所传达的信息有多少是被维吾尔族观众所“信任”的，而又在多大程度上因为“不信”而变得影响全“无”？

“信任度”并非孤立存在的一个指标，就传播学经典理论——“使用与满足”理论角度来讲，“信任”的基础是“满意”，而如果想了解维吾尔族观众对于节目或者频道“满意”与否，则又必须更深层次地探究他们的收视动机。正所谓“因动机而使用，因满意而满足”，继而才会产生“信任”。

第二节阐述的是电视媒体对于维吾尔族观众的影响效度。对“效度”的简约化解读就是电视媒体到底能在多大程度上改变着维吾尔族观众的思想。在现实生活中，即使是某个个体的思想也会让人难以琢磨，又怎样去把握1000万维吾尔族观众如何因看电视而改变的思想动态？经多次论证之后，笔者认为，应该从“媒介”与“人的现代化”关系上找到突破口。维吾尔族、汉族或者是其他各民族，差异性的存在是绝对的，这是由各民族间人文、地理、历史、生理等各种因素所决定的，这种差异性也因为其累积时间越长而越发凸显；统一性的存在则是相对的，而多民族之间最易达成“统一”的统一性就体现在对于现代化的追求上，“现代化”并非某国、某个民族或者某个个体所独有，而是全人类的共同特征和使命。根据社会学的划分标准，可将人的现代化分为四种偏向、十一种观念，以树立统计中的相关分析等多种统计指标，试图挖掘电视媒体与维吾尔族观众观念之间的关联性。

第三节是以维吾尔族观众的切身体会为出发点，研究电视媒体与其他媒体的融合度。表面上看，只是在测量维吾尔族观众如何借助网络媒体实现对电视媒体的反馈与互动程度，但从更深远和更宏观的角度看，媒体融合是大势所趋，电视媒体的跨屏经营也早已是既成事实，在这种背景的支撑下，对于维吾尔族观众的跨媒体互动行为，实际上是为电视媒体的影响力拓展提供了新的方向。同时，也在追问着电视媒体，是否已经与网络媒体一起构成了一个传递正能量、影响维吾尔族观众观念与行为的“全媒体外壳”。

第一节　电视媒体在维吾尔族观众中的信度分析

一、观众收视动机研究

观众有什么样的收视动机，取决于媒介有什么样的功能；观众的收视行为，从深层次来讲即动机与媒介功能的匹配。关于媒介功能，最早的较为系统性考虑大众媒介在社会中功能的当属拉斯韦尔与赖特。美国传播学者哈罗德·拉斯韦尔认为大众媒介的三个基本功能是监视环境、联系社会各个部分以适应环境，以及一代代传承社会遗产。在此基础上，社会学家查尔斯·赖特又在其《大众传播：功能的探讨》一书中补充了第四种功能——娱乐功能。随后，威尔伯·施拉姆又加入了第五种，也就是经济功能。基于对拉斯韦尔、赖特、施拉姆等前人的研究整合，本研究从媒介功能的角度将维吾尔族观众的收视动机归纳成了五个维度，分别为监视环境动机、联系社会动机、传承文化动机、娱乐动机与经济动机，分别论述如下：

（一）监视环境动机

电视作为我国当前覆盖面最广、观众认可度最高的大众传播媒介，是观众（尤其是少数民族地区）了解外界的主要渠道，发挥着重要的监视环境的作用，主要体现为对新闻讯息的传播。电视通过新闻信息的提供，同时监测社会的内部与外部环境，主要提供突发性的事件传播以及关乎日常生活的工具性新闻，客观、准确地反映现实社会的真实情景，了解足以影响社会的机遇或威胁①，使公众能够了解自己目前的处境，从而良好应对。在新疆地区，电视媒体监视环境功能主要体现为电视可以传递国内外的时事，让少数民族观众及时了解国家的大政方针。

（二）联系社会动机

所谓联系社会，指的是维吾尔族观众通过对外界的了解与探究，对电视媒体所传达的信息进行选择和解读，继而在这些信息的引导之下，对周围的事件做出反应。

这一过程类似于监视环境，都是与外界之间的联系，但监视环境更加强调较为宏观的社会背景，并且程度更偏向于了解与认知层面，而联系社会则更注重对自身日常生活环境的解读与探究，并且偏向于实践与运用方面。电视媒体的这一功能对于个体社会化有十分重要的意义，维吾尔族观众通过电视，增长了见识，开阔了眼界，了解了自己的生活区域以外的世界是什么样子，同时也有助于其树立正确的价值观以及行为规范。

（三）传承文化动机

社会文化以时间和空间为单位，在年代与地域上有着深远而丰富的内涵，文化传承对于一个民族、一个国家来说有着无法撼动的地位。关于文化传承，拉斯韦尔在其发表的论文《社会传播的结构与功能》中就认为：“大众传媒可以通过灵活多样的传播方式将前人所创造的历史文化传承下

---

① 吴文虎主编：《传播学概论》，武汉大学出版社，2000 年，第 102 页。

来。电视媒介在传播中具备的广泛性与重复性，使其在社会文化的传承中担当着相当重要的作用”。由于其以固体的存在形式，可以跨越时间与空间而留下带有时代烙印的产物，以板块状的形式，直观并强烈地展示给受众，使受众在观看电视节目的同时，潜移默化地受到社会文化的熏陶，并自觉地成为社会文化的传承者。对于少数民族地区来说，这个功能尤为重要。维吾尔族观众通过欣赏电视节目，不仅可以更多地了解并传承本民族独特的文化，还可以了解其他民族丰富多样的文化。

（四）娱乐动机

娱乐是心灵能力的载体，是人的基本需求之一。在赖特的“四项功能”说中也提到，满足精神生活的需要，占传播信息总量的一半以上。目前，提供娱乐已经成为大众传播媒体的主要社会功能之一，电视由于其画面与声音整合传播的直观性，已经成为提供娱乐的重要载体。起初，电视媒体便是以娱乐工具的面目出现的，主要职责是提供幽默与快乐，供人们放松与消遣，在最初的电视上也无不是一些娱乐性节目。后来随着时代的发展，其传递信息的功能才不断地发展起来。尤其是近两年，中国的电视媒体逐步走进一个娱乐风行的时代，电视娱乐功能被日益强化，丰富多样的娱乐性节目层出不穷，甚至已经成为争夺收视率的利器。对于少数民族地区的观众来说，电视媒体可以较好地缓解其生活间隙中的孤独感，在没有更好的事情可以做的时候，电视成为其首选的消遣工具。并且，如今有很多娱乐性的节目已经办得相当成功，通过收看这些节目，可以使观众在疲惫地工作一天后得以真正地放松下来。

（五）经济动机

在电视媒介诞生的最初，其经济功能及意义一直没有得到较高的重视，直到改革开放后，市场经济的发展推动了电视媒介探索媒介经营的道路，其经济功能逐步显现出来。目前，中国的电视媒介市场竞争日益加剧，众多电视台在这场竞争中努力寻求着自己的有利优势，而诸多企业商家也抓住这一机会，将电视媒体作为推销自身品牌与商品的重要平台，在这个过程中，也有力地拉动了物质消费，形成了社会产业链中关键的一环。观众在看电视的过程中，无时无刻不在受各种商品信息的影响，通过这个过程，电视媒体也可以更好地发挥其在教育与指导生活方面的功能，使更多经济类的知识信息为观众所掌握，应用于生产生活之中，以解决在生活中所遇到的问题。

二、维吾尔族观众收视动机解析

谈起电视媒体对观众的影响力，以电视媒体的“使用—满足”理论为落脚点，首先对受众对于媒介的使用动机进行了调查与分析，以便于在后文中以此分析结果为基础，对媒介在满足受众需求后继而产生的影响进行进一步分析。在参考相关文献研究后，从不同的角度选取了尽可能多的收视动机的语句，在调查问卷中让受访者对下列看电视的原因按照同意程度进行打分，之后，对评分的结果进行数据分析，并将同一类的变量汇聚到一起取平均值，起到数据简化的作用。除此之外，也可以更清晰地看到一些难以直接测量评估的心理因素（态度、动机等）的结构维度。

（一）2015 年维吾尔族观众收视动机整体分析

表 4—1　2015 年维吾尔族观众收视动机量表分析结果（最高 5 分最低 1 分）

动机语句	监视环境动机	联系社会动机	传承文化动机	娱乐动机	经济动机	平均分
了解国家大政方针 了解国内时事 了解国际时事	2.12 2.09 2.07					2.09
增长见识，开阔视野 了解其他民族的文化		2.09 2.14				2.12
了解其他民族的文化 了解本民族的文化			2.41 2.09			2.25
有些节目很好看，所以喜欢看电视 没有更好的事情可做 让自己得到放松				2.61 2.55 2.16		2.39
了解商品信息 学习知识，解决生活中的问题					2.50 2.50	2.50

从统计结果来看，在维吾尔族观众心中，这五种收视动机的重要性并不等同，可以大致得出以下结论：

1. 总体来看，其收视动机偏向于电视的经济价值与娱乐放松两方面

由表4—1可知，经济动机和娱乐动机是得分最高的（分别为2.50和2.39），其次是传承文化动机和联系社会动机，而监视环境动机则是得分最低的；

2. 观众重视电视的经济指导服务

在得分最高的经济动机中，“了解商品信息”与“学习知识，解决生活问题”从某种意义来讲是将电视看作指导类的教育工具，二者得分持平。总的来看，观众的经济动机可以深层次地剖析为对电视工具性价值的需求。在2010年的研究中也发现，当地观众表示在电视上可以学到很多知识来指导并服务于自己的生活。尤其是对于偏远农村地区的人来说，电视是他们沟通外界的主要渠道之一，从电视上获取有助于生产的知识非常必要。为此，针对当地实际情况，当地电视台也在近年来做出很大努力，尤其重视科教节目的发展，对CCTV－7的《农广天地》《致富经》《人与自然》，都进行翻译、制作后在本地播出，取得了较好的反响；

近年来随着经济的不断发展，维吾尔族观众的生活和消费水平也在不断提高，新疆广阔的市场资源和发展潜力吸引了诸多企业的入驻与投资，也相应带动了当地广告业的发展。虽然广告仍然是所有节目类型中最不受欢迎的，但当地维吾尔族观众对于广告的排斥已经没有几年之前那么严重了，甚至有的被访者表示：“有的广告还是很有趣的，从上面可以了解很多我们不了解的东西，有时买东西也会受到这个广告的影响”。由此看来，当地观众对于电视的经济功能的收视动机跃居第一是合乎情理的。

3. 观众视电视为娱乐放松的重要平台

至于娱乐动机，在调查问卷所涉及的其他问题当中，影视、娱乐、综艺类相关节目总是口碑较好的节目类型，在日趋繁重的工作、学习和生活压力之下，电视成了一个很好的舒缓压力的消遣工具，再加上近年来当地电视台在影视剧和综艺栏目下了很大的工夫。从译制角度来看，积极引进内地以及国外的优秀片源进行翻译，在时效性和翻译质量上都精益求精；从自办角度来看，更是取得了显著的成就，《幸福家庭的烦恼》《丝绸之路好声音》等更是获得了收视率第一的好成绩，在当地好评如潮，使得电视

成为观众获得娱乐放松的绝佳平台。

4. 各媒介用户分流现象对观众收视动机造成影响

与经济动机和娱乐动机相比，传承文化动机、联系社会动机与监视环境动机排名则较为靠后，这或许与近年来网络与新媒体技术的不断发展有关，手机网络的便捷与时效性使人们更加方便地获取来自外界的信息，在很大程度上造成了用户的分流。

（二）2015 年维吾尔族观众收视动机语句分析

再看各类动机之下各类语句的得分情况，可以发现：

1. 经济动机："一切为了生活"

从排名第一的经济动机来看，在其之下的语句当中，"了解商品信息"与"学习知识，解决生活中的问题"得分相同。可以看出，对于观众来说，了解信息与解决生活问题是看电视的主要目的，并且不分伯仲，而在某种程度上来说，二者也是密不可分的，了解信息在某种意义上也是在学习一种知识，而学习知识很大原因也是能够更好地将其运用于自己的生活当中。

2. 娱乐动机："只为你而来"

再看娱乐动机，"有些节目很好看，所以看电视"得分最高，达 2.61 分，可以说是所有动机语句中得分最高的。可以这样说，如果不将其归类分析，只是单纯地按照动机语句来排列分析的话，那么观众收看电视的首要动机便是有些节目很好看所以去看。从中可以看出，维吾尔族观众收看电视的强烈的目的性、主动性以及针对性，再结合上文的内容可以更加确定，近年来当地电视台在影视以及综艺等娱乐节目上的投入与付出取得了很好的成绩，甚至吸引力已经大到成为多数观众收看电视的首要目的。

3. 传承文化动机："最炫民族风"

传承文化动机当中，果不其然，得分最高的是"了解其他民族的文化"。确实，电视是一个观察外界、交流多元文化的绝佳的窗口，在这个窗口当中，体验不同的民族风情，了解斑斓的各民族文化，在碰撞与交融中交流与发展。

4. 联系社会动机："外面的世界很精彩"

在联系社会动机当中，得分最高的语句为"了解外面的世界是什么样子"，为2.14分。对于当地群众，尤其是偏远地区的人来说，电视的直观的画面表现手法最能够让其真正地身临其境般感受不同的风光，体验不同的生活，在这个基础之上，对自己日常生活中的微观场景有一个更为深层次的认识，从而更好地与社会产生联系。

5. 监视环境动机："来自中央的声音"

监视环境层面，在三个较为宏观的语句当中，"了解国家大政方针"得分最高，确实，电视作为党中央的喉舌，是中央的声音准确及时地传递到各少数民族地区的重要渠道。而在实地调研中，当地很多老百姓也表示，会对电视新闻中党中央所颁布的相关政策予以关注。

（三）历史收视动机数据对比

在2010年也对同样的问题做了相关的分析，通过对比可以发现五年来维吾尔族观众的收视动机发生了非常显著的变化。

表4—2　2010年维吾尔族观众收视动机量表分析结果（最高5分最低1分）

动机语句	监视环境动机	联系社会动机	传承文化动机	娱乐动机	经济动机	平均分
了解国家大政方针 了解国内时事 了解国际时事	3.78 3.74 3.70					3.74
增长见识，开阔视野 了解外面的世界是什么样子		4.06 3.63				3.85
了解本民族的文化 了解其他民族的文化			3.91 3.25			3.58
让自己得到放松 有些节目很好看，所以喜欢看电视 消除孤独 没有更好的事情可做				3.60 3.52 3.48 3.00		3.40
学习知识，解决生活中的问题 了解商品信息					3.73 3.33	3.53

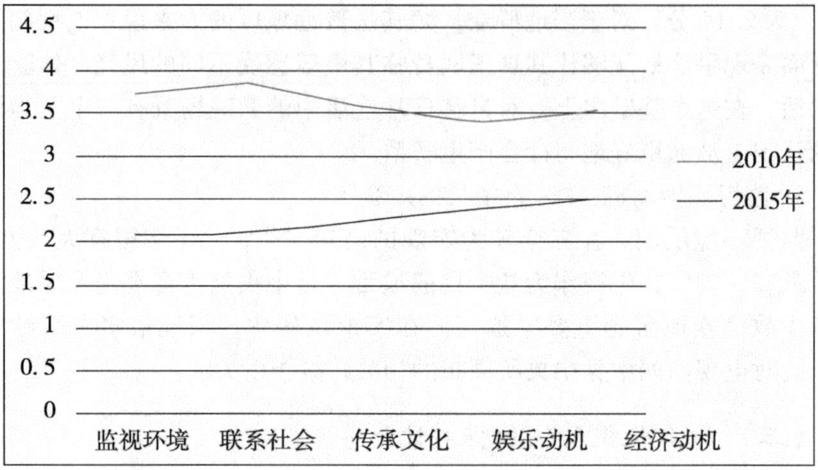

图4—1　2010年与2015年受访者收视动机变化对比（最高5分最低1分）

1. 观众收视动机整体减弱

可以看出，与2010年相比，2015年观众的收视动机整体呈现降低趋势，数值也由3.62分降到了2.27分，降幅明显，猜测这样的趋势与电视媒体的收视动机被“分流”有关，也与两次调查因抽样方法不同造成的样本偏差有关系。

2. 经济与娱乐成为观众收视首要动机

从图4—1可以看出，2010年维吾尔族观众的收视动机分数从高到低排名，经济动机列倒数第二，娱乐动机则位于倒数第一，结合今年的数据做对比，可以看出在五年后其分别一跃成为第一与第二，而原因在前文中也有所分析，在此不再多做叙述。总而言之，是近年来当地经济水平的提高与各级电视台在此类领域中所取得的显著成就二者综合作用的结果，在很大程度上形成一种强有力的引力，成为吸引维吾尔族观众收看电视的首要动机。

3. 监视环境、联系社会与传承文化动机地位明显下滑

在2010年的数据当中，联系社会、监视环境与传承文化动机居于前三位，而在五年后地位倒退到后三位。究其原因，可能与近年来当地居民知识水平的提高与各媒介的发展有关，群众可以通过报纸来对国家时政与社会时事进行更加深入的了解与解读，再加上手机上网的便捷与及时，在很大程度上削弱了电视传达信息的功能。

4. 观众获取娱乐讯息的主动性有所增强

比较一些收视动机下的关键语句，在娱乐动机之下，原本“让自己放松”的语句得分最高，可以看出当时电视对于维吾尔族观众来说主要是一个缓解压力的手段，而5年后得分最高的语句变成了“有些节目很好看，所以喜欢看电视”，同样是娱乐动机，在之前，观众可能认为看电视是用来缓解压力的，看什么节目并不重要，但如今观众是奔着看一些特定节目而去主动看电视，由较为被动的舒缓压力变成一种主动的获取娱乐讯息，也验证了之前对于当地电视台近年来在娱乐节目上所做的努力成效的猜想。

5. 观众更加看重电视所传达的商品信息

经济动机之中，原本“学习知识、解决生活中的问题”比“了解商品信息”得分明显要高，而如今二者地位齐平，通过“了解商品信息”地位的提升也可以看出当地近年来经济的发展状况。

总体比较而言，维吾尔族观众的收视动机由最初的以获取新闻信息和联系外界为主转变为以学习知识和娱乐放松为主，维吾尔族观众越来越看重电视的工具性价值与娱乐价值，而其探究外界、监视环境的功能却有所下滑，究其原因可能是其他媒介对于电视观众的分流，转移了维吾尔族观众对电视的注意力，对此，后文中也将对各类媒介对于电视媒体的冲击进行相关的对比分析。

三、维吾尔族观众对电视媒体的满意度解析

提及维吾尔族观众对于电视媒体的满意度，归根结底是探究电视媒体是否满足了观众收视动机需求的情况。此外，还有数量上的需求，通过对各类节目数量目前所占的比重以及观众预期中的结构比重变化进行对比，看出观众对于不同节目的满意程度。基于上文，可以从节目的数量和质量两方面来评估目前维吾尔族观众对于电视媒体的满意度。

（一）维吾尔族观众对各类节目质量满意度

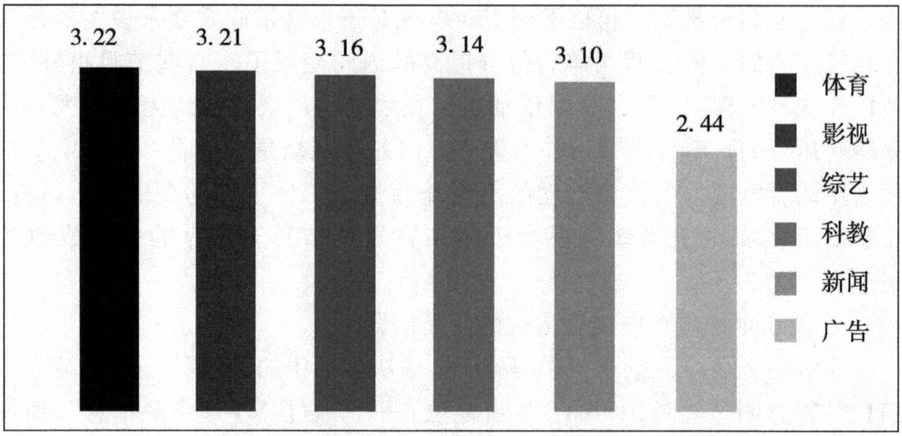

图 4—2　受访者对各类节目满意度（最高 5 分最低 1 分）

在本次调查中，主要研究了新闻、综艺、影视、科教、体育及广告类节目，并要求被调查者按满意程度对其进行打分，在对六种节目类型的满意度得分进行处理并求取均值后，可以看出：

1. 就整体而言，观众对各类节目满意度平平，各节目之间差异较小

从分数上来看，六种节目类型的分数都在 3 分左右，均处于中等水平，可见观众对各类节目的态度都是较为中立的。

2. 体育类节目最得人心

在六类节目中，体育类节目是最受欢迎的，得分为 3.22。究其原因，可能主要是观众对其的内容需求较为单纯。从满足需求来看，之于节目自身，体育类节目的内容专业性高，主要为体育赛事和新闻，板块较为固定，多年来没有太大变化，并且已经足够成熟完善，而之于观众，对于体育类节目的主要需求即为了解体育赛事与娱乐休闲，所以无论是从数量还是从质量来看都较容易使观众得到满足，不太会受到形式与内容的局限与影响。

3. 影视、综艺类节目满意度提升空间较大

在排名中，体育类节目居于榜首，影视、综艺、科教、新闻类节目次之，得分依次为 3.21、3.16、3.14 和 3.10。相比体育节目，综艺节目与

影视节目所面临的困难较大一些。它要不断地更新其形式与内容，追求多样化，才能避免观众产生审美疲劳，这便对其创新能力提出了越来越高的要求，从近年的发展趋势来看，其整体呈现出欣欣向荣的良好发展态势，预计多年后再对此问题重新进行调查，也许综艺类与影视类的数据及地位会有所变化。

4. 观众对新闻节目满意度受一定局限

图表显示，在各类节目中，新闻成为仅次于广告的满意度最低的节目类型。究其原因，很大程度上可能还是目前我国新闻节目普遍存在的问题。它对于观众来说，有着非常独特的意义，观众在收看新闻节目是具有其目的性与期待性。尽管这几年，各级媒体在新闻报道的深度和形式上都做出了很大的创新，但仍然存在一些问题。中国青年政治学院科研委员会副主任、新闻与传播系副教授展江曾就此问题发表过相关看法，他认为新闻节目一定要认清到底是按新闻规律办事还是按“宣传规律”办事，最根本的要去除的不是严肃和无华，而是体制性的刻板和僵硬。真正认识到新闻价值对于满足观众需求的重要性，对于新闻节目的发展具有建设性的意义。所以，新闻节目还是要同时达到内容上的深度与形式上的契合才行。

5. 观众对广告满意程度最低，但排斥感不是很强

在六类节目中，满意度最低的是广告，得分为2.44，在2.5分以下。对于这个结果并不出乎意料，毕竟就全国的普遍情况来讲，观众对于广告也是持非议态度的，维吾尔族观众也不例外。在深度访谈和小组访谈中，不少被访者都对广告表现出了排斥的情绪。

但通过观察可以发现有两个积极现象：

1. 维吾尔族观众对广告的满意程度与其他几种节目类型比，差距不是很大，可以看出维吾尔族观众对于广告的排斥情绪并非十分强烈。在“维吾尔族观众收视动机”的内容中可以看出，维吾尔族观众看电视的主要动机包括了获取消费信息等经济类动机，而广告是当今社会主流的经济信息传播手段之一，所以维吾尔族观众对于广告的态度如同全国很多地方的观众一样，是“爱恨交织”——既被那些虚假、聒噪、频繁的广告打扰着，但生活中又离不开广告所提供的消费信息。

2. 对于广告“爱恨交织”的心态，正是广告节目观众满意度提升空间之所在。维吾尔族观众最常接触的是维吾尔族演员演的、讲维吾尔语的，符

合维吾尔族生活习惯的产品广告，在实地调研的过程中，部分被访者表示一些广告还是很有趣的，但面向维吾尔族观众的电视广告普遍水平还不够精良，还有很大的提升空间。

在此基础上，结合前文所提到的维吾尔族观众对于中央电视台各频道的熟悉度调查，除 CCTV1 综合频道以外，排名第二的即 CCTV5 体育频道，电影频道和综艺频道次之，对于新疆本地频道，观众最经常看的是新疆电视台的维吾尔语新闻综合频道、维吾尔语综艺频道和维吾尔语经济生活频道，省级频道则是浙江台和湖南台（以综艺类、影视类节目为主），可以看出熟悉程度与满意度有着正向相关的关系。

（二）维吾尔族观众对本民族语言节目数量满意度

在调查问卷中设置了问题“你认为目前本民族语言节目的数量是否合适”，并对 402 位受访者进行了调查，了解其对本民族语言节目的数量看法，35. 6% 的被访者认为目前本民族语言节目的数量非常少，39. 6% 的被访者认为比较少，19. 4% 的被访者认为适中，仅有 4. 7% 的被访者认为民族语言节目数量比较多，0. 7% 的被访者认为非常多。可见在大多数被访者看来，维吾尔语节目的数量相对较少。总体数量上的匮乏，是影响观众满意度的一个重要原因。

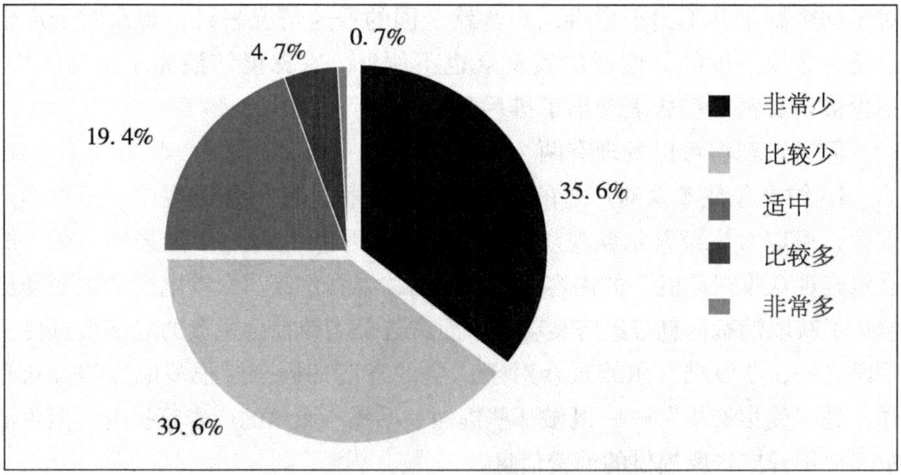

图 4—3　受访者对本民族语言节目数量的看法

随后，笔者更加具有针对性地就“你认为哪类节目应该更多地翻译成本民族语言”问题在问卷中对被访者进行提问，并对数据结果进行整理分析。

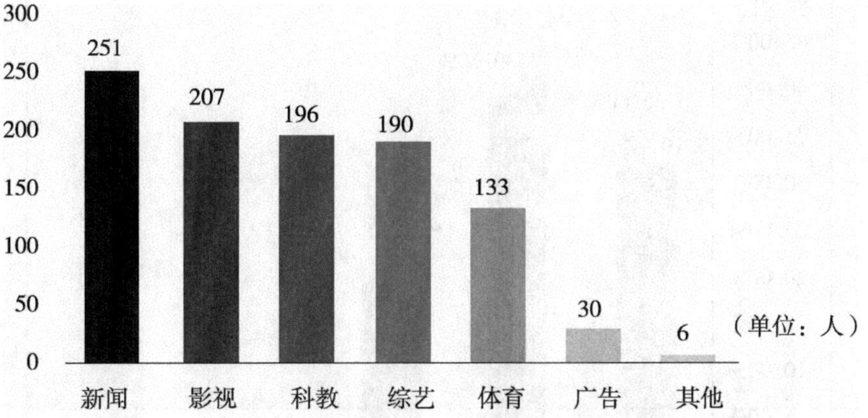

图 4—4　受访者认为哪类节目应该被更多地翻译成本民族语言

可以看出，251 位被访者认为新闻节目应被更多地翻译为本民族语言，占比 62.4%；影视、科教、综艺类节目次之。可见，被访者确实对维吾尔语新闻类节目需求最大，对维吾尔语的影视、科教、综艺类节目也有着比较多的需求。

通过对图 4—2 和图 4—4 的对比，可以发现受访者对节目的满意程度与本民族语言节目数量有着很大的关系，除影视与广告的位置有所不同外，其余指标都是呈反向变化，即观众满意程度较低的节目却被认为应该更多地翻译成本民族语言，符合研究假设，而影视节目之所以没有呈现出上述变化，很可能是与近年来电视台在自制影视剧领域做出的努力所取得的成效，以及本地自制影视剧的涌现，在一定程度上更加激发了观众对其需求度有关。至于广告，则被认为是否翻译成本民族语言对观众自身影响不大。

（三）历史满意度数据对比分析

总体来看，维吾尔族观众对于本民族语言节目的整体需求，就 2010 年调查的数据与本次数据进行了对比，可以看出：

1. 近年来，观众需求得到一定的满足

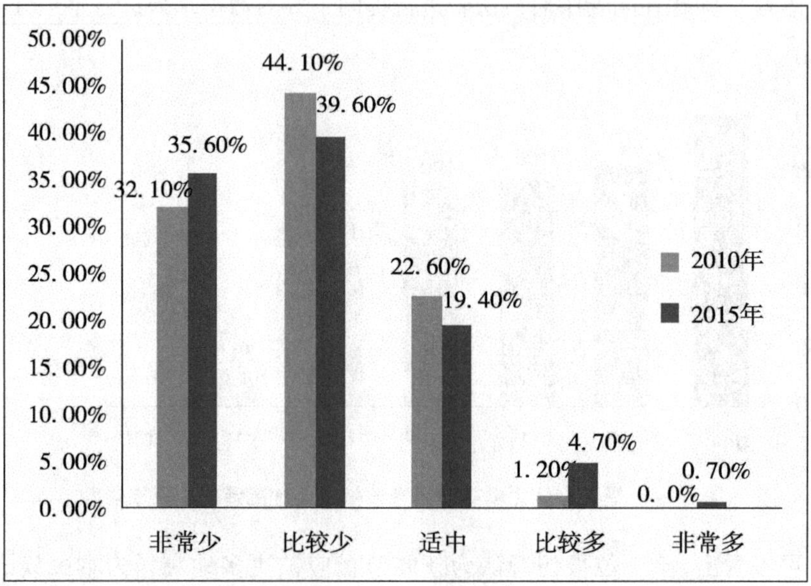

图 4—5　受访者对本民族语言节目需求对比（2010 年/2015 年）

图 4—5 显示，在 2010 年，若将“比较多”和“非常多”进行合并分析的话，当时认为本民族语言节目数量较多的人占到总被访者人数的 1.20%，尤其是“非常多”的选项人数为 0，而在本次调查当中，认为本民族语言节目数量较多的人则占到被访者人数的 5.40%，增幅比较明显。按照此思路，再将“比较少”和“非常少”进行合并分析的话，可以看出比例由 2010 年的 76.20% 变为了如今的 75.20%，下降了 1.0%，虽然降幅不明显，但总体的趋势反映出近年当地自办及译制的语言类节目取得了较好的成绩，在一定程度上满足了维吾尔族观众对于本民族语言的需求。

2. 就整体而言，观众仍然有很大需求有待满足

尽管取得了一定的进步，但无论是 2010 年还是今年的数据，都可以直观地看出认为本民族语言节目数量较少的人仍占绝大一部分的比重，表明维吾尔族观众对本民族语言节目仍然有较大需求并未得到满足。

总体而言，比起 2010 年的调查，无论是节目的内容质量还是本民族语言节目的数量，都在很大程度上满足了维吾尔族观众对于电视节目的需求，在此基础上满意程度也有所提升。究其原因，与近年来当地电视台所做的努

力密不可分，另外，也可以看出来，当地在此领域仍有较大的发展空间。目前，维吾尔族观众对电视节目（尤其是本民族语言）的数量和质量仍然有很大的需求。

四、维吾尔族观众对电视媒体的信任度解析

提及信任度，即考量电视媒体在观众心中的可信度与权威度，也是建立在满意度基础之上的一种更深层次的表现。从某种程度上来说，满意度与信任度呈正向相关关系，观众对其满意，才会相信其所传达的讯息，反过来说，因为认为它传达的讯息的可靠性高，所以对它很满意。因此，在了解了维吾尔族观众对电视媒体的满意度的基础之上，对其信任度将进行进一步调查与分析。从宏观至微观的视角切入，先整体把握观众对不同的媒介的信任度，再深入到电视媒体的各个频道，最后再抽取新闻频道，考察不同的新闻内容在观众心中的信任度评分。

（一）对不同类型媒体的信任度比较分析

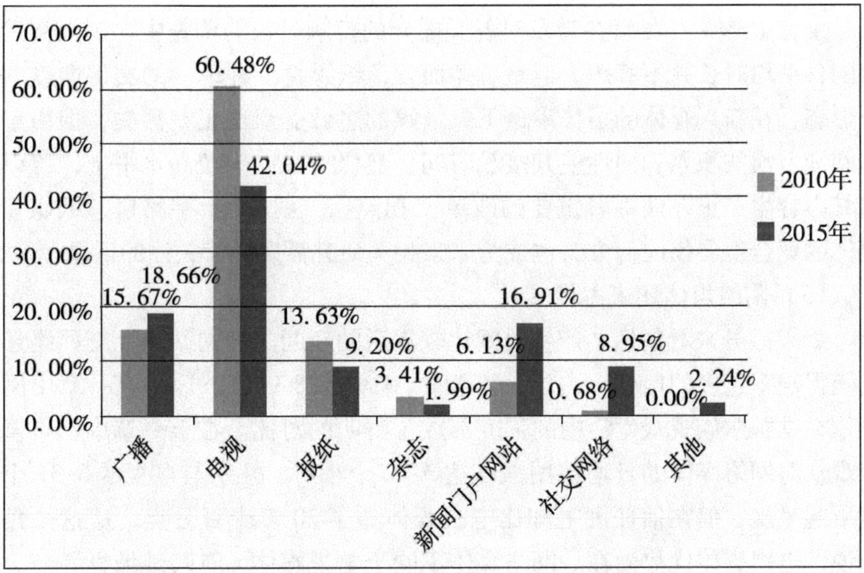

图 4—6 受访者对各类媒介信任度对比（2010 年/2015 年）

1. 2015 年用户最信任媒体分析

首先，就“你最信任以下哪类媒体”一题对被访者进行了访问，并按照选择不同选项的人数归类折合百分比进行了统计。

由图 4—6 可以得出以下结论：

（1）传统媒体目前仍占主导地位。

在占比最高的前三名中，电视和广播的占比加起来超过了 60%，可见其在维吾尔族观众心中的权威性。

（2）电视媒体仍是最具有公信力的媒介。

可以看到，2015 年，仍有接近半数（42.04%）的受访者都把电视作为最信任的媒介。

（3）广播的公信力较为稳定。

图 4—6 显示，广播的信任度占比 18.66%，比起其他媒介（除电视、报纸外）零散的比例来说算是一个较为稳定且偏高的占比，作为较保守且传统的媒介，它对维吾尔族观众的影响也较为深远。

（4）传统媒体中，纸媒信任度普遍偏低。

可以看出，无论是报纸还是杂志，信任度都普遍较低，尤其是杂志最低，仅有 1.99%。尽管在观众对各类媒介的接触时长的调查中，观众阅读纸媒的日平均时长并不算短，但是总体而言，纸媒是一种单一的文字向度的媒介形态，在新兴媒体的强势渗透下，纸媒的忠诚受众群正在流失，但由于长期阅读习惯的积累和惯性使其接触时间仍然保持在一个较高水平上，可以看出其内容生产正在面临着重要的改革“拐点”，在这个十字路口，纸媒和新媒体的竞合发展朝向何方，也成为未来相关研究需要继续关注的话题。

（5）网络媒体还未占优。

如果区分来看的话，产生时间比较靠后的新闻门户网站和社交网络还没有获得观众过多的信任，占比分别为 16.91% 和 8.95%。这与上一章中网络媒体在维吾尔族观众生活中的强度形成了鲜明的对比。在上一章中，维吾尔族观众对网络媒体的日均使用强度达 3.22 个小时，几乎与电视的 3.31 个小时平起平坐，但在信任度上却比电视媒体差了 20 多个百分点，从这个角度来说，电视媒体优势尚在。网络媒体不同于电视媒体，有跨地域性特点，这组数据也反证了网络信息真假难辨、鱼龙混杂的状况同样也蔓延到了维吾尔族观众的受众群体中，引发了群体性不信任。

（6）与全国情况相比，电视媒体的信任度不高。

《中国舆情指数报告（2013）》数据显示，人们非常信任或比较信任的媒体中，排名第一位的是电视（81.1%），但在维吾尔族观众中此数值仅为42.04%，一方面说明，维吾尔同胞整体不信任电视媒体，另一方面可能也与调查方法不同有关，结果仅供参考。但两者相同的是，都证明了电视仍是最受观众信任的媒体。

2. 媒体信任历史数据对比分析

通过与2010年数据对比发现，5年以来维吾尔族观众对于各类媒介的信任度数据有所变化。

（1）除广播外，传统媒体信任度均普遍下降。

由图4—6可以看出，除广播有较小幅度的增加之外，电视、报纸以及杂志均有所下滑，其中杂志信任度几乎减少了一半。

（2）网络新媒体显著崛起。

如将新闻门户网站与社交网络统一归类为网络媒体的话，那么网络媒体在短短5年内由6.81%上升至25.86%，崛起速度较快，结合传统媒体的信任度下降，可看出网络媒体对其产生了一定的冲击，这与近年来新疆网络信息化建设水平的不断提高有着密不可分的关系。

（3）电视信任度下降明显。

虽然在网络的冲击之下，电视媒体的信任度由2010年的60.48%下降到了如今的42.04%，足足下降了近20%，虽然电视保住了信任度第一的宝座，但其下降幅度却是“腰斩式”的。这种下降的原因无非有二：一是自身的真实性和可靠性受到观众质疑；二是网络媒体分流了电视的信任度。

（4）社交时代初见雏形。

值得一提的是，观众对社交网站的信任度增幅最大，由最初的0.68%增长到8.95%，通过这个趋势可以看出在维吾尔族观众群体中社交时代的来临，通过后文关于电视媒体对其影响力的融度层面的相关描述，不难看出，新媒体这个社交工具从某种意义上说也可以对电视影响观众发挥一定的助力作用。

（二）对不同频道的信任度比较分析

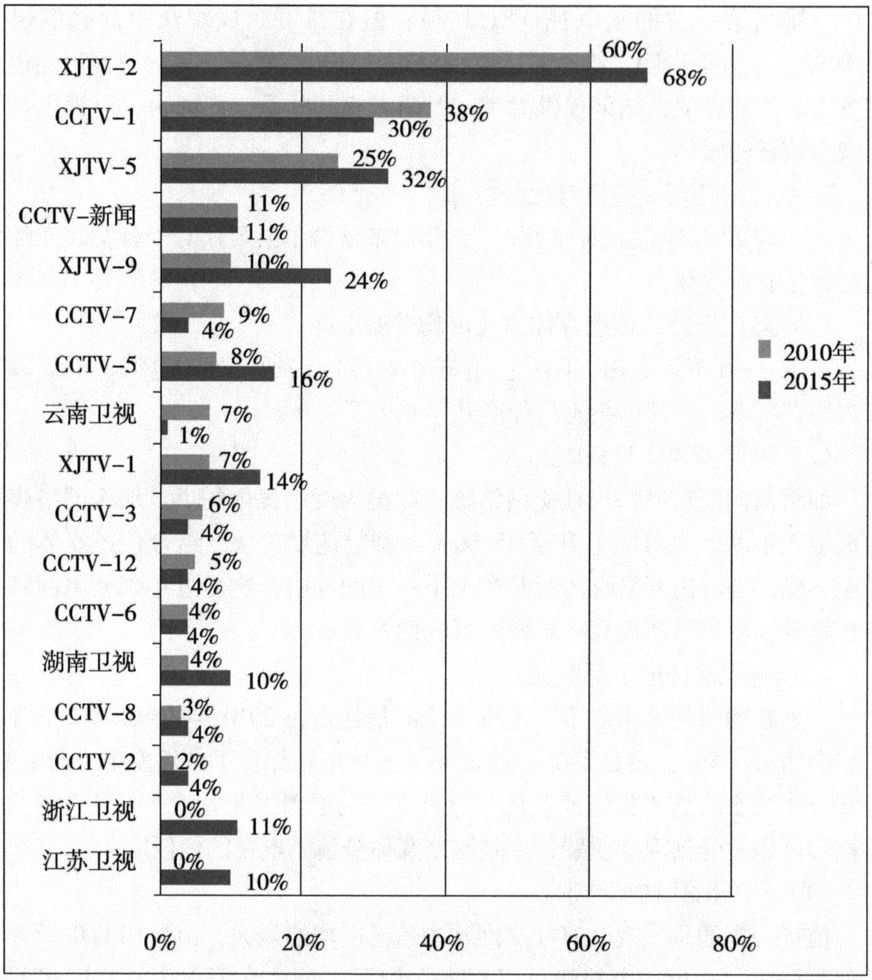

图 4—7　受访者对各频道信任度对比（2010 年/2015 年）

1. 2015 年各频道信任度分析

基于维吾尔族观众对各类媒介的信任度调查，可以得出结论：目前电视媒体的信任度仍然最高。在此基础上，本研究对电视中的各个频道的信任度进行了调查。调查问卷中尽可能地列出中央、省区级以及本地的一些频道，设置相关问题“以上这些频道，你最信任的是那些”，并要求限答最多三项，随后按照被访者填答的数据进行了频次统计。

图4—7表明：

（1）新疆本地频道普遍信任度最高。

在被访者心中，排名前三位信任度最高的频道依次为XJTV－2、CCTV－1和XJTV－5，其中最高的XJTV－2占比超过60%。从整体来看，新疆本地的频道排名分布较为靠前，值得注意的是，新疆本地频道中排名最靠后的新疆一套，其性质与其他本地频道有所区别，是面向全国播出，相当于汉语综合频道。可以看出，新疆本地的频道（重点是本地语言的频道）比起中央和其他省区的频道来说，在维吾尔族观众心中的信任度最高。

（2）中央台各频道信任度略显靠后，但整体而言仍有较高权威性。

虽然XJTV－2信任度最高，但CCTV－1仍然占据一定的份额，位列第二名。

（3）其他省区级频道信任度较为稳定，变化不太明显。

总体而言，对于得出的结论，其原因也不难理解。

从主观来讲，无论从语言还是文化来说，新疆本地的节目都要比中央台以及各省区级频道的节目更加让维吾尔族观众有亲和感，更加接地气。大多数被访者在被问及平时更喜欢更信任哪类频道时，受访者的回答多为新疆本地频道，并且表示平时经常收看的频道也是这些（主要为XJTV－2与XJTV－5）。当说起XJTV－1时，其给出答案也大致符合研究假设，部分被访者表示虽然它也是新疆本地的频道，但语言是汉语，还是会有所区别。

从客观来看，XJTV－2为维吾尔语综合频道，是本地主打频道，一般综艺节目和影视剧都会在XJTV－2播出，XJTV－5为维吾尔语影视频道，主要是一些电影的首发的自办栏目，XJTV－9则为经济频道，一些维吾尔语创新类节目会在此播出，同样也包括一些电视剧。前文中也提到，近年来当地电视台在自办节目上取得了一定成就，为本地频道吸引了大量的流量，这也在一定程度上为观众对其信任度提升打下了基础。

联系之前研究结果不难发现，维吾尔族观众对频道的信任度与其对频道的熟悉度大致呈正向相关，也就是说观众会对他们所熟悉的频道更加信任，换句话来说，也可以理解为观众信任这个频道，因此会经常性地去收看，因此熟悉度也会提高。

2. 各频道信任度历史数据对比分析

2010 年与 2015 年数据比较可以发现：

（1）新疆本地频道信任度均有所提升。

仔细对比可以看出，新疆各类频道的信任度均有所提升，尤其是位列第一的 XJTV –2，在之前的基础之上又有了相对较大幅度的提高，值得一提的是，XJTV –9 增幅较为明显，结合深度访谈和小组访谈的结果可以得知近年来当地电视台所办的一些节目对 XJTV –2 和 XJTV –9（该台曾经较受冷落）的带动作用，因此这个变化趋势较为合理。

（2）CCTV –1 和 CCTV –7 信任度下降明显，其他各频道虽基本保持稳定，但整体信任度仍然较低。

相比当地频道，CCTV –1 这个最具有导向性的主流频道信任度明显下降。

除此之外，变化最明显的是 CCTV –7，结合之前观众对各类频道的熟悉度调查结果，CCTV –7 的熟悉度也在今年明显降低。CCTV –7 一直被认为是对农主流频道，为什么在短短的几年内，在边疆农牧民中的信任度下降如此明显？深度访谈中，新疆电视台编译中心相关负责人表示：目前维吾尔语的节目中，中央电视台《新闻联播》与《焦点访谈》仅仅是换成了维吾尔语配音，而《人与自然》和《致富经》不仅有配音，还有自己的画面，主持人换成了维吾尔族的主持人。其中，《致富经》每周两期，是由中央台的《致富经》《农广天地》《科技苑》三档节目精编融合而成的一档维吾尔语节目，只选取了原节目中适合新疆地域发展的部分并糅合在一起，相当于是一档为新疆独家定制的科教节目，深受好评，比起中央台的科教节目来说其更具有针对性，亲民、接地气。由此看来，就连农业科教类节目也讲究“贴近性”。

CCTV 阵营中信任度明显上升的仅有 CCTV –5，因其是专业体育频道，信任度的上升只局限于体育领域，对于党和政府声音的传递作用有限。

（3）部分外省区频道信任度提升明显。

通过数据可以看到，2010 年时湖南卫视就已经具有一定信任度，2015 年又有所提升，其整体信任度已经逼近 XJTV –1 和 CCTV –新闻。另外，值得关注的是浙江卫视和江苏卫视，5 年来，其信任度有明显提升。在 2010 年的调查当中，江苏卫视与浙江卫视在观众心中信任度水平趋近于零，因此未做统计。而在 2015 年的调查中可以明显看出，近年来浙江和江苏电视台综艺类节目办得如火如荼，在当地知名度越来越高，已经拥有了一定的观众基础。值得一提的是，新疆当地如今受欢迎度很高的综艺自办节目《丝绸之路好声音》的原型便是浙江卫视的《中国好声音》。

（三）对不同新闻内容的信任度比较分析

谈起信任，各类电视节目中当属新闻节目最能够用信任度来衡量。因此，有必要针对新闻节目调查其不同内容在维吾尔族观众心中的信任度。

本研究按照电视新闻的题材及领域将其分为不同类型，在问卷中让被调查的维吾尔族观众对以下新闻内容的可信度进行评分，随后对得分进行求均值处理，得出以下分析图表（表4—8）。

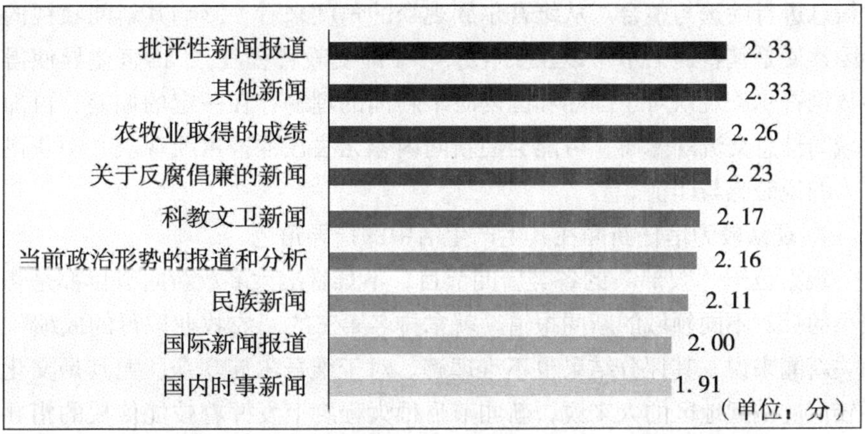

图4—8　受访者对新闻内容的信任度（最高5分最低1分）

结果显示：

1. 新闻类节目总体而言可信度一般

从整体来看，所有类型的新闻节目平均得分都在2.5分以下，说明在被访者心中新闻节目的可信度都普遍较低，这也与前文中各类节目满意程度调查时观众对新闻节目的满意度的现状相符。

2. 观众对针砭时弊的新闻信任度最高

图4—8显示，批评性新闻报道得分相对较高，为2.33分，可见揭露社会问题的新闻在被访者心中比其他类型的新闻更为可信，这也显示出维吾尔族观众对于其所生活的环境中存在的社会问题的关注。电视新闻节目能否取

信于民，关键在于它是否能满足观众对于它功能实现的需求，要想较好地满足受众需求，主要取决于新闻的内容质量与权威性，相比之下，批判性的新闻报道比起其他新闻节目较有深度，并且在大多数情况下立足于群众立场，可以引导群众正确看待社会问题，从而在维吾尔族观众心中树立了较高的权威。

3. 观众对宏观类新闻信任度较低

在排名中，国内时事新闻与国际新闻报道位于倒数位置。其原因可能主要是自身定位与地域问题。无论是国际还是国内的时事新闻，都是面向全世界或全国各地的新闻节目，要充分考虑新闻节目的全面性与普遍性，所以，无论是其播报内容的选取还是播报方式的采用，都会站在较为宏观的立场上对信息进行筛选与整合。从维吾尔族观众的角度来看，影响其新闻收视的主要因素便是其普通话水平以及文化水平（即受教育程度），语言差异使得大多数维吾尔族观众对于国际和国内时事新闻的理解存在一定的偏差，再加上地域间信息交流的障碍，可能会使新闻内容无法在维吾尔族观众心中获得强有力的说服感与印证。

4. 观众较为信任新闻在其生产生活中的指导角色

观察位于“腹部”的各类新闻节目，不难看出大多数新闻节目都是切口较小的针对不同领域的新闻报道。就拿排名第三的“农牧业取得的成绩”的相关新闻来说，其评分结果也不难理解。对于维吾尔族观众，尤其是文化水平较低的偏远地区的人来说，新闻节目很大程度上发挥着技能传授的指导性作用，而农业生产与其生活息息相关，农牧业所取得的成绩也可以通过新闻图像显而易见地表现出来，具有一定的说服力，排名第五的科教文卫新闻节目大体也是如此。

5. 中央政策显著影响观众对新闻节目的信任评定

图4—8中，值得一提的是排名第四的反腐倡廉类新闻节目。通过此数据也可以看出，近两年中央对于反腐力度的不断加大以及落实程度的深入，通过电视新闻节目的传达，中央的声音传到了维吾尔族群众的耳边并对其产生影响，观众对于此类新闻的关注与认可，也从侧面体现出了新闻节目的功能发挥程度以及中央政策通过电视新闻节目对其造成的影响力。

总而言之，通过对图表的分析不难看出，切入领域较小、与生活贴合程度高、针对性强的新闻节目在维吾尔族观众心中的信任度较高。提起国内时事新闻在维吾尔族观众心中的信任度，近年来，当地电视台对于《新闻联播》的编译水平在不断提升，播出时间显著提前，并且已经逐步形成较为成熟的工作流水线，维吾尔族观众对于《新闻联播》之类的新闻节目也有较好的评价。但从整体来讲，纵向方面，比起切入领域较小的专业性新闻，比如批判类新闻报道，可能缺乏对事件的报道深度；横向方面，与民族本地新闻报道以及生活类新闻报道对比又缺乏一定的针对性与契合度。所以，经过对相关因子的分析结合，可以大致看出各类新闻节目在维吾尔族观众心中的信任度排名。

第二节　电视媒体在维吾尔族观众中的效度分析

一、维吾尔族观众对电视功能的评价分析

在前期调查过程中，为了更好地评估被访者心中电视媒体的影响，在问卷中设计了对电视进行评价的题目，在题目中，尽可能多地列举出一些对电视的评价语句，并让被访者对这些语句进行打分（最高 5 分最低 1 分），最后运用主成分分析法对量表进行因子分析，并利用最大方差法进行正交旋转后共得到 3 个成分，得到的结果累计方差贡献率为 75. 336%。根据因子分析的结果，本研究将维吾尔族观众对电视的看法维度为三个方面：正面影响、负面影响、中性影响。

（一）2015 年电视功能评价维度分析

表 4—3　2015 年维吾尔族观众对电视功能评价的维度

测量语句 l 因子命名	成分		
	正面影响	中性影响	负面影响
电视引导我们用先进的手段从事生产	0. 808		
电视传播不断提供生活服务，引导消费	0. 780		
电视使得我们不断接受新事物	0. 749		
电视节目成为对青少年教育的辅助工具	0. 703		

续表

测量语句丨因子命名	成分		
	正面影响	中性影响	负面影响
电视增进了对本地区以外事情的了解		0.844	
电视增进了对本民族以外事情的了解		0.838	
看电视使大家有了更多的聊天话题		0.674	
看电视满足了我们的精神需要		0.585	
看电视减少了亲朋邻里间的交往走动			0.787
看电视导致本民族人不遵守民族传统			0.721
电视影响和改变着本民族的生活方式			0.640

从数据结果来看可以看出：

1. 电视在观众心中的工具性与经济性价值日益提升

由表4—3可以看出，在维吾尔族观众心中，电视媒体对其产生的正面影响主要为服务于生产生活、观念的革新以及教育这三方面，也就是其工具性价值与经济性价值的功能发挥。具体而言，观众认为电视对自己的正面影响主要为引导生产与生活消费，使其不断接受新事物，并且电视节目在其心中成为一种青少年教育辅助工具。其中用先进手段引导生产最为重要，消费次之，相比之下，青少年教育辅助工具较为靠后，研究组认为，这很可能与如今当地教育设施与资源的日益完善有关，另外，就电视节目本身来看，也并不是在任何时候都能给青少年带来一种良好的积极向上的影响，这个也成为影响被调查者打分的一个重要因素。

2. 电视是观众联系外界的重要渠道

数据显示，电视对于增进观众对本地区以及本民族以外事情的了解相当关键，而在统计当中，研究组将其归为中性影响，主要是考虑到了电视传播内容的客观性与收看观众的主观性双重因素，电视作为一个当地人了解外界的窗口，从某种程度上说也是一把双刃剑，并不能保证电视所传播的外界讯息对于当地人的影响总是正面的，所以严格来说更偏向于中性。至于获取聊天话题与精神需求也是如此，假若电视传播的某些内容对当地观众产生了负面的影响，那么那种负面的价值观以及情绪将通过社交进一步渲染扩大，所以也偏向于中性影响，但其统计数值不算太高，几乎居中，可以认为影响不大。

3. 电视对维吾尔族观众的文化传统造成一定冲击

前文中也提到，由于种种原因，电视一度在不少维吾尔族观众的心中是一种新鲜的“科技玩具”，而科技的进步往往伴随着与传统生活方式及观念的冲突，尤其是在较为落后偏远的地区，这种冲突更为明显。在负面影响的相关语句当中，可以看到居于第一的是减少邻里之间的来往，其次则为不遵守民族传统以及改变生活方式，这些影响从深层面来看为上述中性影响的相关语句在偏向于负半轴时衍生的产物。尤其是对于电视减少邻里间的来往，则可以明显地看出电视对于当地传统生活的冲击。费孝通也曾在其著作《乡土中国》中对于中国的基层社会特征有深入的剖析：“血缘和地缘的合一是社区的原始状态。”尤其是对于新疆偏远地区的农村来说，自给自足与人口的弱流动性使得当地最大程度还延续着往日的传统，而电视的“入侵”则意味着一种打破，从这些语句则可以隐约看出电视传播的内容与当地观众传统观念的融合与抗衡。

因此，如何处理面向维吾尔族观众的节目内容问题，需要慎之又慎。所谓慎重，并不是要时时刻刻树立高大全的刻板形象，而是要在尊重维吾尔族观众文化传统的前提下，巧妙地将现代化的社会主义核心价值观植入。

（二）历年电视功能评价维度数据分析对比

基于2015年的调查，研究组将其与2010年就此问题所调查得出的结果进行了对比分析。

表4—4　2010年维吾尔族观众对电视功能评价的维度比较

量语句丨因子命名	成分		
	正面影响	中性影响	负面影响
看电视满足了我们的精神需要	0.80		
电视传播不断提供生活服务，引导消费	0.66		
看电视使大家有了更多的聊天话题	0.49		
电视节目成为对青少年教育的辅助工具	0.48		

续表

量语句丨因子命名	成分		
	正面影响	中性影响	负面影响
电视增进了对本民族以外事情的了解		0.81	
电视增进了对本地区以外事情的了解		0.76	
电视使得我们不断接受新事物		0.63	
电视引导我们用先进的手段从事生产		0.56	
看电视导致本民族人不遵守民族传统			0.83
电视影响和改变着本民族的生活方式			0.80
看电视减少了亲朋邻里间的交往走动			0.63

通过表4—3、表4—4的比较可以看出：

1. 电视的工具性价值显著提升

在2010年的分析中，“电视引导我们用先进的手段从事生产”被归于中性影响维度当中，而在5年后，其转到了正面影响，并且数值由影响不大的0.56提升为0.808，跃居正面影响维度的首位。可见近年来，电视对于当地观众生产生活所发挥的指导性作用还是相当显著的，其中，当地电视台在科教类节目上所做的改进则对观众的生产生活起到了直接的引领作用，而维度的转变也显示出当地先进生产手段的改进与创新能力的提高。

2. 观众对电视的社交影响认识更加客观

2010年电视对于观众的负面影响维度中，减少亲朋邻里间的交往走动程度最轻，但在5年后却一跃成为最重要的负面影响，这个变化可以看出近年来，人们的传统观念开始有所觉醒，并随着电视这种新鲜科技“入侵”程度的加深而逐渐开始进行抵抗，另外，观众对电视对于人们社交生活的影响也越来越看重。这点在另一处也可见端倪。比如，在2010年，电视使大家有了更多的聊天话题被归于正面影响，而在5年后却被归为中性影响，这个结构上的变化也可以看出当地观众对电视在社交上的影响认识得更为深刻与客观。

总体而言，从被调查者对这些语句的认同程度来看，通过对2015年数据的分析以及同往年数据的比较，可以看出，电视在指导生产、提供生活服务、引导消费方面一直都发挥着重要的作用，经济性价值日益提升。而在探究外界方面则稳步提升，并且观众对其看法更加客观全面。至于教育方面的工具性价值，则一直稳定地影响着观众的生活，而其负面影响对维吾尔族观众来说一直以来认同度都较低，并且呈现数值逐渐降低的趋势，通过三个维度数值的均衡比较，也可以看出，维吾尔族观众更加认同电视的正面影响。

二、电视对维吾尔族观众的现代化观念影响

根据现代化观念的相关理论，笔者将电视对维吾尔族观众的观念影响归纳为四个偏向层面：政治偏向、经济偏向、文化偏向、技术偏向，而不同的偏向又可以细分为不同的十一种观念类型。[①] 并从这四个偏向层面、十一种类型的角度来分析电视对维吾尔族观众的现代化观念的影响。为此，本研究以李克特量表的形式，在问卷中设计了一些反映不同观念的语句，并要求被调查者根据同意程度由 1 到 5 进行打分，最同意为 5 分，最不同意为 1 分，另外有些语句是反向语句，在数据统计时，进行了正向处理。最终将每种观念所对应的语句得分之和求均值，即各类观念所对应的分数，并探究了其与性别、年龄等多种因素的关系以及与各类电视节目的关系。

（一）政治偏向

1. 政治观念

政治观念主要指人们对于社会政治制度和政治现象的观点、态度的总称，通常表现在公民在社会生活中对政治领域的认识和重视程度。了解受众的政治观念，可以直观地看出其现代化观念的发展。

① 详见第一章第三节中的“表 1—1 电视媒体对人观念的影响”。

（1）政治观念与各类因素的关系

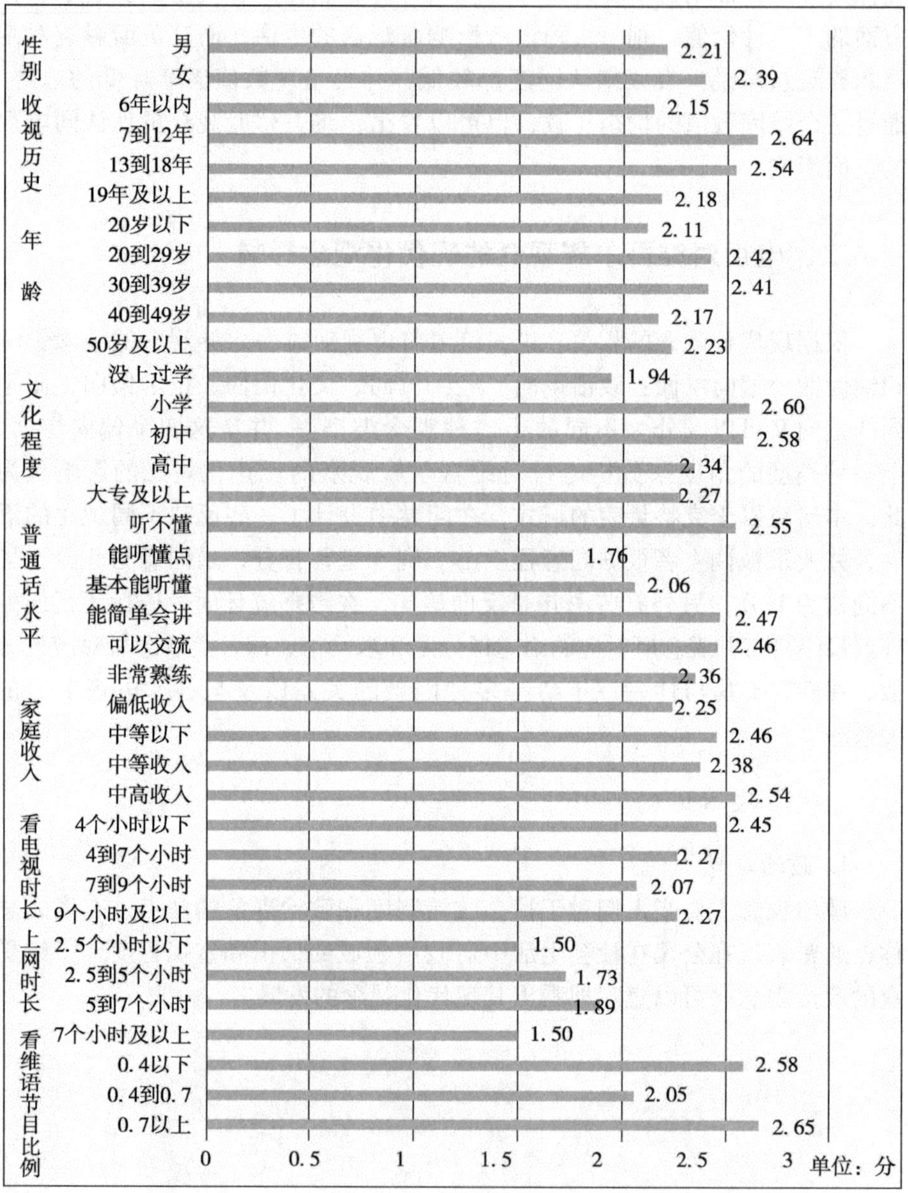

图4—9　政治观念与各因素的关系（最高5分最低1分）

由图 4—9 可以看出：

①拥有电视机时间的长短与政治观念有关。

最早拥有电视机的人基本上是少数民族中的精英人士，也正是因为国家赋予了其精英的地位，所以其政治观念较强，从某种程度上来说政治观念也可以表现为国家观念。

②30 岁—50 岁之间的中年人政治观念最强。

政治观念的形成，需要对社会政治现象有深刻的解读，对社会政治制度与体系有明晰的把握，它的形成总体来说是一个社会化的过程，在这个过程中，价值体系建立并不断成熟。年纪过小的人，政治观念尚未形成，年纪过大又有可能因时代变化而淡化其早先形成的政治观念。

③受教育程度（即文化水平）与政治观念有关。

数据显示，初高中文化水平的被调查者政治意识最强，大专及以上水平次之，小学及以下水平最弱，此结构分布大致符合人的社会化的过程。将年龄与文化水平结合分析，可以看出，目前政治观念最强的中年群体，其文化水平大多为初高中水平，而目前大专及以上文化程度的少数民族观众，其政治意识可能还处于形成发展的过程当中，或者是对于电视中传达的某些政治观念有自己的思考，不完全相信。

④每天上网 5—7 小时的人政治观念最强。

如果为了工作需求与其他需求，每天上网在 5—7 小时左右的话，既不影响正常的工作与生活，又有充足的时间去定期了解外界资讯，认识社会现象，从而对其政治观念的形成与发展起到辅助作用。

⑤政治观念与各类电视节目的相关关系

通过观众对各类电视节目的打分之和求均值，并将其与政治观念进行相关性分析（后文中，其余观念与电视节目的相关关系均为如此）可以得到如下结果：

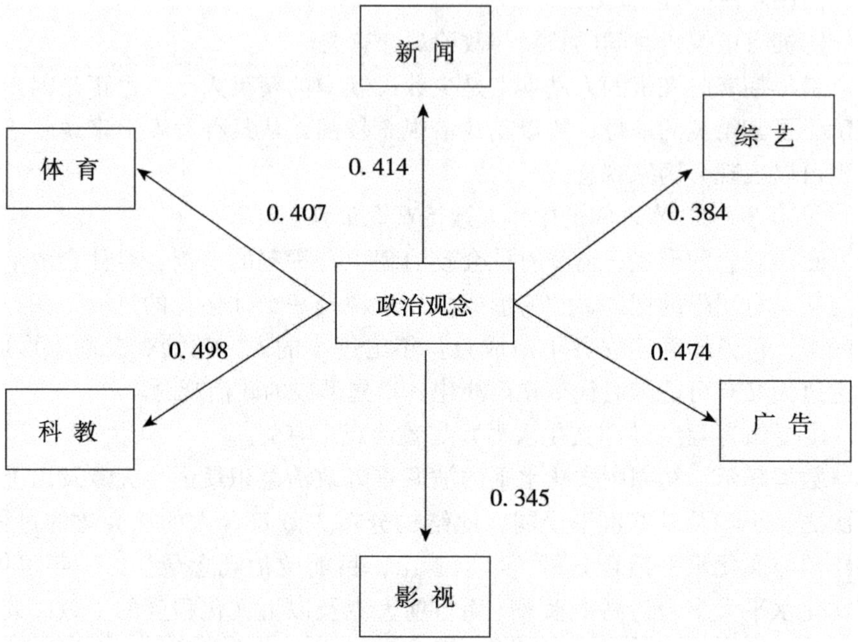

图 4—10　受访者政治观念与各类电视节目的相关关系

①总体来看，五类电视节目对政治观念均有一定的影响。

②科教节目与观众树立政治观念有较大关联性。

③广告对观众政治观念的培养有较大的影响。

④当地新闻节目与政治观念的养成关系比广告、科教节目还弱。

⑤综艺与影视类节目对观众政治观念的培养关系不大。

2. 平等观念

平等观念指个人对于人与人之间平等地位以及享有平等权利的认知，同时也指人与人之间公平对待、和谐相处，尤其指社会性别的平等。社会现代化发展的一个重要标志即地位平等。通过对受众平等观念的分析，可以进一步看出其现代化观念的发展水平。

(1) 平等观念与各类因素的关系

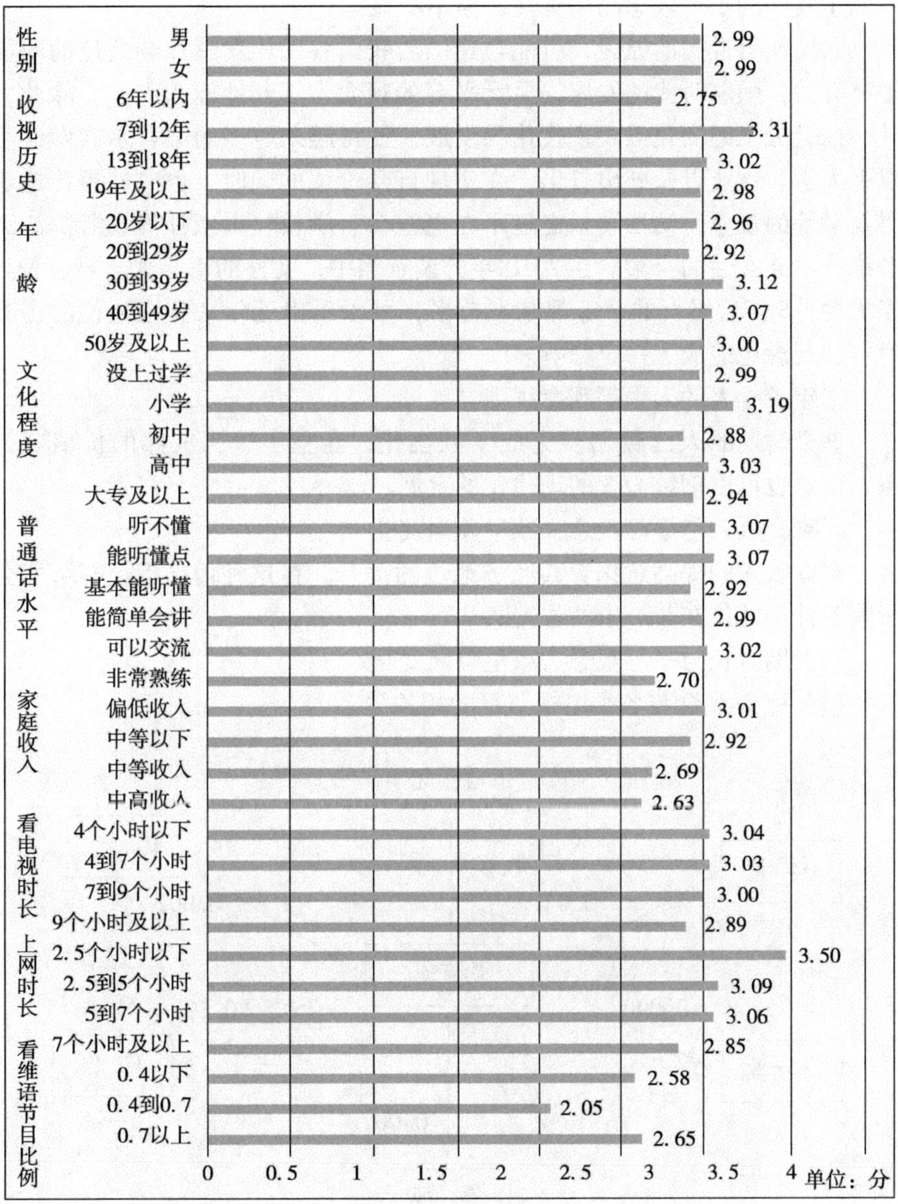

图4—10　平等观念与各因素的关系（最高5分最低1分）

由图4—10可以看出：

①女性的平等观念高于男性，但不明显。

女性比男性高的原因，可能与建国后我国各民族女性社会地位的明显提高有关，随着时代的发展，男女平等的观念也不断地深入人心。除此之外，社会分工的变化以及现代化的发展，使得越来越多的维吾尔族女性可以上大学、就业以及外出打出，在实现自身价值的同时，也向外界传递着男女平等的观念，访谈结果也显示在电视台、学校、出版社等场所都活跃着维吾尔族女性的身影。在2010年的调查当中，女性的平等观念要显著高于男性，5年后男女的平等观基本持平，可以看出近年来女性地位的提升对男性观念也造成了一定影响。

②年龄越大的人平等观念越强。

这个时期的人已经初步完成了社会化，建立了较为成熟的价值观体系，而这也可以理解为人的现代化的发展。

③家庭收入与平等观念大致呈负向变化。

家庭收入的提高意味着其经济地位的提升，在这种情况下，有可能会影响各社会地位在其心中的位置。

④上网时长与平等观念大致呈负向变化。

（2）平等观念与各类电视节目的相关关系

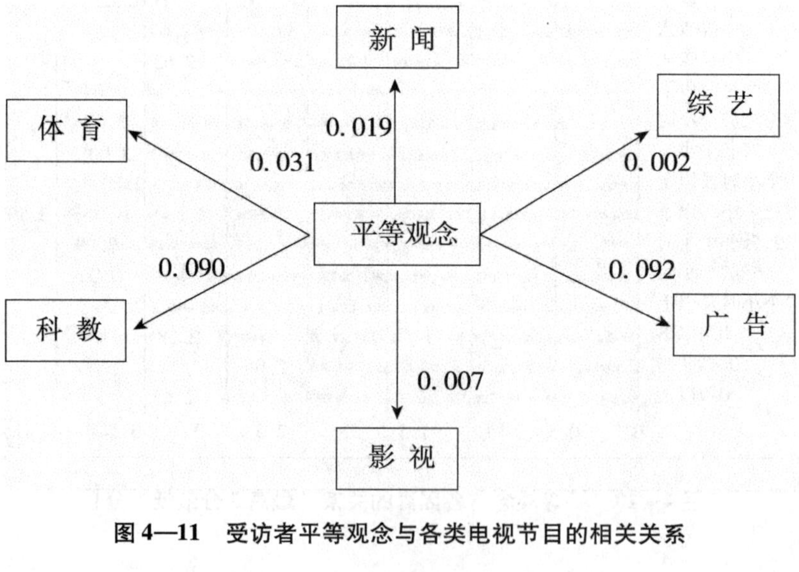

图4—11　受访者平等观念与各类电视节目的相关关系

可以看出：

①所有电视节目与平等观念的相关性均很弱。

②相比而言，广告与科教类节目与平等观念相关性最强（在 2010 年的调查中，仅有科教类一种节目与其相关性较强）。

③平等观念可能更多地会受到电视以外其他因素的影响。

3. 民族观念

民族观念，也可以被称为民族认同，指在长期的历史发展过程中以及自身民族文化的影响之下，个体对于所属民族的认同感、责任感、自豪感，以及对于民族利益的关心和维护，是一种民族情感的体现，也是民族凝聚力的基础。

（1）民族观念与各类因素的关系

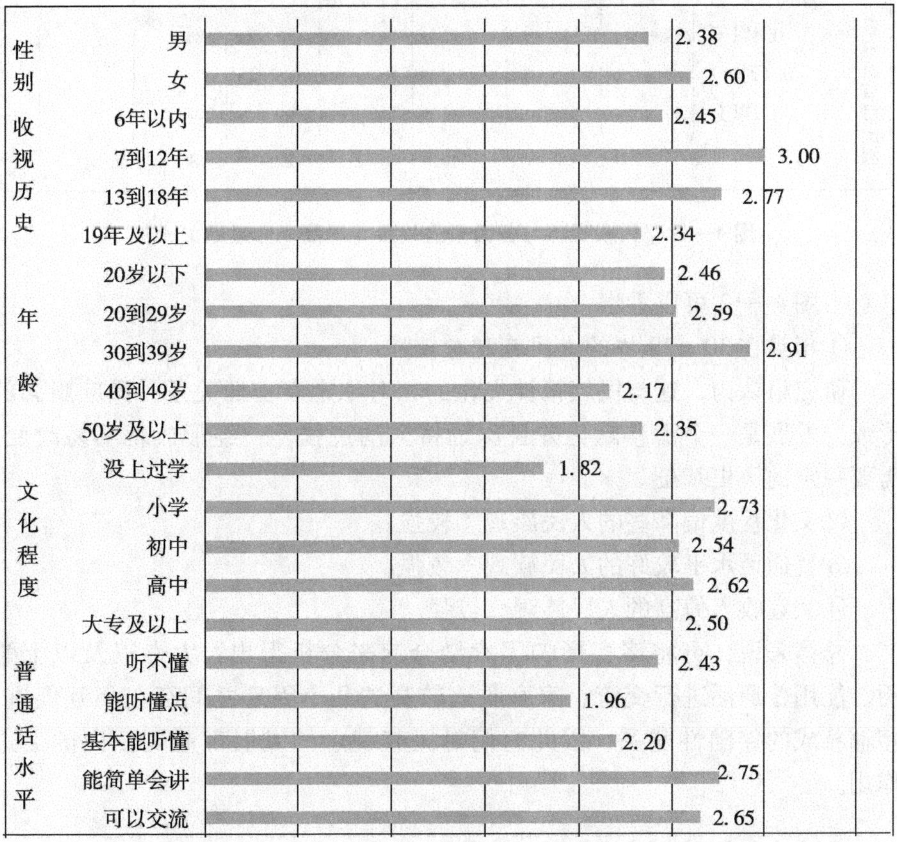

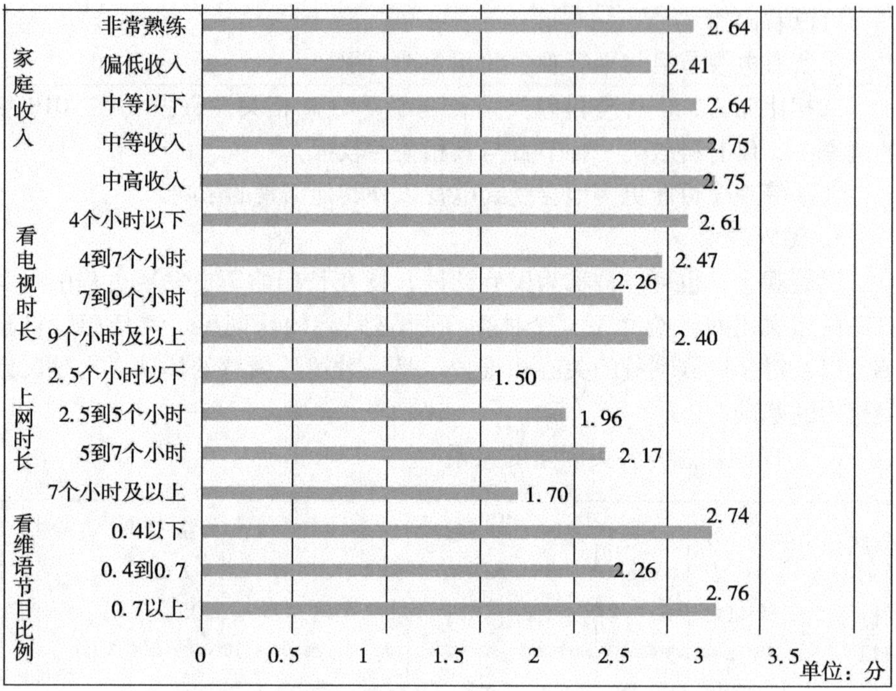

图 4—12　民族观念与各因素的关系（最高 5 分最低 1 分）

由图 4—12 可以看出：

①年龄在 30—39 岁的人民族观念较强。

研究组认为，这与民族精神文化的相对稳定有密切关系，民族观念的形成与发展是一个潜移默化并且深远持久的过程，一经形成就不易改变，需要一定的历史基础。

②文化程度偏高些的人民族观念较强。

③普通话水平较好的人民族观念较强。

④家庭收入偏高的人民族观念较强。

总体来说，可将诸多影响因素结合起来分析得出：大专以及以上学历、能用普通话进行交流、家庭收入较高这几个因素之间存在相互促进、相辅相成的伴随性联系，因此它们对民族观念的发展都起到正向的促进作用。

（2）民族观念与各类节目的相关关系

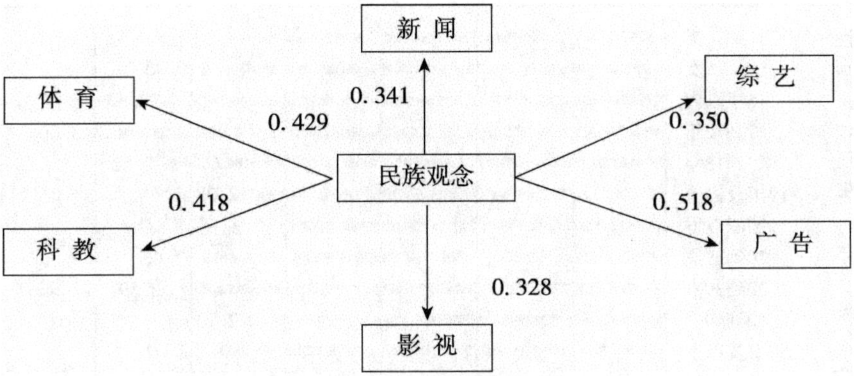

图 4—13 受访者民族观念与各类节目的相关关系

图 4—13 显示：

①各类节目与民族观念的相关性有一定关系。

②广告对民族观念的形成和发展相关性最强。

在调研组实地走访的过程中，不少受访者表示如今许多本地企业在当地频道投放的广告十分有趣，创意十足还很接地气，在欣赏的同时也会产生自豪感。

③影视、综艺及新闻节目对民族观念的形成相关性相对较弱。

4. 国家观念

国家观念也称为国家认同，指国民对自己所归属的国家的认知以及对这个国家的构成，如政治、文化等要素的评价与情感，总的来说，即对于所属国家的认同感、归属感、自豪感，以及对国家利益的关切与责任，是基于民族观念之上的升华。从数据的分析来看，维吾尔族观众的国家观念整体较强。

（1）国家观念与各类因素的关系

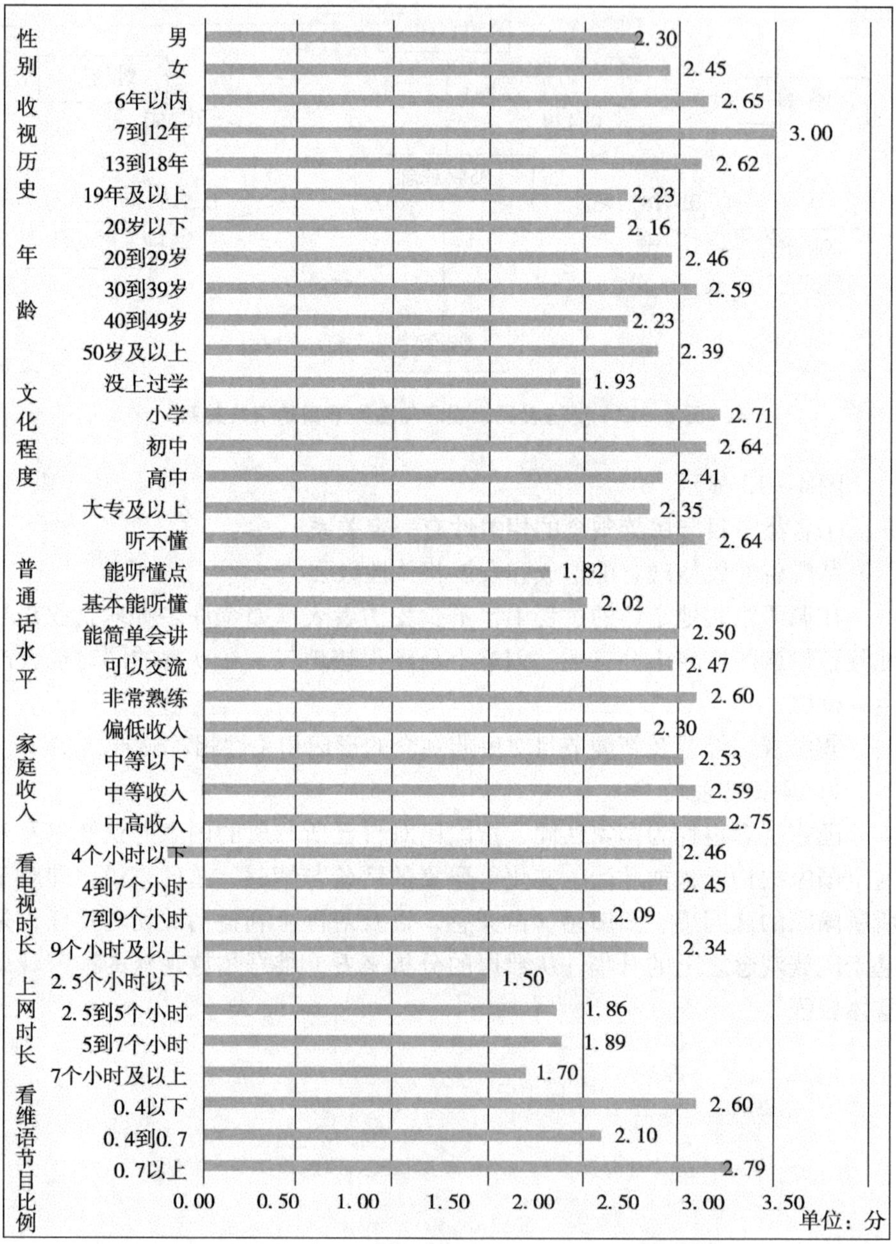

图4—14 国家观念与各因素的关系（最高5分最低1分）

由图 4—14 可以看出：

①中年人国家观念偏强。

此趋势与前文所提到的政治观念相吻合，从某种程度上来说，政治观念也可以表现为一种国家观念，需要有足够成熟的价值观体系。

②受过教育的人国家观念要比没有受过教育的人强，其中小学生国家观念最强。

小学正是人开始逐步构建价值观的起点，在这个阶段所受到的教育将会在其心中鲜明化并且放大化，以便为日后成长打好基础。

③收视历史在 7—12 年的人国家观念最强。

究其原因，可能是在最初，家中能够较早拥有电视机的往往都是村干部、劳动模范等当地精英，拥有较高的社会和经济地位，文化水平也比一般人要高，其国家观念自然也要强一些。

（2）国家观念与各类节目的相关关系

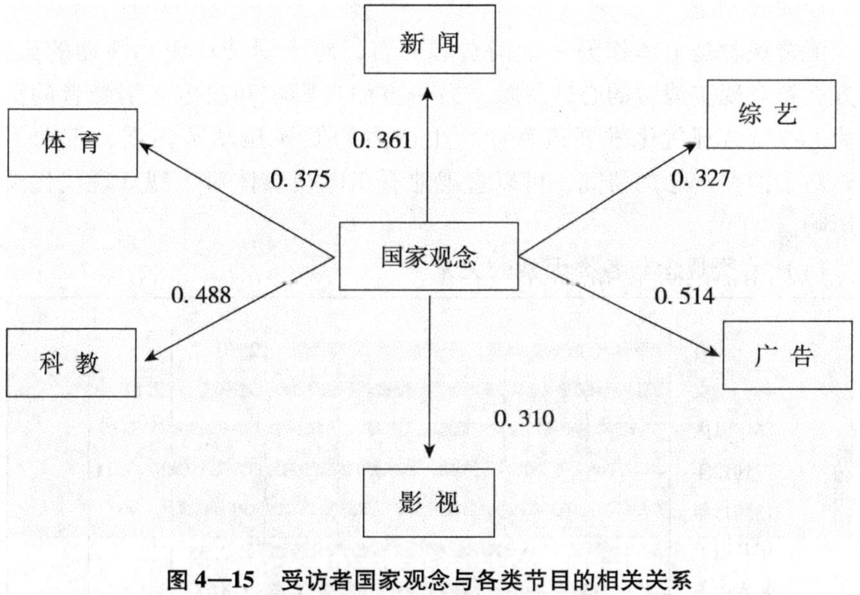

图 4—15　受访者国家观念与各类节目的相关关系

由图 4—15 可得：

（a）各类节目对于国家观念的形成都有一定的帮助作用。

（b）广告和科教节目对国家观念形成和发展的相关性相对较强。

（c）新闻、体育、影视和综艺节目与国家观念的相关性一般。

总的来说，可以大致看出，维吾尔族观众现代化过程中政治偏向观念层面的树立主要与其年龄、受教育程度（即文化水平）、普通话水平以及家庭收入有着较为密切的关系，在某种层面来看，这几种因素又是相辅相成、互为促进的伴随性关系。除此之外，收视历史也是一个非常重要的因素，它直接体现了电视对其现代化过程的影响。

在各类电视节目与政治偏向各观念的相关性关系当中，广告与科教节目与各类观念的相关性都较强，从深层次来看，二者都是一种指导类节目，引导观众的生产消费与生活，从侧面体现出电视节目对维吾尔族观众现代化进程中的指导与引领作用。相比之下，综艺、影视、体育类节目一般，而在预期中本应有着较强关系的新闻节目也表现一般，当地的新闻节目存在较大的进步空间。

（二）经济偏向

1. 消费观念

消费观念是个体作为一个消费者而言，对于消费环境和活动的认知，一方面是对现实消费的心理反映，另一方面也影响和决定着消费者的消费行为。在社会现代化发展进程中，生产力的发展拉动了内需，带动了消费，对于消费观念的研究，可以直观地看出电视媒体对于观众现代化观念的影响。

（1）消费观念与各类因素的关系

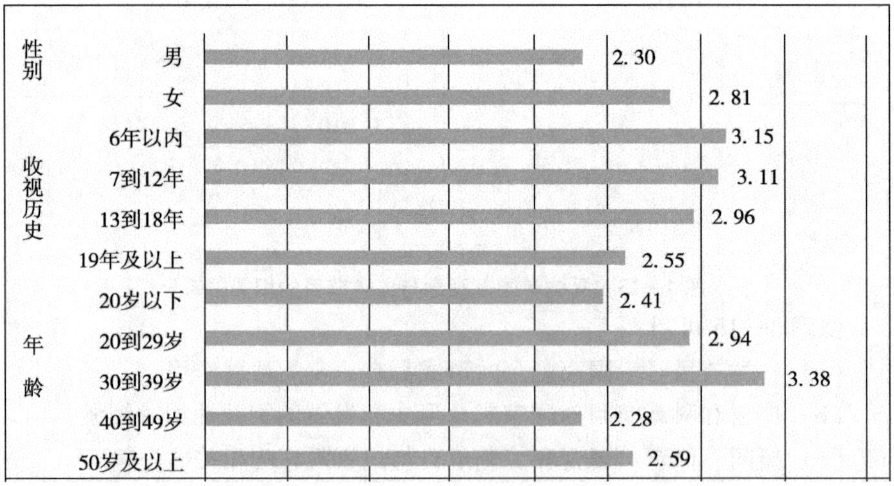

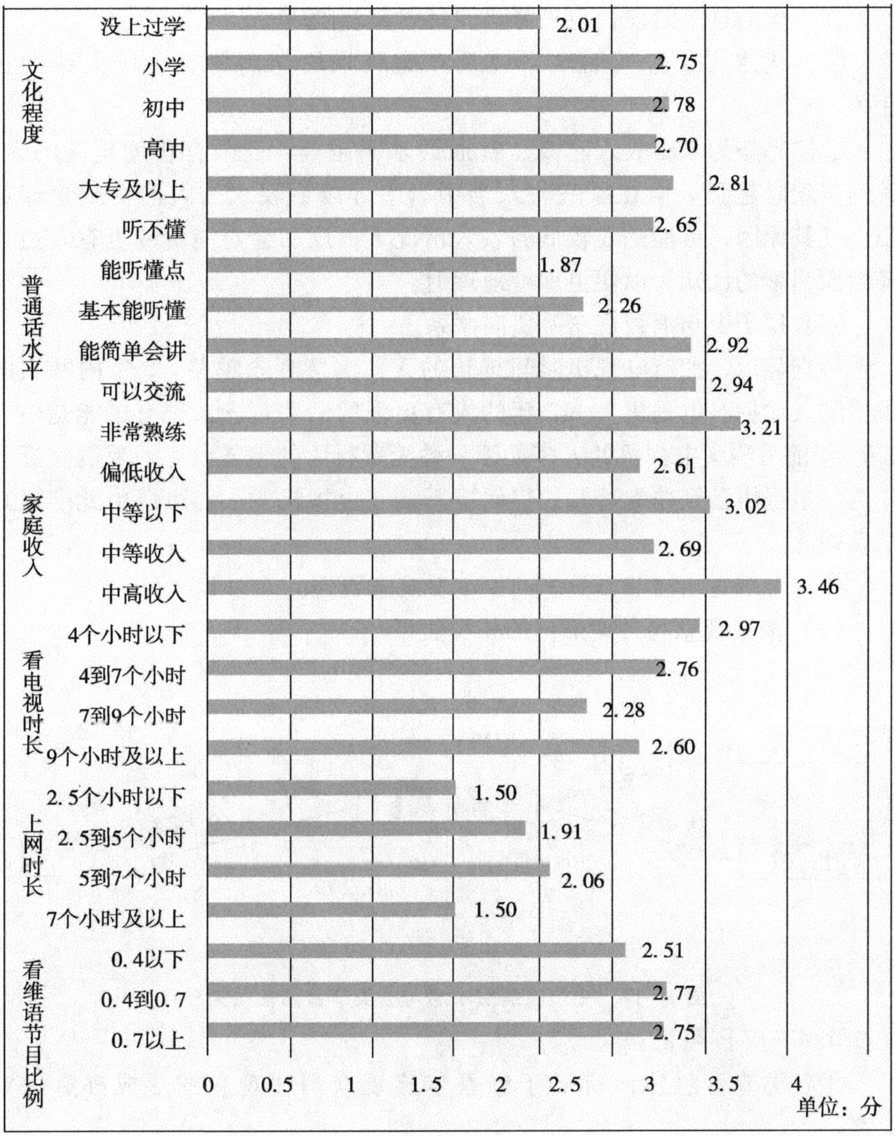

图4—16　消费观念与各类因素的关系（最高5分最低1分）

由图4—16可得：

①女性的消费观念要强于男性。

②20—39岁的青年人和中年人消费观念较强。

在人生的这个阶段，也正是自我理财黄金阶段。

③文化水平、普通话水平以及家庭收入均与消费观念成大致的正相关。

总体趋势为家庭收入越高、普通话水平越高、受教育程度越高的人，其消费观念越强。但在家庭收入当中，中等以下收入的人消费观念却偏强，究其原因，可能是在较低的收入情况下，反而会对消费环境有着更为谨慎而明晰的认知，以便更理智地理财。

④收视历史与消费观念呈负向联系。

调查显示，拥有电视机时间越长的人，消费观念越差。6 年内购买电视机的人比拥有电视机 7—12 年的人有更强的消费观念，很有可能是由于 2000 年前后购买电视机的人多处于一种消费行为的追随状态，反倒是近几年内，电视机已经非常普及，仍然更新购买电视机的人，可以由此凸显其消费观念。

⑤观看维吾尔语节目更多的人消费观念更强。

（2）消费观念与各类节目的相关关系

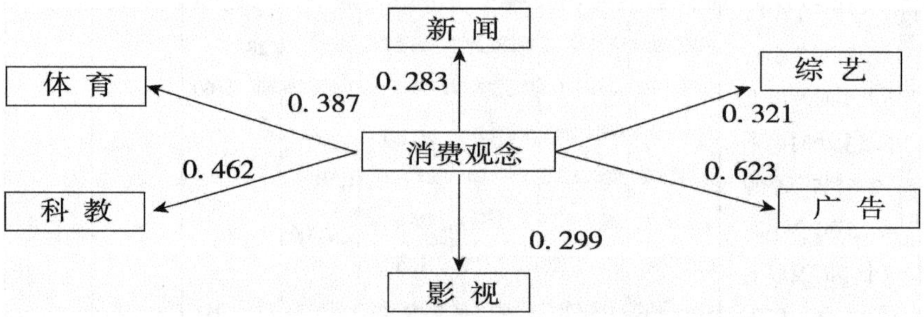

图 4—17　受访者消费观念与各类节目的相关关系

由 4—17 图可得：

①各类节目总体而言对于维吾尔族观众消费观念的形成都有一定关系。

②广告与消费观念的形成与发展相关性最强，绝对值也较高。

这一点与研究组的预期相吻合，比起其他节目，广告是最直接地与消费挂钩并对其起指导作用的节目。

③科教类节目与消费观念的相关性也较强。

究其原因，很有可能是科教节目中会出现很多对生产生活有帮助的新型工具以及技术。

④体育、新闻和综艺节目与消费观念相关性一般，其中影视类节目最弱。

这从侧面体现出当地企业在影视节目中的植入式广告尚未得到很好的发展，有较大发展空间。

2. 成就观念

成就观念指个体在生活中表现出的努力争取成功和积极进取的态度，相信通过奋斗可以使未来有更好发展的心态。随着生产力的不断解放以及经济发展水平的提高，生活节奏逐渐加快，“奋斗”是现代化社会的关键词，对成就观念的研究，可以看出电视媒体对观众现代化观念的影响。

（1）成就观念与各类因素的关系

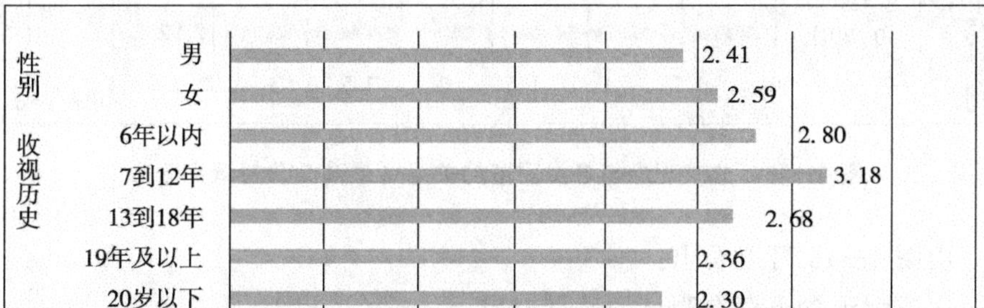

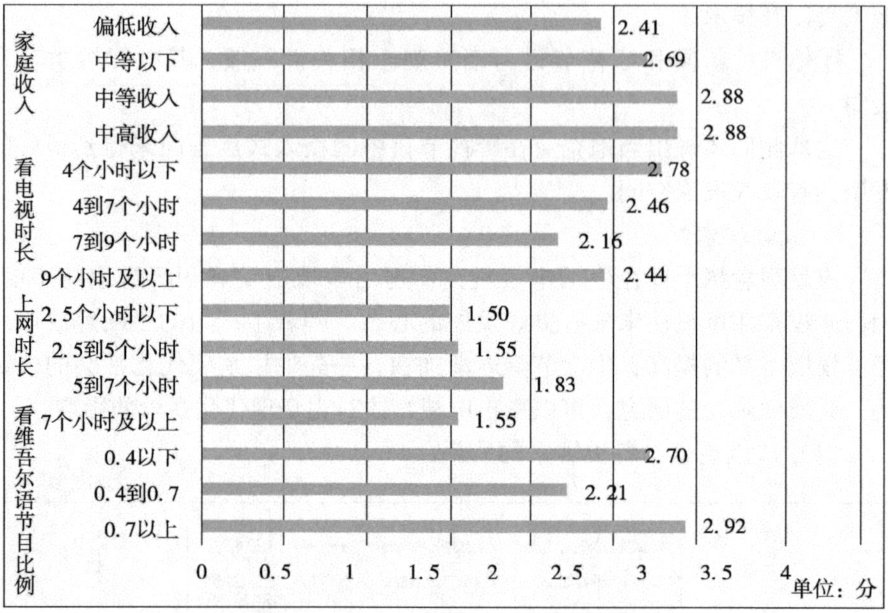

图 4—18　成就观念与各类因素的关系（最高 5 分最低 1 分）

由图 4—18 可以看出：

①成就观念不存在明显的性别差异。

②拥有 7—12 年收视历史的人成就观念较强。

成就意识较强的人可能会较早的购买电视机。

③30—39 岁的中年人成就观念最强。

30 岁是人生中的一个分水岭，30 岁以上的人普遍刚刚建立家庭，无论是对自身发展还是对家庭都有了更强的责任感，这也就促进了成就观念的发展。

④普通话水平与成就观念的关系大致呈正相关。

调查发现，普通话越熟练的人成就观念较高，但归根结底是成就观念影响了普通话水平的进步。一些人能听懂普通话，但在交流表达上不甚熟练，可能是表达问题，也可能是性格内向，自信心不足，而这些都是成就观念较弱的表现。但数据显示完全听不懂普通话的人反而成就观念也较强，说明这类人的成就观念主要通过其他方式来培养。

⑤成就观念与家庭收入关系密切。

可以说，二者是相辅相成、互为因果。家庭收入高的人成就观念也较强。这也不难理解，成就观念会成为其奋斗发展、追求经济成功的动力，而经济成功则会进一步强化其成就观念。

（2）成就观念与各类节目的相关关系

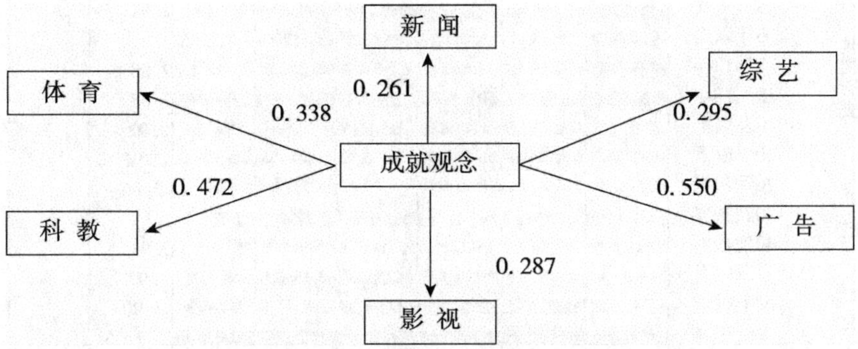

图 4—19　受访者成就观念与各类节目的相关关系

由图 4—19 可得：

①广告与科教节目对成就观念有较为显著的影响。

可能因为广告和科教节目对生活的指导性使人更容易接近成功。

②其余各类节目，与成就观念的相关性普遍不高。

总的来说，维吾尔族观众现代化过程中经济偏向观念层面的树立主要与其年龄、受教育程度（即文化水平）、普通话水平、家庭收入和收视历史也有着较为密切的关系。

在各类电视节目与经济偏向各观念的相关性关系当中，广告与科教节目与各类观念的相关性都较强，可以直接地引导消费与生产，与其经济生活关系密切。相比之下，综艺、影视、体育以及新闻类节目则一般，也体现出当地综艺、影视类节目中的植入式广告有着较大的发展空间。

（三）文化偏向

1. 传统观念

传统观念指长年累月形成的具有特点的社会文化、观念等，是衡量社会现代化的一个重要因素，一般与现代性相对应，比如墨守成规、抵触变革等。少数民族由于其地域与文化的特殊性，可能传统观念会更强，如今，面对现代化进程的加快，研究维吾尔族观众的传统观念，是研究其现代化发展的一个重要切口。

（1）传统观念与各类因素的关系

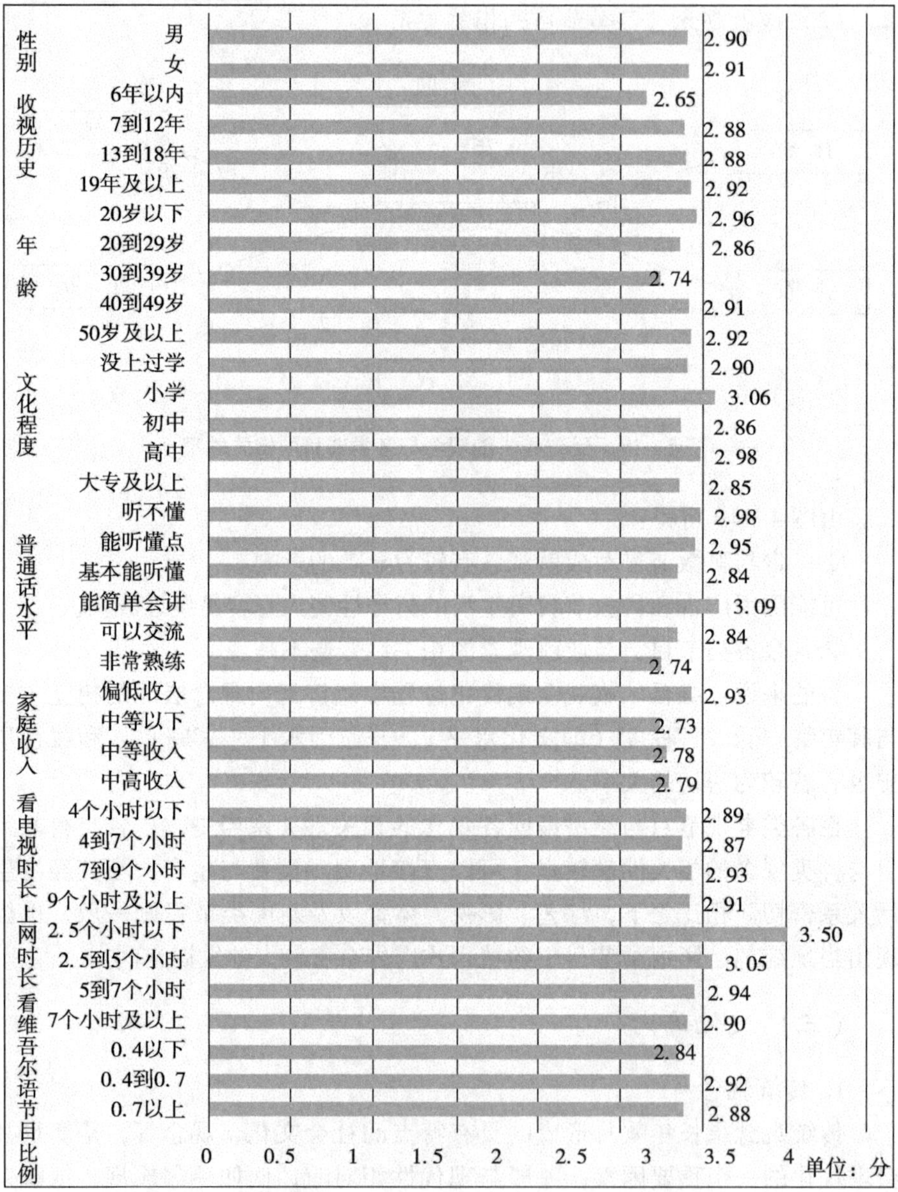

图4—20 传统观念与各类因素关系（最高5分最低1分）

由图 4—20 可得：

①总体而言，传统观念的形成与发展与各类因素的关系均不大明显。

究其原因，传统观念作为一种文化产物，具有相对稳定性，对人的影响潜移默化并且深远持久，通过生活环境的各个方面都可以逐步对受众产生影响。

②相对而言，不经常上网的人传统观念较强。

调查数据显示，平均上网时长在 2.5 个小时以下的人传统观念明显高于上网时间更长的人。可以解读为其上网时间短，与时下外界资讯及新型观念较为隔绝，故而其始终墨守成规，有着牢固的传统观念，也可以反过来说是其传统观念太强，从而抵触网络为其生活带来的冲击与改变。二者互为因果。

③年龄则与传统观念的关系较为复杂，大体呈现出“U”型分布。

即年级偏大或偏小的人传统观念较强，而中年人则传统观念较弱。对于年纪偏大的人来说，传统观念较强可能是对于传统的一种捍卫与坚持，而年龄小的年轻人的传统观念则可能是源于一种对现代化的反叛，而这也是现代化过程中普遍存在的一种现象，对于维吾尔族的年轻人来说，对现代化冲击的感受也最为强烈，由此也有更清晰的反叛意识。

④家庭收入较低的人传统观念较强。

在某种层面上来说，也可以理解为，因为其传统观念较强，所以墨守成规不善变通，仍旧在生产生活中沿用着老式工具与手法，落后进一步造成了其的经济水平的低下。

（2）传统观念与各类节目的相关关系

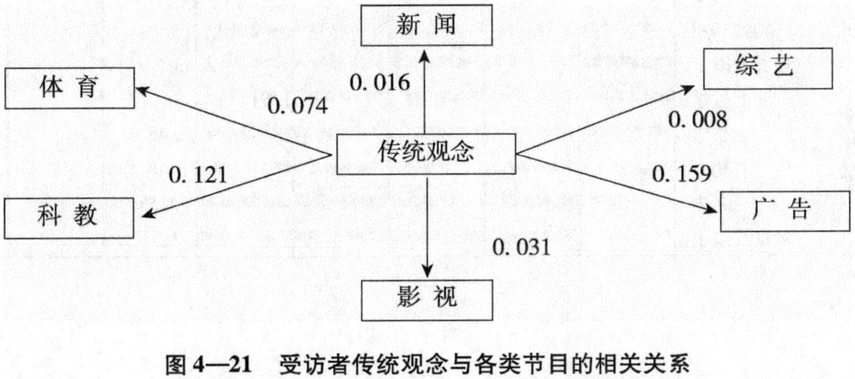

图 4—21　受访者传统观念与各类节目的相关关系

由图4—21可得：

（a）各类节目与传统观念的形成相关性普遍很弱。

研究认为，在过去特定的阶段，电视作为一种较稀有又新鲜的工具，对当地居民来说它也是一种技术上的革新与突破的产物。而对于传统观念很强又较为保守的人来说未必愿意接受，因此总体来看，电视节目并不利于其传统观念的发展与稳固。

（b）相比之下，广告和科教与传统观念相关性较强。

2. 开放观念

开放观念是指个体在社会中发展较为活跃，更加愿意与外界接触，愿意与人沟通交流，能够有效地接触外界信息并且向周围人扩散。在某种意义上来说，即舆论领袖，舆论领袖在人际交往中起到传递信息和对他人施加影响的作用，是传播效果形成过程中的重要中介，也就是意见领袖。意见领袖对于个体的现代化发展起着非常重要的作用。

（1）开放观念与各类因素的关系

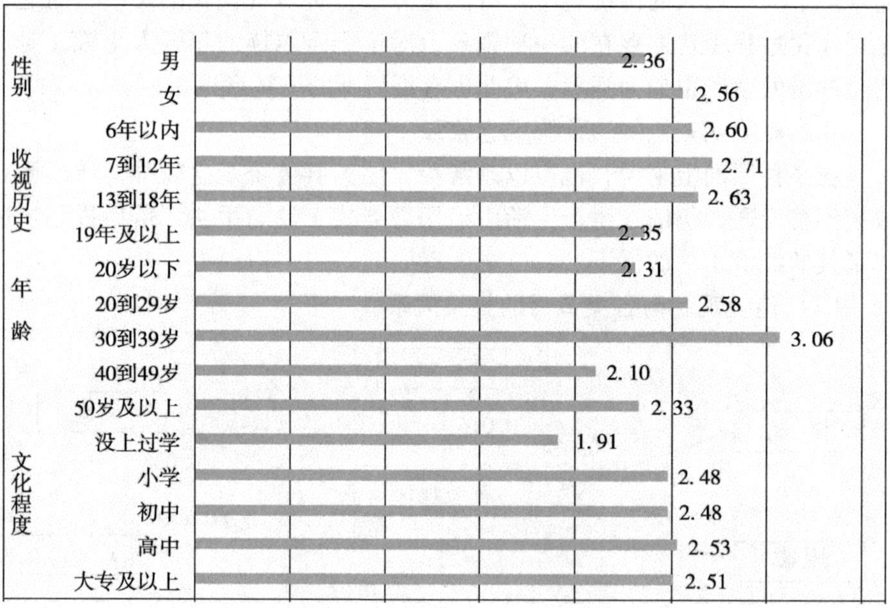

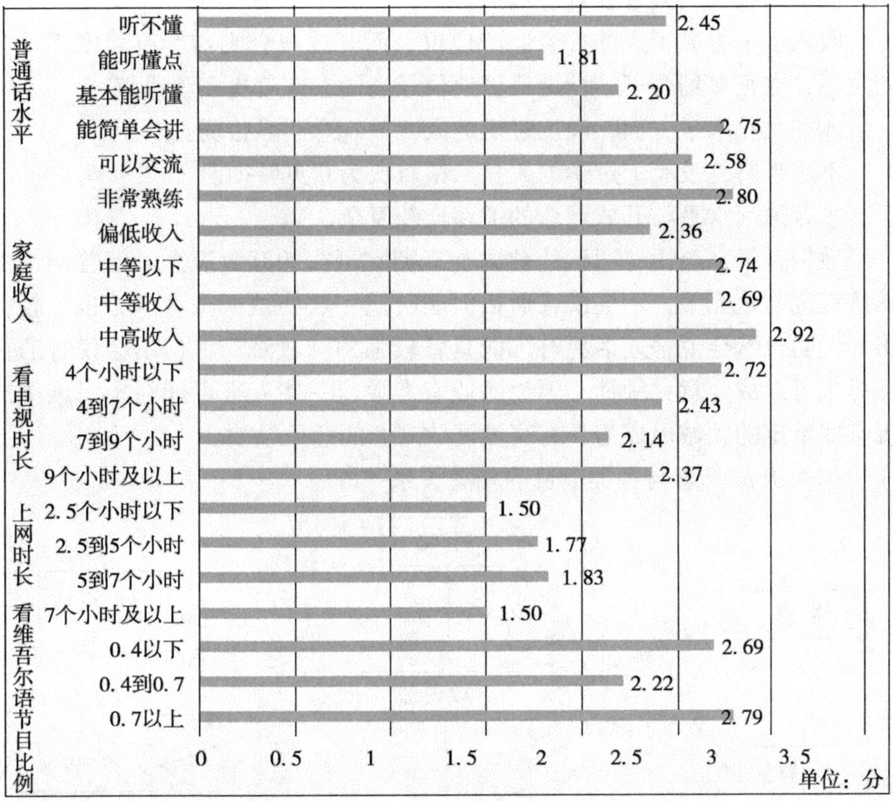

图 4—22 开放观念与各类因素的关系（最高 5 分最低 1 分）

由图 4—22 可得：

①女性比男性更加具有开放观念。

而在 2010 年的相关调查中却显示，男性比女性开放观念更强。5 年内，女性开放观念的提升，除了可能存在样本偏差之外，也进一步体现出一种社会的进步。

②30—39 岁的中年人开放观念最强。

这也不难理解，在年龄增长的同时，越来越会把握运用社交技巧，再加上其丰富的阅历，在发表意见方面更有权威性并掌握话语权，所以 30—39 岁的中年人开放观念最强。

③中高收入的人开放观念最强。

收入水平彰显了人的社会经济地位，而开放观念则与其有着密不可分的关系，在很多场合下，社会经济地位较高的人有着更多话语权。

④在文化水平方面，没上过学的人开放观念明显很弱。

不难理解，没有上过学的人显然很难成为意见领袖。

⑤普通话水平与开放观念的关系比较复杂。

数据显示，会说普通话的被调查者拥有更高的开放观念，但普通话的熟练程度与之无关，不会说普通话但能听懂一点的被调查者得分也比较突出，说明虽然会说普通话更有可能具备较强的开放观念，但不会说普通话照样也可以成为意见领袖，因为术业有专攻，一些人很可能在本民族中或者某些特定的领域内成为具有高度开放观念的意见领袖。

（2）开放观念与各类节目的相关关系

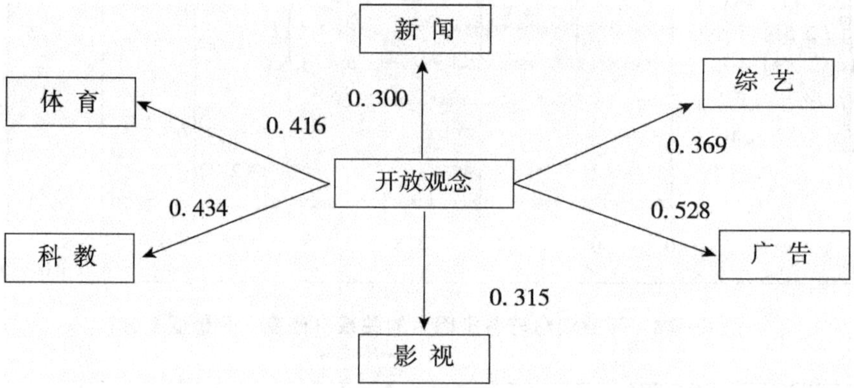

图 4—23 受访者开放观念与各类节目的相关关系

由图 4—23 可得：

①广告、科教节目与开放观念的培养有较大关联。

②体育类节目与开放观念的形成和发展也有一定的关系。

③新闻、影视和综艺与开放观念关系一般。

3. 教育观念

教育观念指对于教育或知识对自身及社会所起到的作用的正确认知，并且积极主动要求接受教育的观念。教育观念的增强，是人的现代化发展水平提升的一个重要标志。

（1）教育观念与各类因素的关系

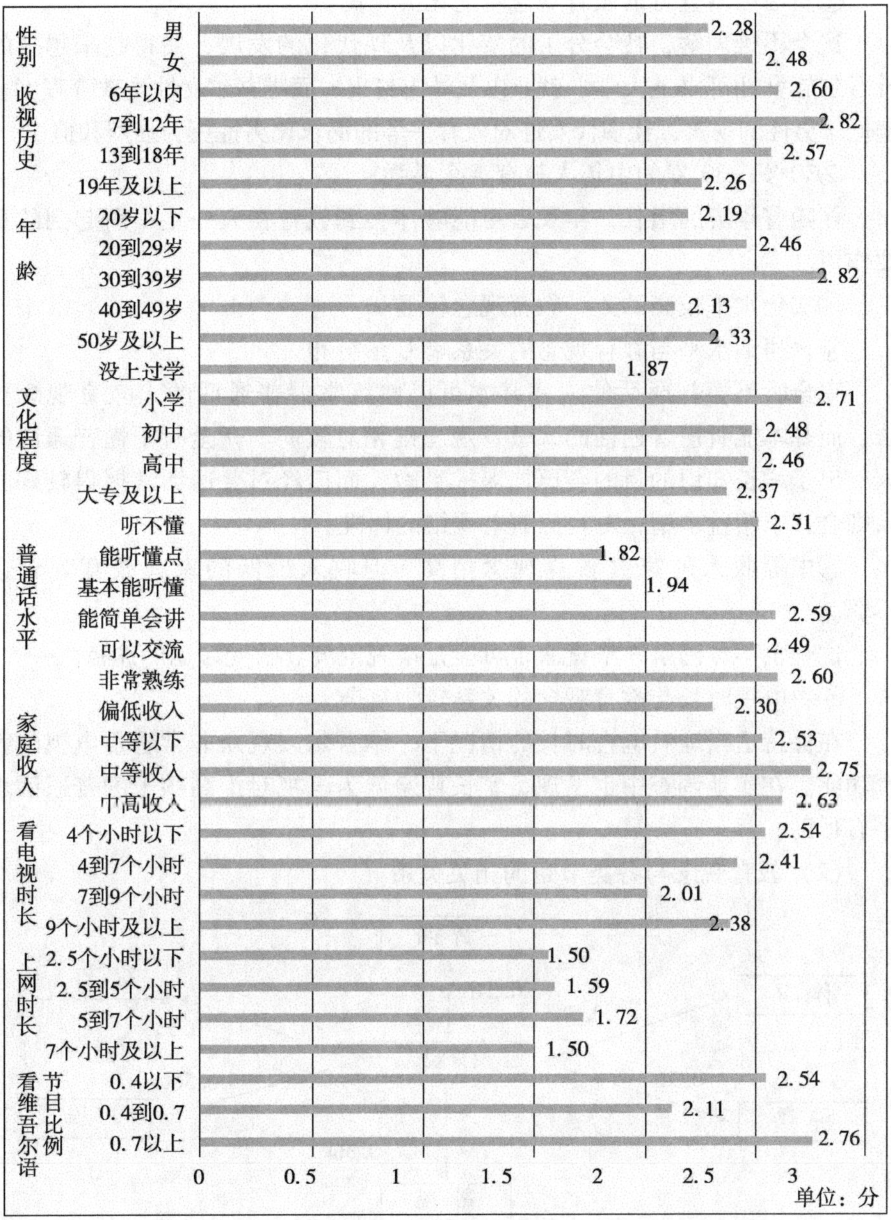

图4—24　教育观念与各因素的关系（最高5分最低1分）

由图 4—24 可得：

①女性被调查者的教育观念普遍比男性高。

这个不难理解，社会分工的变化以及现代化的发展，使得越来越多的维吾尔族女性可以上大学、就业以及外出打出，而维吾尔女性受教育程度普遍低于男性的现实，让现代女性对教育平等的渴求比男性更为强烈和迫切。

②30 岁—39 岁的中年人教育观念最强。

伴随着年龄的增长，年长者更能够体会到教育在人一生中所起到的重要作用。

③文化水平较高的人，教育观念较强。

④普通话水平与教育观念的关系呈 U 形分布。

完全听不懂普通话的人和基本可以熟练掌握普通话的人教育观念更强，而基本能听懂普通话的人教育观念则相对较弱。完全听不懂普通话的人，出于增长知识的目的会更加渴求受教，而已经对普通话掌握得较好的人则会追求精益求精，对自己有着严格的标准。

⑤中等收入的家庭教育观念稍高，但收入最低的家庭教育观念也不弱。

这个也不难理解，毕竟教育可能是摆脱困境、改变命运的途径之一。

⑥看电视时长与教育观念的关系较为复杂。

在保持适当地看电视时长的情况下，维吾尔族观众非常看重电视的教育功能。在实地调查中也发现，家长普遍认为电视对提高孩子的普通话水平有帮助。

（2）教育观念与各类节目的相关关系

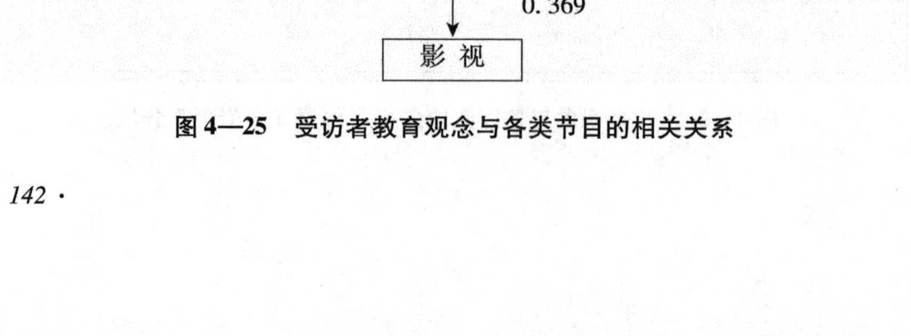

图 4—25　受访者教育观念与各类节目的相关关系

如图 4—25 显示：

①广告和科教节目与教育观念关系最为密切。

②体育、新闻、综艺和影视节目则较为一般。

总的来说，可以看出，维吾尔族观众现代化过程中文化偏向观念层面的树立主要与其年龄、受教育程度（即文化水平）、普通话水平、家庭收入关系较密切，另外，收视时长与上网时长对于某些特定的观念也会起到较大的影响。

在各类电视节目与文化偏向各观念的相关性关系当中，文化偏向普遍与电视节目的相关性不如其他偏向强，但相比之下，仍是广告、科教节目与文化偏向各观念相关性较强一些，但数值并不高，因此文化偏向所包含的观念可能更多地会受到其他因素的影响。

（四）技术偏向

1. 科学观念

科学观念指的是在深刻认识科学本质、功能、发展规律的基础上形成的一种社会观念，也就是从科学的角度来思考问题和理解问题。现代化的发展必然伴随着科学技术的进步，科学观念的发展与教育观念密切相关。

（1）科学观念与各类因素的关系

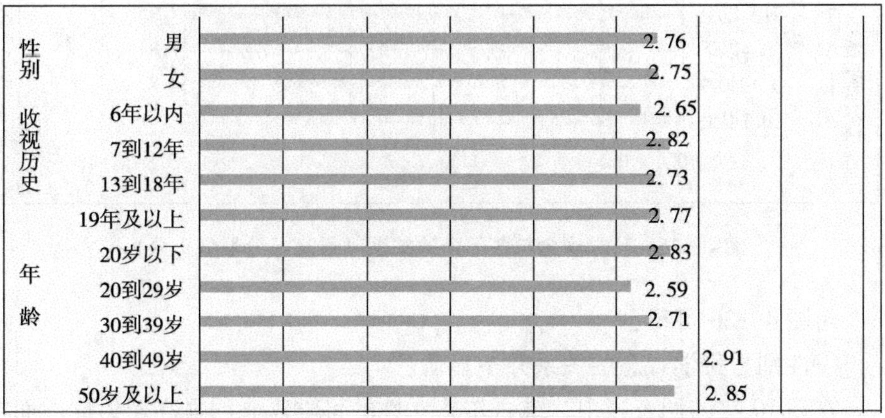

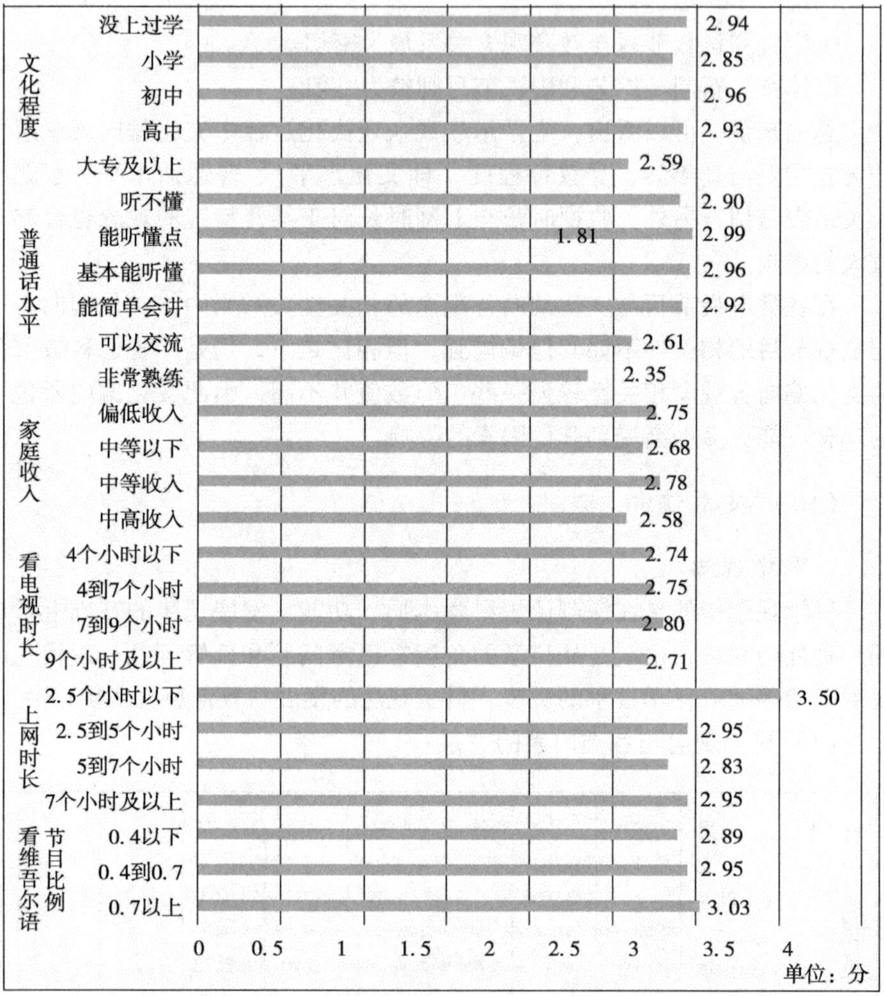

图 4—26　科学观念与各因素的关系（最高 5 分最低 1 分）

由图 4—26 可得：

①性别与科学观念的关系并不显著。

在 2010 年的调查当中，维吾尔族女性的科学观念明显高于男性，而在如今，二者不相上下，甚至男性略高于女性。

②在年龄上也呈 U 型分布，即年龄偏高或偏低的人科学观念都呈上升趋势。

③拥有电视机时间较长的人，科学观念也较强。

这直接体现出电视长年累月对于受众科学观念的影响，而电视本身也是一种科技的产物。

④上网时长较短的人科学观念较强。

⑤经常收看维吾尔语节目的人科学观念也较强。

（2）科学观念与各类节目的相关关系

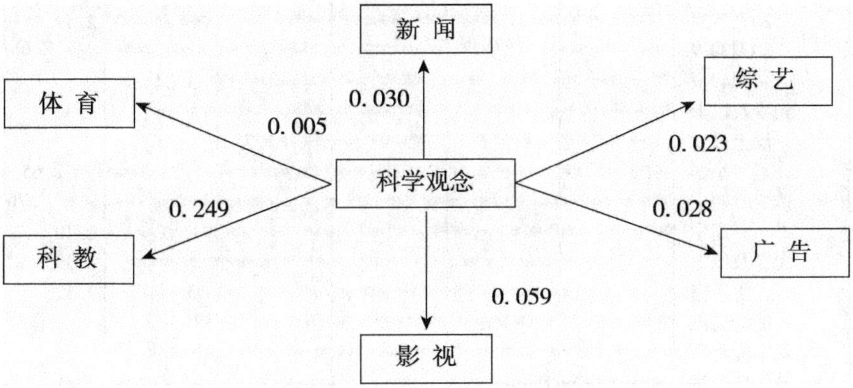

图 4—27　受访者科学观念与各类节目的相关关系

由图 4—27 可得：

①总体来看，各类节目与科学观念的相关性普遍较弱。

②相比之下，科教节目最影响科学观念的形成与发展。

值得一提的是，2010 年的调查结果显示，科教节目对科学观念不大。但 2015 年的数据从侧面体现出这五年来当地在科教类节目上所做出的努力和取得的成效。

2. 媒介观念

媒介观念指公众对媒介的正确理解与认知，包括对于媒介的性质、功能以及个人与媒介的关系的认知等。麦克卢汉曾经对媒介做出定义："媒介是人身体的延伸。"在某种程度上，个体媒介观念的变化发展显示了其现代化观念的发展，研究电视媒体对于观众媒介观念的影响，可以间接看出观众现代化观念的发展水平。

（1）媒介观念与各类因素的关系

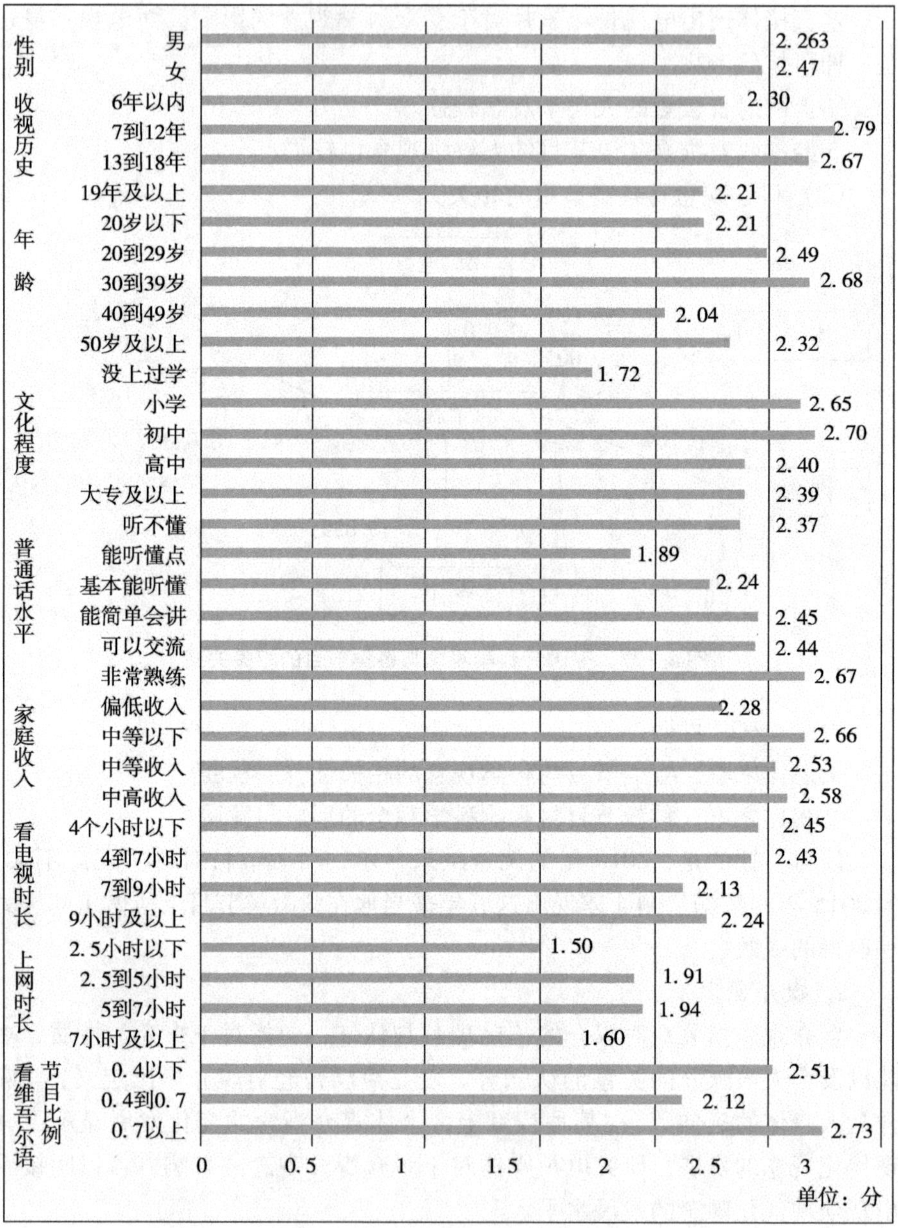

图 4—28　媒介观念与各因素的关系（最高 5 分最低 1 分）

由图 4—28 可得：

①女性的媒介观念普遍高于男性。

②收视时长与媒介观念呈倒 U 型分布，拥有电视机 7—18 年的人媒介观念最强。

电视本身作为一种传统的大众媒体，拥有电视机时间的长短毫无疑问影响着人的媒介观念。

③40—49 岁的中年人媒介观念最低。

40—49 岁时，事业与家庭均进入发展中的强压阶段，对于处在这个阶段的中年人来说，可能并不会有很多机会去形成以及培养媒介观念。另外，这个阶段的人往往已有了一定的社会地位，自身也树立起足够成熟的价值体系，甚至有可能已是意见领袖，因此不太容易受到其他因素与观点的左右。

④文化影响媒介观念，没上过学的人媒介观念明显低于受教育的人。

⑤家庭收入方面也有细微的影响，家庭收入水平高的人媒介观念要强于家庭收入水平低的人。

⑥上网时间较长的人媒介观念要强于时间较短的人。

（2）媒介观念与各类节目的相关关系

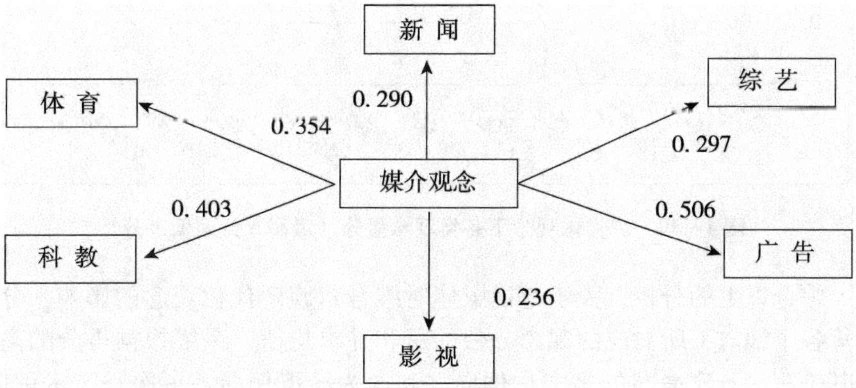

图 4—29　受访者媒介观念与各类节目的相关关系

由图 4—29 可得：

①总体而言，各类节目与媒介观念均具有一定的相关性。

②相比之下，广告与媒介观念相关性最强，科教节目次之。

总的来说，可以看出，维吾尔族观众在现代化过程中的技术偏向观念层面的树立主要与其年龄、受教育程度（即文化水平）、上网时长与收视时长关系较密切。另外，收看维吾尔语节目的比例也会对某些特定的观念起到较大的影响。

在各类电视节目与文化偏向各观念的相关性关系当中，技术偏向层面的观念会更多地受到科教节目的影响。

（五）整体评价

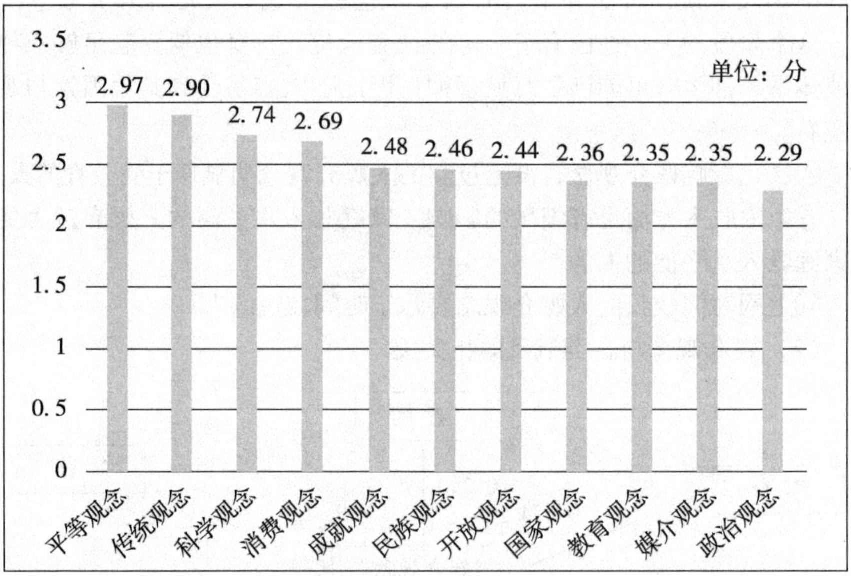

图 4—30　现代化观念下各类观念得分（最高 5 分最低 1 分）

综合以上的分析，关于电视媒体对维吾尔族现代化观念的影响，分别计算各个偏向下所对应的观念分数的总和并求均值，最终根据得分的高低将其排序，分值最高的是文化偏向，其次为经济偏向，再次是技术偏向，最后是政治偏向。

总体而言，各观念分数全部在 2 分左右，属于中等偏低。比起 2010 年的调查数据来说，所有观念的分值均有所下降，并且降幅明显。近年来，受网络以及新媒体技术的冲击，电视尽管仍然是传媒中的“龙头老大”，但影响力已大不如从前。目前，虽然中央以及当地为提高电视节目数量和质量都做出了很大努力并且取得了一定成效，但在大趋势的影响之下，电视媒体要想重现往日辉煌以及再进一步提升影响力还是一个需要多方配合的长期工作。

具体而言，通过对数据的分析，可以看出，在现代化的冲击之下，维吾尔族群众的平等观念越来越强。并且，随着生产力的不断进步，当地经济条件的改善，对比往年的数据，可以看出其消费观念已呈现出强化趋势，在2010年的数据中，它还处于中等偏低的水平，而如今已经处于中上游，这从某种程度上来说正是现代化观念深入人心的一种具象的体现。

值得一提的是媒介观念，当地群众的媒介观念还处于偏低水平，甚至比2010年调查的数据还要低一些，可以看出虽然电视普及率在当地已经比较高，但观众的媒介素养却仍然偏低，需要进一步加强。为此，以皮埃尔·布迪厄的“场域”理论分析，可以看出现代传媒不可能单一地发生作用，必须与其他因素相结合才能显示出它应有的影响力。虽然媒介技术日新月异的发展与电视在少数民族地区的普及与深入有着密不可分的关系，但观众媒介素养的提高以及人的现代化发展仍然需要经济、政治以及社会的支持。

总体而言，结合以上四个偏向层面的现代化观念及五种节目类型的相关分析，可以大致归纳出电视媒体对于维吾尔族人现代化观念的影响：

就政治偏向来看，其观念主要受到科教、广告节目的影响；

就经济偏向来看，其观念主要受到科教、广告节目的影响；

就文化偏向来看，其观念主要受到科教、广告节目的影响；

就技术偏向来看，其观念主要受到科教节目的影响。

总体看来，五种节目类型中，科教节目与广告节目与观众的相关性最大，但从绝对值来看，科教节目与广告节目的相关性系数并不高。可以这样理解：这五类节目对观众的现代化观念的培养作用都比较弱，在普遍较弱的情况下，科教节目与广告节目脱颖而出。

究其原因，近些年来，虽然“村村通”工程在很大程度上造福了当地群众，但其更多的是将重点放在提高覆盖率上，事实也表明新疆的电视覆盖率几乎达到100%。但覆盖率的提升并不与节目质量的提升成正比。虽然电视的覆盖率有了显著提高，但电视对人的现代化观念培养的影响仍然处于较低水平，运用排除法可知，电视对人的观念影响后期主要依赖于节目内容质量的提升。

第三节 电视媒体在维吾尔族观众中的融度分析

媒体“融合”的前提是多屏的普及，因此，需先对维吾尔族观众持有率和使用网络终端特别是移动终端的情况进行统计，继而再深入研究电视媒体的扩展性融合情况。了解网络媒体对于维吾尔族观众涉入程度，也有助于发现电视媒体如何有针对性地提升自身影响力。

一、用户跨屏收视节目类型比较

用户会利用网络做各种事情，比如看视频、玩游戏、聊天等，但由于本研究主要目的是将其与电视比较并探讨收视行为上的融度，因此只对用户利用网络进行收看视频的行为进行研究。

1. 通过电脑收看视频行为分析

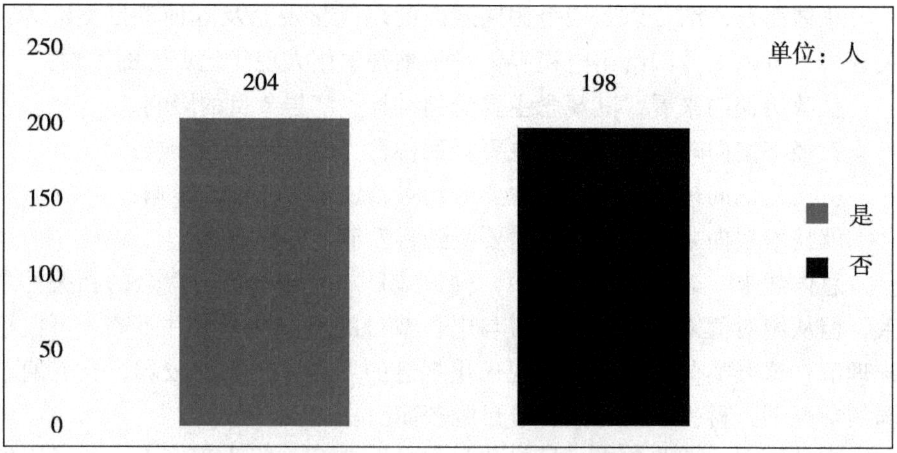

图 4—31 受访者一周内通过电脑观看视频情况

调查问卷对维吾尔族观众近一周内通过电脑观看视频的行为进行了调查，可以看出，在过去一周内，通过电脑观看视频的人和没观看的人数几乎不相上下，看过的人略多一些。

2. 通过手机收看视频行为分析

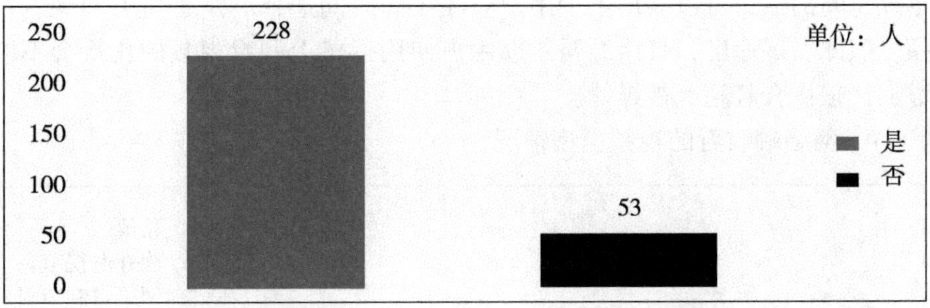

图 4—21　受访者最近一周内通过手机观看视频情况

可以看出，有 228 人在最近一周①利用手机端观看视频节目，占总人数的 81. 1%。而没有观看的人数只有 53 人。

通过对以上两图 4—31、图 4—32 的综合分析，可以得出结论：维吾尔族观众更倾向于使用手机上网观看视频，这也符合目前中国网民使用网络的基本趋势，即网民上网设备进一步向手机端集中，超九成网民都是使用手机上网。对于维吾尔族群众来说，最直接的原因可能与手机的便携性及用户的日常习惯有关。

3. 使用手机上网的场合与情境

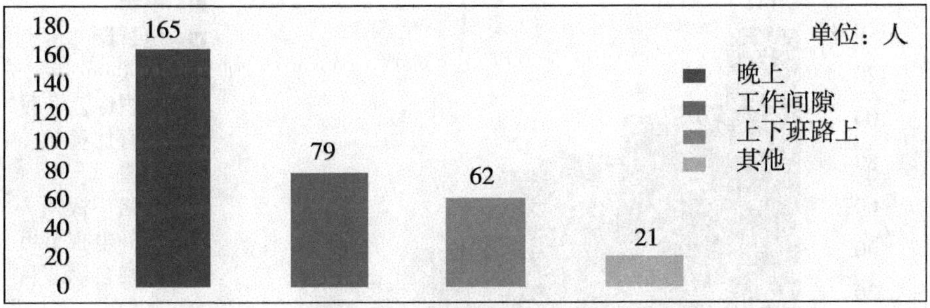

图 4—33　受访者使用手机观看视频的时间场景

可以看出，大多数人会选择在晚上使用手机上网，而这也是最空闲的时间段，前文中的调查也显示出观众收看电视节目的高峰期也在晚上。另

① 问卷调查的截至时间为 2015 年 12 月 1 日。

外，工作间隙和上下班路上所占的比例大致相近，如果将这两项全部归于零碎时间的话，可以看出不少用户会在零碎时间选择利用手机上网观看视频。照此发展速度，日后维吾尔族用户使用手机上网看视频的比重会不断增加，很快会赶超电视媒体。

4. 网络端收看的视频类型情况

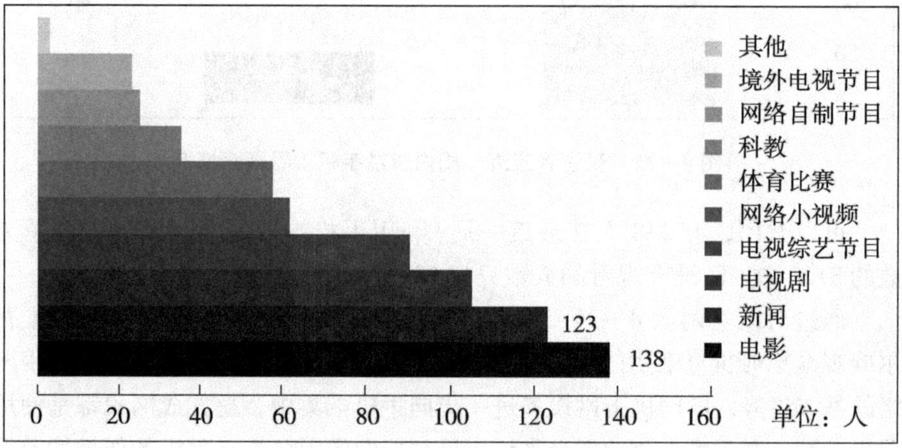

图 4—34　受访者电脑端收看视频类型

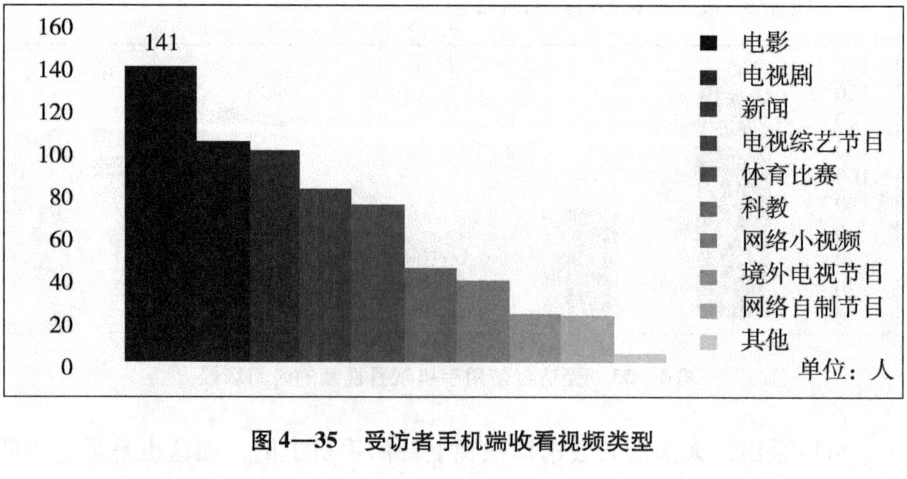

图 4—35　受访者手机端收看视频类型

提及维吾尔族观众在网络上收看的视频类型，本研究分别对手机移动端及 PC 端进行了调查研究。结果发现：

（1）无论是移动端还是PC端，电影都是众多受访者观看节目的首要选择；

（2）新闻与电视剧也有着一定的观众群；

（3）不少用户会选择在电脑端观看综艺节目与体育赛事；

（4）科教节目、境外电视节目和网络自制节目观看热度较低。

究其原因，不难理解，电视媒体对于电影的播放，目前除了CCTV－6为专门的电影频道外，其余频道很少有电影播放，并且用户还不能自主选择。毫无疑问，网络视频的观看类型居于首位的会是电影。

其次，电视剧与新闻都属于时效标签较明显的节目，网络媒体比起电视来说，既可以回放，又可以自主选择，有着更大的便利性与自主性。另外，从侧面也可以看出来，当地观众对于新闻内容的深度的要求以及对电视剧的需求程度。

至于科教节目与体育节目，结合前文中观众对于各类节目的满意度，可以看出，观众对于目前电视媒体中的科教类和体育类节目满意度较高，换句话说，电视在很大程度上可以满足观众对其需求，因此便没有必要在网络上进行搜索观看了。而网络自制节目在当地观众群体当中受冷落，有可能与文化差异以及当地稳固的传统观念有关。

5. 网络收看视频的语言类型

对于通过网络所观看的视频语言类型，数据显示，在网络上收看维吾尔语类视频节目的人数占被访者总数的50%，而汉语则紧随其后，同样占据了41.7%的比例，英语则相对较少，但也拥有8.3%的被访者。从这一

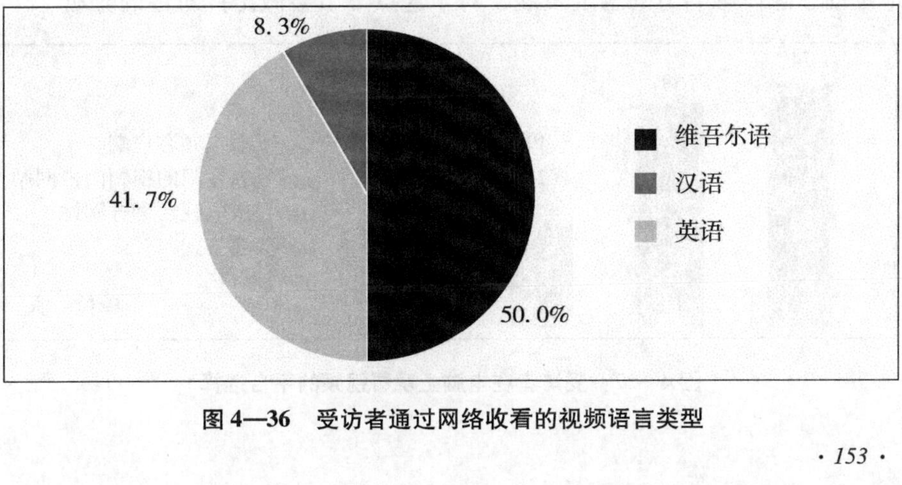

图4—36　受访者通过网络收看的视频语言类型

点可以看出，维吾尔族观众还是在很大程度上更偏爱看本土语言的节目，这也从侧面反映了当地电视节目中本土语言节目的匮乏，观众的需求得不到满足。

二、用户对网络终端平台的选择

1. 电脑网络观看视频平台的选择

关于用网络观看视频的平台选择，多数被访者会选择在电脑上下载视频客户端来观看视频，同样有为数不少的被访者会选择登录专门的视频门户网站。相对而言，选择登录电视台官方网站和使用其他方式的被访者较少。

2. 手机网络观看视频平台的选择

与电脑相比，被访者使用手机上网观看视频所选择的平台也大同小异。从图 4—38 可以看到，选择通过视频 APP 和登录专门视频门户网站观看视频的手机用户相对较多，数量分别达到了 106 人和 96 人，而选择登录电视台官方网站和链接的方式观看的受访者相对较少。

总的来看，无论是手机还是电脑，用户大多会选择下载专门的视频播放类软件或者是客户端，从这点可以看出，用户上网观看视频的行为多带有主动选择的目的性，而不是被动接触。当然，在这个过程中，用户也担当了传播者的角色，成为了媒介的一部分。统计结果显示，一部分用户观看视频是通过朋友发的链接，这种交互性的社交分享行为，也在很大程度地推动了媒体影响力的融度发展，对于这点下节会做出针对性的分析。

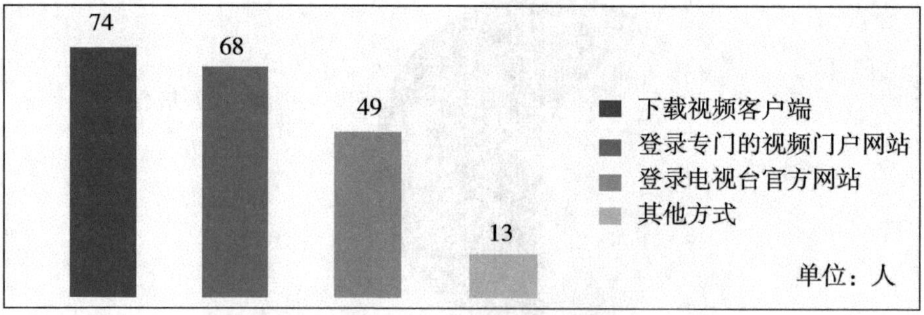

图 4—37　受访者在电脑上观看视频的平台选择

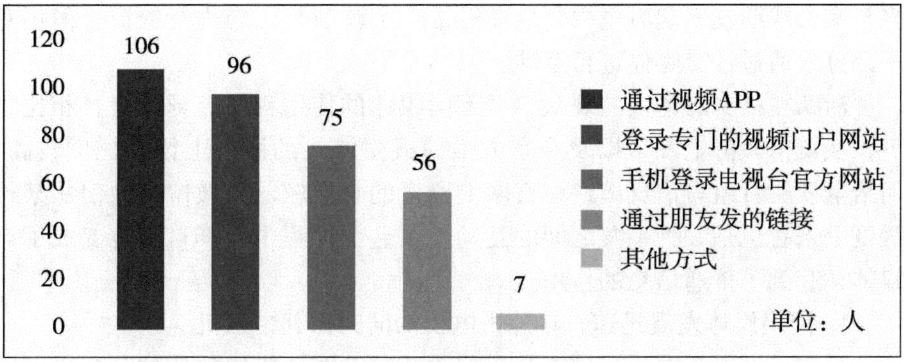

图 4—38　受访者在手机上观看视频的平台选择

三、用户在社交媒体中的互动行为

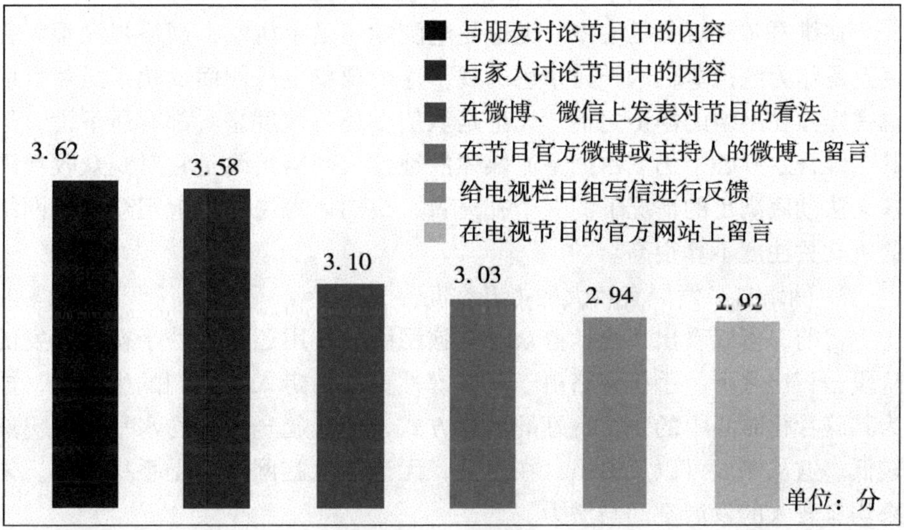

图 4—39　受访者在观看电视时的各类交流互动行为（最高 5 分最低 1 分）

在问卷中设置了关于其看完电视后会做什么的问题，并选定了 6 个语句让被访者按照同意程度从 1 到 5 打分，在后期对分值进行了求均值处理。调查数据显示，观看电视节目后，受访者更多会习惯于与朋友、家人分享节目内容。在深度访谈和小组访谈中也可以看出，大多数被访者也称平时多与家人或朋友一起看电视，也会经常一起就节目内容进行交流。但还有一部分人通过社交媒体进行互动。

活跃在社交媒体上的观众，对不同媒体的使用程度差异不大，相比之下，在微信微博上发言以及在官方微博或主持人的微博上留言比例较高，而给电视栏目组写信反馈或在官网上留言的意愿较弱。微博与微信从某种程度上来看也是一种亲友之间的互动，在这个过程中，其自身也变成了自媒体，起到了传递信息的作用。

1. 网络媒体发展迅速，在冲击电视的同时为其带来机遇

目前，网络正在逐步扩大其影响力，并对电视媒体的地位产生了一定的冲击，但这在一定程度上也推动了媒体之间的融合进程，有利于当地电视媒介在此基础上争取拓宽更大的生存空间，进一步扩大影响力，积极参与媒介融合，提升媒体影响力的融度，从而得到“长尾”收益。

2. 电视仍然占主导，网络处于对电视的补充地位

在维吾尔族观众的心中，无论是电脑端还是手机端，网络视频很大程度上是作为电视节目的补充角色出现，这个现象也从侧面反映了虽然目前电视媒体在网络的冲击之下，无论是从信度还是效度来看都有所下滑，但其在维吾尔族心中仍然占据主流媒体的地位，网络始终是它对观众收视需求无法彻底满足的情况下的一个补充者，换句话来说，当地观众对于网络的主动关注度不算很高。

3. 网络自身发展有较大的提升空间

目前，可以看出，当地群众对电脑网络的使用还普遍处于初级开发的阶段，相比之下，手机网络由于其便携性更好地走入了人们的生活中，成为其碎片化时间中的一个良好的消遣方式，但比起全国平均水平来说仍然较低。这从侧面可以反映出，在当地，无论是电脑网络还是手机网络，未来均有较大的发展空间与潜力。

4. 当地观众的社交互动程度较低

在之前的分析中可以看到，用户在社交媒体（微博、微信、贴吧等）上的互动程度也较低，而跨屏直播率、跨屏点播率和回放率、网络（PC端＋移动端）的关注度、社交媒体（微博、微信、贴吧等）互动程度是融媒体时代下衡量媒体影响力的重要指标。

5. 当地观众更偏爱强关系互动行为

无论是看电视时的陪伴，还是社会平台上的交流心得体会，维吾尔族观众更倾向于亲友之间的交流。这是一种强关系的互动。电视比起手机来说，虽然便携性很差，但这种“缺陷”在某种程度上也成为了一种优势，即它更加私密。它为观众与亲友之间构建了一个共享与独享的空间，再加上当地群众传统观念仍然较重，这也促使了电视在观众心中占据主导地位。

第五章　制约电视媒体在维吾尔族观众中影响力提升的主要矛盾

通过前四章的综合研究来看，5 年以来，电视媒体在维吾尔族观众中的影响力呈现整体明显下降的态势，摆在电视媒体里面的现状是：1. 网络媒体的冲击不可逆转，与全国的情况一样，电视媒体与网络媒体对维吾尔族受众的争夺已经不可避免；2. 尽管有些维吾尔语节目和频道的影响力在上升，但电视媒体的整体影响力却在下降；3. 维吾尔族观众对于维吾尔语节目有强烈的收视需求；4. 依靠覆盖率为核心提升影响力的路径已经走到了尽头。

因此，从综合图景来看，影响电视媒体在维吾尔族观众影响力提升的主要矛盾已经凸显，那就是“对维吾尔语节目日益提升的需求”与“维吾尔语节目有限的‘质’与‘量’”之间的矛盾。

针对这种矛盾，其实国内的电视产业发达地区早有既定的解决办法，那就是“内容为王”——通过资金、人才、创意等优势，实现电视内容生产的精品化、精彩化。但使用这一办法的前提是电视的“产业化运营”，依靠市场的力量，实现资源的优化配置，最终以广告费或者其他运营方式收回投资、赚取利润。

但在维吾尔族观众中，却面临着“市场失灵”的困境。

“市场失灵”是指“市场无法有效率地分配商品和劳务的情况，也被用于描述市场力量无法满足公共利益的状况”。“市场失灵”理论揭示了自由市场的弊端，以获利为目的的市场主体不会自动满足消费者需求。

目前，维吾尔族观众的总人数只有 10，071，394 人，人均可支配收入排名全国倒数第三，贫困人口数量 227 万，其中维吾尔族聚居的喀什、和田地区，农民人均收入在全疆垫底。而在现有的宏观条件下，截至 2015 年上半年，新疆电视台3个维吾尔语频道的总收入已经达到了2051.6万元，但随着国家广告经营政策的调整和整体经济形式的变化，预计2016年经营难度还会进一步加大。但光浙江卫视《奔跑吧兄弟》第四季冠名权就拍出了13亿元，广告商敢投13亿元广告费的底气来自全国5200万的收视人口数和平均占比16%的收视份额。

新疆广电和新疆电视台显然做不到，现有的维吾尔语节目制播体制和经营模式已经触到了“天花板”。

第一节　从电视媒体在维吾尔族观众中影响力的综合图景看主要矛盾

一、电视媒体整体影响力不进反退

从初创期的步履维艰，到借力“村村通”等文化惠民工程的快速成长，电视媒体用了约20年时间成为维吾尔族观众中具有第一大影响力的媒体，这种影响力在2010年左右达到峰值。21世纪的头十年，是电视媒体在维吾尔族观众中的黄金十年，这10年间，电视媒体在各方面均完胜广播、平面等传统媒体，更不用说当时才刚刚萌芽的网络媒体。但令人难以相信的是，网络时代特别是移动互联网时代以出人意料的速度到来，仅用了短短5年时间，电视媒体的优势就已岌岌可危。

维吾尔族观众5年来每天的收视时长基本持平，略有上升（从2010年的3.29个小时上升到2015年的3.31个小时），而全国观众的平均收视时长却从2.85个小时下降到了2.6个小时[①]，从这个角度来说，电视媒体在维吾尔族观众中的影响力好于全国，但电视媒体在维吾尔族观众的每日媒体使用份额却从2010年的54.02%猛降到了2015年的31.04%，出现了“不进则退”的现象。

为了避免学生群体干扰结果的准确性，本研究对样本中的学生群体进

① 数引自中国产业信息网 http：//www.chyxx.com/industry/201512/369110.html。

行了排除之后又做了统计，这一份额也仅上升到了37.05%，这个数字不仅说明了电视媒体在维吾尔族观众中重要性的下滑，也预示了电视媒体对于维吾尔族年轻人特别是未来精英阶层年轻人来说缺乏足够的影响力。

从收视动机来看，维吾尔族观众对于电视的整体收视动机从2010年的3.62分降低到2015年的2.27分（最高5分最低1分），下降幅度为27%。而2.27分的均值贡献最大的是电视对于维吾尔族观众经济和娱乐动机的满足，电视媒体监视环境、联系社会和传承文化的功能得分均低于2.27分的均值，这三者从2010年的前三位，变成了2015年的倒数后三位，这种变化的结果就是：维吾尔族观众通过电视“了解国家大政方针、了解国内时事、了解国际时事”的需求变弱了，通过电视“增长见识、开阔视野，了解外面的世界什么样子”的需求变弱了，通过电视“了解其他民族的文化、了解本民族的文化”的需求也变弱了，这与党和政府在维吾尔族观众中大力发展电视事业的初衷显然有明显的错位。

同时，维吾尔族观众对于各类节目的平均满意度得分为3分（最高5分最低1分），这个成绩只能说差强人意，而且在所有的节目类型中，倒是最不具备宣传、教育、引导功能的体育类节目满意度最高，新闻类节目的满意度仅高于广告节目，在所有节目类型中排名倒数第二。

就信任度而言，维吾尔族观众对于电视媒体的信任度已经从2010年的60%下降到了2015年的42%，虽然勉强保住了信任度第一的位置，但是下降速度和幅度均令人堪忧。

另外，当今电视媒体对于维吾尔族观众现代观念形成的作用普遍较弱，电视对于维吾尔族观众现代化过程中的四种偏向（政治偏向、经济偏向、文化偏向）以及四种偏向所细分出的十一种观念（政治观念、平等观念、国家观念、民族观念、消费观念、成就观念、传统观念、开放观念、教育观念、科学观念、媒介观念）的影响力平均得分为2.5分（最高5分最低1分）。在十一种观念中，前四种（政治观念、平等观念、国家观念和民族观念）是评价电视媒体影响力大小最重要的四个指标，但遗憾的是统计结果显示，在所有节目类型中，广告与科教类节目竟然是与维吾尔族观众的这四种观念形成相关性最高的，但其相关性也徘徊在0.5分左右（满分为1分，即相关性为100%），理应起到主要作用的新闻、影视节目均呈现更微弱的相关性。用一句话对此现象予以解释：不是广告和科教节目作用大，是其他节目的作用太小。

二、网络媒体影响力急速增长

随着电视媒体影响力的降低，网络媒体的影响力已经呈现出无可争议的上升趋势，呈现出一种“此消彼长”的态势。

5 年来，网络媒体的崛起是全国普遍现象。2010 年，中国网民数量才 4.57 亿，互联网普及率为 34.3%，手机网民规模达 3.03 亿，平均网速仅 0.8 兆①，人均周均上网时长为 18.4②，也就是 2.62 个小时/天。而根据 2015 年《中国互联网络发展状况统计报告》，截至 2015 年 12 月底，中国的网民规模已经达到 6.88 亿，中国互联网普及率达到 50.3%，超过全球平均水平 3.9 个百分点，人均周上网 26.2 个小时，相当于每天上网 3.75 个小时。③

相比全国平均水平而言，维吾尔族观众的各项平均值均略低，以日均使用时长为例，本研究结果显示，维吾尔族日均上网时长为 3.22 个小时，比全国日均平均水平低 0.5 个小时。

但需考虑到维吾尔族网络使用程度的起点很低，5 年间人均上网时长这一数字上涨了 7 倍。

因此，可以说网络媒体在维吾尔族中的影响力是高于全国水平的。

当前电视媒体在维吾尔族观众的日常媒体使用份额已降低到了 31.04%，网络媒体却从 2010 年的 7.55% 上升到 2015 年的 30.55%，几乎追平电视媒体的收视强度。考虑到学生群体对网络的使用程度普遍较高，本研究也统计了非学生群体的日均网络媒体使用强度，也达到了 2.15 个小时，占比 19.66%，对比电视媒体而言，网络媒体在维吾尔族年轻人中特别是未来精英群体中拥有更多的拥趸。

移动互联网的发展是网络发展的大趋势，具有高便携性、隐私性、应用轻便等特点，对于维吾尔族观众来说，移动互联网还意味着平均收入有限的观众群体可以跨过 PC 时代相对价格高昂的硬件门槛，直接跨入互联

---

① 数据引自腾讯网 http：//news. qq. com/a/20110119/000564. htm.

② 数据引自中商情报网 http：//www. askci. com/news/201201/16/1616395250731. shtml.

③ 数据引自网易新闻 http：//news. 163. com/16/0124/17/BE44PGUJ00014JB5. html.

网时代。调查显示，2010 年，只有 60% 的维吾尔族观众有手机，但是现在这个比例已经达到了 82%，在拥有手机的维吾尔族观众中，智能机的使用比例达到了 86%，有 85% 的维吾尔族智能机用户会使用手机上网功能，其中 56% 的人主要用手机上网，这一连串的数据都表明，网络媒体特别是移动互联网直接改变了维吾尔族观众的基本媒体使用格局。

对比电视媒体整体信任度 5 年间 18% 的降幅，网络媒体的信任度 5 年来从 6.81% 上升为 25.87%，上升了近 20 个百分点。第二届世界互联网大会于 2015 年 12 月 16 日在浙江省乌镇开幕，国家主席习近平出席开幕式并发表主题演讲。在讲话中，习近平提出互联网治理的五点主张，其中之一便是“保障网络安全，促进有序发展”，网络信息安全很重要的一点就是信息的真实性，这次会议实际上是我国今后很长一段时间之内网络信息安全的行动指南，相信随着网络环境的净化，随之而来的是网络信息整体可信度的大幅度提升，届时不管是哪个民族的网络用户，都能对网络产生更高的信任度。这无疑是对电视媒体影响力的又一次冲击。

三、汉语频道的影响力明显降低

就整体而言，只有 45% 的维吾尔族观众常收看中央电视台和其他省区级卫视的节目（汉语）。而中央电视台作为国家级电视台，各个频道在维吾尔族观众中的熟悉度均呈现不同程度的下降趋势，与 2010 年相比，其中 CCTV－1、CCTV－7 这两个主流频道下降幅度尤为明显，CCTV－1 从 79.3% 下降到 46.8%，CCTV－7 从 64.9% 下降到 11.0%，如果说 CCTV－7 的下降是因为其节目被以维吾尔语编译在新疆播出所致，那么CCTV－1 作为中央电视台的主流频道，如此降幅不得不令人担忧。

在其他省区级卫视中，仅有浙江、江苏、湖南三个省卫视呈现上升趋势，其他省区级卫视频道均原地踏步或者下降。对于浙江、江苏、湖南三个卫视上升原因不难理解——“娱乐至死”的现实主义办台理念在维吾尔族观众中也找到了知音。

在新疆本地自治区级频道中，除了维吾尔语频道，也有不少汉语频道，尽管携地缘优势，但是这些汉语频道仍没有获得维吾尔族观众的青睐，5 年来总体也呈现下降趋势。

四、维吾尔族观众对于维吾尔语节目的需求迫切

与汉语频道影响力下降形成鲜明对比的是维吾尔族观众对于维吾尔语节目的青睐。有78%的维吾尔族观众最常收看的是维吾尔语节目，而且有44.8%的人每天收看的电视节目内容80%以上都是维吾尔语，尽管5年来维吾尔族观众的整体汉语水平在不断进步，但这一比例却仍在升高而不是降低；在各级频道中，维吾尔族观众最熟悉的频道就是XJTV－2、XJTV－5和XJTV－9这三个维吾尔语频道，而且这三个频道5年来只有XJTV－2的熟悉程度略有下降（降幅为7.62%），但这种下降的态势被另外两个维吾尔语频道上升强势弥补回来：XJTV－5的熟悉度上升了18.85%，XJTV－9的熟悉度更是上升了39.92%。

就信任度而言，有高达68%的维吾尔族观众最信任的频道是XJTV－2，比2010年提升了8%；XJTV－5以32%的信任度排第二位，比2010年上升了7%；作为CCTV－1作为国家电视台的主流频道，只以30%的信任度屈居第三，且比5年前下降了8个百分点；排名第四位的是XJTV－9，信任度24%，较5年前大幅攀升14%；排名第五的是CCTV－5，信任度16%，虽较5年前提升了8%，但由于其专业化的频道定位，所谓的信任度只能体现在体育领域，而不是国家的大政方针、新闻报道等。

与此同时，认为维吾尔语节目“非常少”和“比较少”的维吾尔族观众分别占比36%和39%，认为“适中”或者“比较多”的仅占19.4%和4.7%。

即便是在网络视频的收视中，也有50%的受访者表示自己主要是在网上看维吾尔语节目，选择看汉语节目的人只占到41.7%。

将前文内容叠加来看，汉语频道影响力的减弱和维吾尔语频道影响力的增强均是好事，维吾尔族观众对于维吾尔语节目的青睐，是一种民族自觉和自醒的表现，而民族自觉与自醒的基础是维吾尔族整体知识水平和媒介素养大幅度提高，继而会表现为对本民族语言和文化的自豪感和认同感。

五、靠提高覆盖率来提升影响力的路径已走到尽头

“村村通”工程等文化惠民工程为广大的维吾尔族观众带来了福祉，取得了卓越成就。有关资料显示，新疆从1995年开始推进“村村通”建设（早于全国两年），历经三期，覆盖目标先是锁定乡镇、再到50户以上的自然村，继而到20户以上自然村，现在又把目标具体细化为“户户通”；覆盖技术历经无线覆盖、有线+无线、无线+卫星直播三个等级，技术水准一级比一级高、一级比一级精准；工作重点从过去的“覆盖盲区”到现在的“精准覆盖+升级老旧设备”；收看（听）的节目数量从最早的“1（1套电视）+1（1套广播）”到现在不低于“52（52套电视）+27（27套广播）”。据不完全统计，20多年来仅中央财政用于新疆“村村通”等文化惠民工程的累计投资就不低于15亿①，新疆省区级财政投入不低于12.5亿。②

尽管新疆地广人稀、基础设施落后，但是凭借“愚公移山”的精神，新疆的广播电视综合覆盖率从1997年的14.46%上升到了2014年的96.94%，维吾尔族观众的家庭电视机拥有率也接近100%，提升空间已接近饱和。

然而就是在这样的覆盖力度和播出强度之下，电视媒体却面临着影响力下滑的困境，这也暴露出当地电视事业发展中的一个短板：重视“广度”和“强度”，忽略“信度”和“效度”。

综合整体图景来看，目前电视媒体在维吾尔族观众中影响力提升的主要问题已经凸显：第一，不是“看得到”的问题，而是“看什么”的问题；第二，不是“汉语节目”的问题，而是“维吾尔语节目”的问题。

总之，“维吾尔族观众对维吾尔语节目日益提升的要求”与“维吾尔语节目有限的‘质’‘量’”之间的差距，构成了制约电视媒体影响力提升的主要矛盾。

---

① 引自中国统一战线新闻网 http：//tyzx. people. cn/n/2014/0724/c372373－25334211. html.

② 引自新疆广播电影电视局村村通运维管理中心提供的内部资料.

第二节　矛盾探源："市场失灵"与新疆广电不能承受之重

这种矛盾是怎么产生的？是偶发性冲突还是长期累积的结果？在现有电视体制下会自然化解还是会愈演愈烈？本节将对矛盾产生的原因做一探析。为更好地理解新疆电视事业发展，先对新疆电视整体的发展历程做简要介绍。

一、新疆电视产业化历程与现状

总体而言，我国的广播电视体制改革经历了四个时期："三大任务"时期（改革开放前）、探索期（1978—1991 年）、转型期（1992—1999 年）、新时期（2000 年至今）。尽管新疆电视事业与发达地区相比存在一定的发展差距，但从诞生至今，新疆电视事业仍是按照国家广播电视体制改革的总体要求稳步前进的，"事业单位产业经营"是目前新疆电视最准确的写照。

（一）改革开放前：以"三大任务"为纲的新疆电视

20 世纪 50 年代初，新闻总署给广播电台规定了三大任务：一是发布新闻，传达政令；二是社会教育；三是文化娱乐。1958 年北京电视台（中央电视台前身）试播时，这三项任务变了一下表述方式被用到了电视台身上："电视台应当根据自己工作的特点，担负起宣传政治、传播知识和充实群众文化生活的任务"①。从电视事业开端到 1978 年的三十余年间，中国社会虽然经历了各种跌宕起伏，但电视媒介的角色始终定位于社会的宣传者和教育者，内容生产中形成了以政治属性为主，兼具社会属性、宣传主导兼顾社会服务的主要特点。由于经费来源属于政府全额拨款，公众免费接受，电视台也没有自身的经济利益诉求，所以评价标准主要以宣传效

① 刘习良主编：《中国电视史》，中国广播电视出版社，2007 年，第 33 页。

果与社会效益为主。

最初中国电视遵循的是“中央为主，地方为辅”的方针，1970 年左右，根据当时的中国发展实际，全国第一次电视专业会议决定将原来的发展方针调整为中央和省（包括自治区、直辖市）“两级办电视、两级覆盖”。“两级”指的是中央和省（自治区、直辖市），换言之，市（含省会城市）、县（市）不鼓励兴办电视。这一阶段电视管理体制的主要特征，可以概括为“双重领导，条块结合，以条为主”①。所谓“双重领导”，是指实行中央和地方的双重领导。1955 年，国务院发布《关于地方人民广播电台管理办法的规定》，明确规定了中央广播事业局的职责和地方广播电台的管理体制。各省、自治区、直辖市的电台、电视台是当地政府的直属机构，1956 年，各省、自治区、直辖市分别建立了广播事业局（1982 年后改为广播电视厅/局），管理、编制、财务、计划和一般行政业务均受当地政府领导，同时广播业务、技术和规范等受中央广播事业局领导，该种管理架构基本上沿用至今。

所谓“条块结合，以条为主”，是指中央广电主管部门和各级地方政府构成的是“条”“块”双重管理体系。其中，“条条管理”是指中央到省区，再到省区直属的电视机构间，实行的是自上而下的纵向对口领导；“块块管理”是指各省（自治区、直辖市）政府以及省区以下各级政府对同级所属的电视机构实行直接领导。“条块结合”，就是指既有“条条”领导，也有“块块”领导，“条块结合，但以条为主”②。之所以说“以条为主”，主要原因在于电视行政管理部门与电台、电视台之间的关系不仅是上下级领导关系，而且是整体和部分的关系。在这一阶段，中央广播事业局与中央电台、国际电台和中央电视台是“局台合一”的体制，对外是三个台，内部组织机构上只是三个部，即对内广播部、对外广播部、电视部。在地方上，省地级广电厅局和同级电台、电视台也基本上实行“局台合一”的体制。“局台合一”体制是由广播电台作为政府直属机构的体制发展而来的，电台、电视台成为电视管理部门的一个组成部分，广电厅局

① 吕郁女：《迈向集团化发展的中国大陆广电管理制度》，台湾“国政研究报告”，2002 年 6 月 7 日。

② 杨伟光：《中国电视论纲》，中国广播电视出版社，1998 年，第 319 页。

长或副厅局长往往兼任台长。①

当时，新疆电视台只是新疆维吾尔自治区广播事业局（台）下设的一个直属单位，带有试验和探索性质，当时只有“负责人”，而无“台长”，直到1980年1月，经自治区编制委员会批准，新疆维吾尔自治区广播事业管理局与新疆人民广播电台实行“局台合一”的领导体制，一套班子，两块牌子，新疆电视台成为其直属事业单位，同年4月22日，艾兴才被正式任命为新疆电视台台长，而在这之前的两年，全国已经开展了广播电视体制的改革探索。

（二）1978—1991年：变革探索期的新疆电视

党的十一届三中全会召开后，中国步入改革开放的历史新时期，国家开始允许文化事业单位从事经营活动，“新闻传媒机构正式开始从意识形态宣传型向宣传与经营并重、双轨制运行的方向发展”。1979年1月28日上海电视台播出中国第一条电视商业广告，1980年1月1日中央人民广播电台播出了自己的第一条广告。商业广告的出现，标志着中国电视的经济属性开始凸显，其媒介角色增加了“经营者”这一新的身份，中国电视步入从“事业性质”向“产业性质”转变的阶段。

由于其经费来源属于政府差额拨款，电视台必须自行解决部分的资金缺口，其评价标准转变为“创优”“创收”两个指标，即既要考虑社会效益，也要强调经济效益。

1983年3月31日，第十一次全国电视工作会议召开，并以此会议为基础形成了中共中央37号文件，确定全国实行“四级办广播、四级办电视、四级混合覆盖”的建设方针，并且把“广开财源，提高经济效益”作为电视改革的方针之一。同时，中国电视的管理体制转变为“四级混合覆盖；条块结合，以块为主”②。“83改制”的结果是地方电视台获得了更大的自主性，有效解决了中央和省区级政府财力、物力、人力不足的问题，调动了地方投资发展电视事业的积极性，促成广电行业大幅度地成长和繁荣。但是，中央主管部门的着眼点在于扩大电视的覆盖，而地方各级党委

① 魏永征：《中国新闻传播法纲要》，上海社会科学院出版社，1999年，第349页。

② 吕郁女：《迈向集团化发展的中国大陆广电管理制度》，台湾“国政研究报告”，2002年6月7日。

和政府的着眼点则是独立设台，偏重于从区域范围内考虑电视的发展。[①]这在客观上造成了各地电视机构数量庞杂、各自为政的局面，一定程度上造成了节目内容雷同、频道资源浪费的负面效应，这一政策的影响持续至今，在新媒体蓬勃发展、传统电视媒体“马太效应”显著的情况下，如何处置一些缺乏活力的市、县乃至省区级电视台已经成了摆在政府面前的一道难题。

在这一时期，新疆电视事业也开始了从“事业”到“产业”的变革以及“四级办台”的尝试。以维吾尔族观众聚居的喀什地区为例，1985 年喀什电视台正式建台，之后下属的莎车、麦盖提、巴楚、叶城、塔什库尔干、泽普县和奎依瓦克镇建成分别建成了录像转播台，岳普湖、英吉沙、伽师 3 个县建成电视差转台，至此，只有 448.82 万[②]人口的喀什地区 1 市 12 县全都有电视台，而且都经营广告业务。

（三）1992—1999 年：产业化转型期的新疆电视

1992 年，中共中央在《关于加快发展第三产业的决定》中将电视明确列为第三产业，并要求电视在内的第三产业做到“自主经营，自负盈亏”。从这一时期起，中国电视的广告收入逐渐超过国家拨款，成为其主要经济来源，电视真正进入了“产业化时代”。这一时期，有线电视开始出现，实现了多套节目的传输和收看效果的提升；其次，1997 年前后，省区级卫视纷纷上星，各家省区级电视媒体在全国范围内展开了收视市场份额的争夺，单一的营利模式使广告成为中国电视产业发展的支柱，在利益的驱使下，一些电视播出机构一味追逐收视率和商业效益，中国电视产业竞争开始出现混乱局面，尽管主管部门三令五申，但是收效甚微。与此同时，国家也意识到了“四级办台”的一些弊端，开始实行“控制总量，调整结构”。1996 年 12 月，中共中央办公厅、国务院办公厅下发《关于加强新闻出版广播电视业管理的通知》，治理重点和要求如下：县级播出机构合并、调整，地区及地区所在的市（县）不分设播出机构；企事业有线电视台改

---

① 子木：《我国电视业实行条块双重管理的利弊及对策》，载《中国广播电视学刊》，1998 年第 1 期。

② 来源于喀什政府信息网 www. kashi. gov. cn.

站；市辖区不设播出机构，等等。[①] 1997 年，广电部门又颁布了《关于企事业有线台改为有线电视站的意见》《关于县（市）广播电视播出机构合并的意见》《关于广播电台、电视台、有线台、教育电视台重新审核登记的通知》等一系列文件，对治理重点工作提出具体要求和指导意见。经过这一轮整顿之后，电视台的数量大幅减少，从 1997 年的 923 座降到 1999 年的 352 座。[②] 1999 年 11 月，国务院办公厅转发了信息产业部和国家广播电影电视总局《关于加强广播电视有线网络建设管理的意见》（简称 82 号文件），旨在减量增质，提升广电业的整体实力，实行“四级变两级”的广播电视改革体制，并推动省、自治区、直辖市在其行政区域内组建包括广播电台、电视台在内的广播电视集团。由此拉开了轰轰烈烈的媒介集团化进程。

对于内地发达地区的广电机构、电视台而言，这是难得的黄金发展时期，在这一阶段，各家电视媒体解放思想、大胆尝试，遵循“内容为王”的原则，创新节目形态、改革管理体制、拓展经营思路、充分挖掘市场潜力，逐渐开始探索“大投入—大产出”的内容生产之道，走上了一条节目越做越好、观众越来越多、收入越来越高，继而又大手笔投资于节目生产的良性发展之路。

对新疆而言，这一时期电视事业（产业）也开启了表面的繁荣：各地市电视台建设红红火火、摊子铺开了；随着国家“村村通”等文化工程的上马，观众数量越来越多，电视媒体超越报纸、广播，成为最受百姓欢迎的媒体；各电视台也跟随国家的步伐，学习发达地区的经验，开始广告经营活动，实现了广告经营从无到有的突破；为了适应变化发展，电视台内部也进行了有效的管理制度改革；创新的节目形态开始涌现。

但之所以称之为“表面的繁荣”，是因为这一时期新疆电视事业（产业）的快速发展的原因其实只有两个：1. 起点低；2. 国家大型文化惠民工程的刺激与拉动，但并未解决、也不可能由电视台去解决经济落后、市场潜力有限、体制不灵等各种问题。

---

① 《中国广播电视年鉴 1999》，中国广播电视年鉴社，1999 年，第 63 页。
② 《中国广播电视年鉴 1998》，北京广播学院出版社，1998 年，第 510 页。

（四）2000年至今：双重压力下的新疆电视发展

2000年2月，国家广电总局进一步明确未来中国广播电视体制改革的主要目标和基本架构：第一，除省会城市和计划单列市外，地（市）及以下各电台、电视台、有线电视台逐步转为主要转播中央和省区级台的节目；第二，广播电视系统将改为实行中央和省（自治区、市）两级管理体制，地（市）、县以下实行省（自治区、市）垂直管理；第三，广播电视传输覆盖专用网要根据国家对广播电视的特殊要求，以省区级为单位组建总公司，地市成立分公司或子公司。①

随后，一些有实力的地区开始广播电视集团化尝试，"集团化"成为这一时期的关键词。2000年12月27日，中国第一家广播影视集团——湖南广播影视集团在长沙成立，随后山东省广播电视总台（2001年1月19日）、上海文化广播影视集团（2001年4月20日）、北京广播影视集团（2001年5月）相继成立。2001年12月6日，由中央电视台、中央人民广播电台、中国国际广播电台、中国电影集团公司、中国电视传输网络公司以及中国电视互联网站联合组成的中国广播电影电视集团成立，这一事件成为集团化发展的里程碑。②

2004年2月10日，国家广电总局发布了《关于促进广播影视产业发展的意见》。广播电视要把允许经营的资产、资源和业务从目前的事业体制中分离出来，面向市场进行企业转制和重组，与事业部分分别管理、分别运营。允许各类所有制机构作为经营主体进入除新闻宣传以外的广播电视节目制作业，在确保控股的前提下，可吸收国内社会资本探索进行股份制改造。

尽管有不少观点认为"集团化"只是表面文章，批评"集团化"是换汤不换药、行政整合，但这些现象足以证明，中国的电视事业已从整体上完成了从事业属性主导到产业属性主导的过程，"事业单位产业经营"已经成为对中国电视最准确的注解。

---

① 田聪明：《认真学习贯彻江总书记的重要批示做好世纪之交的广播影视工作—在全国广播影视厅局长会议上的讲话摘要》，载《中国广播电视学刊》，2000年第3期。

② 杨乘虎等：《中国电视公共文化服务创新研究》，中国传媒大学出版社，2014年，第58页。

但与全国先进地区相比不同的是，新疆电视台却在这一时期逐渐陷入了左右为难的境地，在发展道路上日渐迷失。

1. 政治宣传的上行压力日渐增大

新疆情况比较特殊，在中央电视台照顾全国而无法关照局部、市县级电视台影响力有限、其他省区级电视卫视定位脱离新疆实际的前提下，新疆电视台义不容辞地承担起了对各族电视观众宣传党和国家的大政方针、民族政策的功能，相比其他电视台而言，它要承受更大的宣传压力。基于这种压力，新疆电视台成为全国播出语种最多（汉语、维吾尔语、哈萨克语、柯尔克孜语）、播出频道最多（15 个频道）、播出时间最长（275 小时）的省区级电视台，单从数量上来看，举国上下只有中央电视台能与之相提并论，再无任何地区任何级别的电视台能与之抗衡。而伴随着如此众多的频道而来的问题首先是如何把这每天 275 小时的播出时间填“满”；新疆电视台内容的交叉和多语种的混合播出，大大增加了工作难度，除了填“满”，还要保证不能有一丝一毫的偏差，这让新疆电视台从上到下每个人都如履薄冰。

2. 经济效益的下行压力

电视是一个“高投入、重资产”的行业，新疆电视台的 15 个频道并非天生“摇钱树”，而是 15 个“吞金兽”，如何把节目做精做强尚是后话，光每个频道所带来人员、设备、场地和管理等基础成本的增加便是一笔不小的开支。

为了维持现有 15 个频道的正常运转，新疆电视台共有约 2000 名员工，其中只有 600 名左右的员工基本工资由国家财政拨款（正式工），这一规模及相应的人头费从确定之日起就未曾增长过，电视台剩余的 1000 多员工均为其他方式聘用，其工资由电视台通过产业经营创收自行解决，同时电视台还要通过创收负担正式工和台聘员工的节目稿酬、奖金、社会福利等支出。

除了常规性的设备更新支出之外，为了满足节目制作需要，近年新疆电视台还贷款投资兴建了 1800 平米演播大厅，总投资约 1.5 亿元，每年也会因此支付大量利息，这对新疆台而言也是大项开支。

而新疆台产业化经营的效益如何？新疆电视台的广告从 20 世纪 80 年代就已经产生，由于地处偏僻，经济落后，广告经营既缺乏广告主又缺少广告受众，电视台也就缺乏广告经营的内生动力，因此直到2009年，才建立健全了一套有自身特点的广告制度，广告收入一直处在全国排名靠后的位置。截止到2013年底，新疆电视台广告营业额约为27，000万元，在全国媒体经营单位中排名第72位，在全国省区级电视媒体中排名倒数第四（仅高于宁夏23，919万元、青海15，240万元和西藏13，700万元,），其中贡献最大的是XJTV－1卫视频道（汉语），贡献了约50%的广告营业额，少数民族语言频道数量虽多，但广告收入有限，靠XJTV－1的广告反哺才能正常运营。由于体制问题，广电系统未能实现集团化经营，同时还面对其他电视媒体的跨地区竞争、网络媒体冲击、覆盖率“触顶”带来的影响力红利消耗殆尽等问题，又恰逢2015年全国电视广告经营大环境不佳，受此影响，新疆电视台2015年上半年的广告经营额为16508.8万元，仅完成计划的88%。

在“一上一下”的压力之下，新疆电视台近年来一直处于发展的停滞和迷茫期，急需找到自己的发展道路，而这种道路似乎又不是仅靠新疆台一己之力可以解决。

二、新疆电视台维吾尔语节目的制播与经营现状

（一）维吾尔语节目类型

现有的维吾尔语节目根据其原创程度不同，可分为：译制节目；编译节目；原创（自办）节目。这些节目有各自不同的内涵。

所谓译制节目，指的是把非新疆电视台所有、非维吾尔语的源节目原封不动地根据其内容翻译成维吾尔语，以配字幕、配音或者是两者相结合的形式呈献给维吾尔族观众。这种译制节目的特点是语言（维吾尔语）、题材（非维吾尔族题材）、主创（源节目的演、职员均非维吾尔族）分离，目前译制节目占据了维吾尔语节目总时长的70%，在译制节目中以影视剧为主，以新闻（比如中央电视台的《新闻联播》《焦点访谈》）为辅。这类节目属于“浅度维吾尔化”的维吾尔语节目。

所谓编译节目，指的是把源节目当作素材，在素材基础上进行二次后期制作制成的节目，这种节目除了将语言译配为维吾尔语之外，还可以辅

以维吾尔族主持人，或者加入新素材等二次创作，在这种节目中，维吾尔族文化元素和象征符号大大增加，节目内容更加有针对性而不是照搬，在语言、题材和主创人员三方面更加贴近维吾尔族观众的生产和生活，属于“中度维吾尔化”的维吾尔语节目，目前的节目类型主要是多档科教类节目，比如新疆电视台现在播出的两档编译类节目《致富经》和《人与自然》。

原创节目一般也称为“自办节目”，是指那些实现了语言（维吾尔语）、题材（维吾尔族文化题材）、主创（维吾尔族为主）“三统一”的“重度维吾尔化”节目，目前的节目形态有新闻类节目如《今日聚焦》，科教类节目如《天山大讲堂》，综艺娱乐类节目如《丝绸之路好声音》以及自制电视剧《幸福家庭的烦恼》，等等。

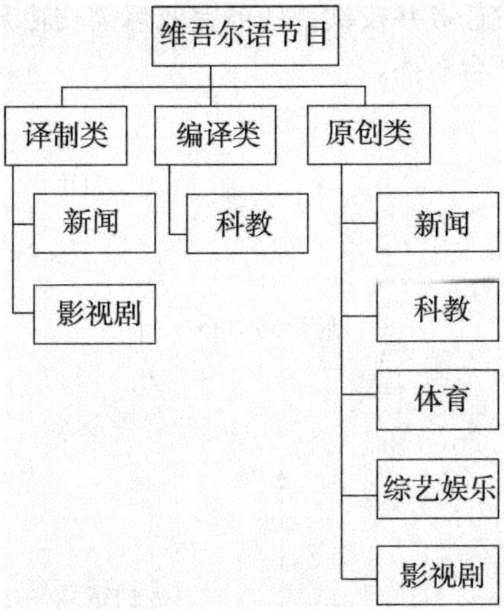

图 5—1　现有维吾尔语节目类型

（二）维吾尔语节目的制作机构

目前，新疆电视台播出的维吾尔语节目主要来自专业民族语言影视译制机构和电视台内设机构。

1. 专业译制机构

目前，新疆的专业译制机构包括新疆广播影视译制中心（简称“局译制中心”）和13家地州市、县一级的译制机构，这14家译制机构共同负责新疆少数民族语言影视剧的译制工作。“新疆广播影视译制中心”是新疆广播电影电视局的直属单位，是2006年新疆广电局为了有效整合优化广电译制资源配置，将新疆电视台影视译制中心、新疆有线电视台译制部和新疆天山电影制片厂影视译制部等三家译制单位合并成立了专业民族语言译制机构，也是目前全疆最大的译制机构，其主要工作是电视剧的译制和农村数字电影译配，承担了全疆50%的译制任务。现在，该译制中心有119个译制编辑站点、12个语言录音棚、音效剪辑房10间、混录合成房5间和拟音机房3间等，是一个规模较大的现代化译制基地。

同时，该译制中心还承担了对新疆其他13家译制机构进行“条状管理”和业务指导的作用，目前其他13家译制机构每年很大一部分业务均是由局译制中心下发任务并拨款，任务完成后需交由局译制中心审核合格后才能入库新疆电视台备播。

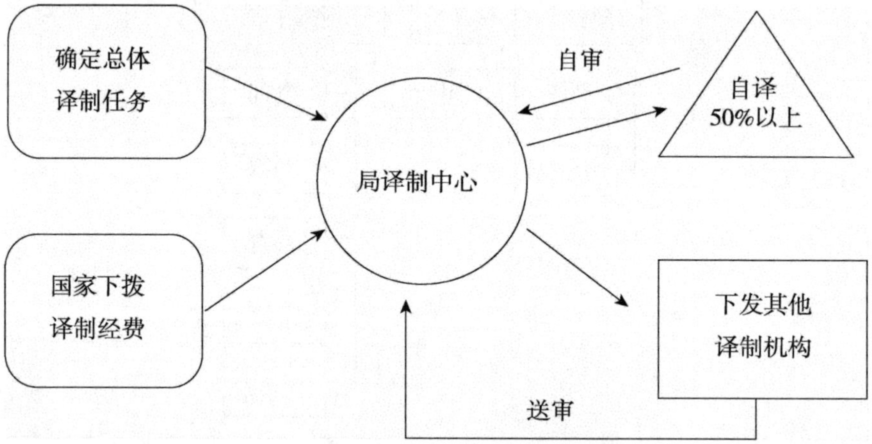

图5－2　维吾尔语译制节目基本流程图

2. 新疆电视台内设的维吾尔语节目制作部门

（1）新闻中心：新闻中心隶属于新疆电视台，分别有维吾尔语、哈萨克语、汉语三套班子，主要负责新疆电视台新闻自办节目的制作。

（2）编译中心：隶属于新疆电视台，既负责将汉语节目编译为本土化的民族语言节目，又负责中央电视台《新闻联播》和《焦点访谈》的译制工作。

（3）发展少数民族语言影视作品办公室：简称“民族语言影视办”，

于2012年成立，主要负责新疆电视台非新闻类民族语言节目的制作。2014年，为了运营的便利，对外组建了“虎鱼文化传媒有限公司”（简称“虎鱼传媒”），以独立法人的身份与社会资源对接。

（三）维吾尔语节目的生产与制作

1. 译制节目[①]

（1）影视剧译制

维吾尔语的译制节目主要是影视剧，新疆电视台维吾尔语节目中播出时长的70%为该类节目。自局译制中心成立以来，累计译制维吾尔语影视剧22，160多集。按每集45分钟计算，目前全疆的维吾尔语译制节目年生产量为3650集。新疆电视台的维吾尔语频道XJTV－2、XJTV－5、XJTV－9每天每频道播出3集新剧，另有新疆电视台少儿频道滚动播出哈萨克语、维吾尔语各1集，保证新疆电视台每天能有10集的新剧播出。

译制影视剧的片源目前主要以国家广电总局捐赠和中央电视台转录为主，以少量购买为辅。从2005年开始，为解决片源不足的问题，国家广电总局正式启动了每年向西新地区捐赠千集电视剧的活动，到2010年，捐赠的少数民族译制电视剧增加到了2000集，动画片也增加到了38000分钟。2011年，局译制中心获权转录了中央电视台几个重点频道的电视剧，对转录节目进行筛选后译制。

选片工作由局译制中心和新疆电视台共同组成的选片小组进行选片，选片工作完成后，将片源交至局译制中心抄写组对台词进行抄写，再交由翻译进行翻译，将书面翻译后的台词与影片效果进行对比校译，校译完成后即开始配音工作，最后合成并审片，审核合格的影视剧交由新疆电视台安排播出。

（2）新闻节目译制

维吾尔语新闻节目译制工作由新疆电视台编译中心承担，现常规播出的节目有两档，分别为中央电视台《新闻联播》和《焦点访谈》。《新闻联播》每天晚上19时开始，19时30分结束，译制工作需在2个小时内完成并播出。新疆电视台编译中心通过远程工作系统与中央电视台联接，在

---

① 本部分数据源自2015年11月4日广电局机关座谈会议记录。

接收到中央台传来的节目信号和新闻稿件之后，交由翻译组翻译，再由编辑对翻译稿进行审核修改，确认无误后，用最终稿为《新闻联播》进行维吾尔语配音，将配音与画面合成审核后才能在北京时间22时播出。《新闻联播》的编译过程非常紧张严密，在新闻编译的过程中，要求工作人员不仅对自己的母语有很高的掌握程度，还要对汉语有非常精准的理解，更重要的是要有认真、严谨的态度，避免任何的错误，保证党和国家的声音完整、准确地传递到维吾尔族观众眼中、耳中、心中。编译中心帕尔哈提主任曾多次提到新闻节目编译过程中的严肃性："编译过程都是原样译制，自己不能修改一点点，一点错误都不能犯。有一次在审核时发现翻译人员弄错了'学杂费'与'学费'，幸亏发现及时才没有酿成严重的后果。"① 而另一档完整译制的新闻类节目是《焦点访谈》，《焦点访谈》在每晚20时40分播完，由于时间较晚，为保证收视，维吾尔语《焦点访谈》于次日编译播出，工作流程、要求与《新闻联播》一样。

（3）编译节目

目前，新疆电视台常播的维吾尔语编译节目有两档：《致富经》和《人与自然》，同样有新疆电视台编译中心承担编译工作。《致富经》《人与自然》除了对节目进行翻译、配音外，还对其进行了编辑制作。这两档节目都不是照搬中央电视台的源节目，而是进行了再制作。比如，维吾尔语版的《致富经》是根据新疆维吾尔族观众的实际需求，把CCTV－7的《致富经》《农广天地》《科技苑》三档节目剪辑融合而成的一档维吾尔语和哈萨克语的节目，只选取了源节目中适合新疆地域发展的部分糅合在一起，在一定程度上解决了维吾尔族观众看CCTV－7学习农业知识却不得其法的困难。在对新疆电视台编译中心进行访问调研的过程中，编译中心帕尔哈提主任介绍了维吾尔族观众对这档节目的满意和喜爱情况："这档节目相当于是一档为新疆独家定制的致富经节目，有的农民在看了节目后深受帮助走上致富道路，还为编译中心送锦旗以示感谢。"而维吾尔语版的《人与自然》不光是进行了精编，还由维吾尔族主持人出镜主持，这样的制作形式让科教节目进一步本土化，这些节目在播出过程中已经逐渐塑造出了广受维吾尔族观众欢迎的维吾尔族明星，比如《人与自然》的主持人

① 引自2015年11月6日编译中心访谈记录。

就拥有不错的人气，被赞誉为“新疆赵忠祥”。

除常播的两档节目外，新疆电视台编译中心还对新疆本地优秀汉语节目进行编译，比如《东西南北新疆人》《让历史告诉未来》等，有时也会编译一些兄弟媒体创办的特别节目。

（4）原创（自办）节目

维吾尔语原创节目指的是由新疆电视台立足维吾尔族文化生活，依托本地资源自行取材、自行开办的节目。近年来，新疆电视台锐意创新，自办节目的题材、数量、质量都在不断提升。目前，维吾尔语自办的节目包含了新闻、影视、娱乐、科教、体育等节目种类。

其中，新闻自办节目的制作主要由新疆电视台新闻中心负责。在新闻中心，汉语、维吾尔语、哈萨克语三种不同的语言分别有三套制作班子，制作三种不同语种的《新疆台新闻联播》《新闻午报》《新闻夜班车》和《今日聚焦》，其中，只有《今日聚焦》栏目的新闻是各语种自采自编，其他几档栏目的新闻采集都由汉语组完成，一般情况下采集回来的新闻先由汉语组进行汉语编辑，编辑好后，送往民族语言组进行翻译。但如果采集回的新闻为民族语言，则交由相应民族语言组进行翻译，再反传回汉语组进行编辑，编辑后再传给民族语言组进行民族语言编辑。编辑好了的新闻分别由各组进行节目录制、播出。其中，维吾尔语新闻制播最大的困难应该是新闻采集时的语言障碍。新闻中心汉语组制片人徐浩宇表示：“采访中最大的问题主要是语言不通，汉族会说维吾尔语的很少，最多就是简单日常对话，不能满足采访需求。如果到了语言不通的地方（南疆）采访就需要翻译。一般由当地宣传部指派，或是当地电视台、当地乡里面的干部担任，汉族干部维吾尔语说得很好，维吾尔族干部也通常会一点汉语。”①

目前，新疆电视台维吾尔语新闻栏目在数量上已经达到其他内地省区级电视台水平。除以上新闻栏目外，新疆电视台还进行了一些大型新闻专题直播。比如《新疆60周年大庆》《一带一路看新疆》。这类型的大型专题新闻在直播时，通常会在现场采用维吾尔、哈萨克、汉的三个语种同步进行。

除自办新闻节目外，其他包括影视、娱乐、科教等类别的自办节目目前主要是由虎鱼传媒（即民族语言影视办）负责制作。现有节目主要有：

---

① 引自2015年11月6日新闻中心走访记录。

《丝绸之路好声音》《我是应聘者》《消费与健康》《美丽你我她》《我爱厨房》及影视剧《幸福家庭的烦恼》等。

近年来，新疆电视台维吾尔语自办节目的制作不拘泥于传统套路，勇于借鉴内地优秀节目，结合维吾尔族观众实际需求，将新疆本地特色、维吾尔族文化与潮流元素大胆结合，锐意改革，使维吾尔语自办节目踏上了一个新的阶梯。如一度创下高收视记录的新疆首档真人秀节目《丝绸之路好声音》，便是借鉴内地优秀节目《中国好声音》新颖的节目形式，融入维吾尔族民族特色制作而成。再如影视剧《幸福家庭的烦恼》的制作，也是借鉴了内地影视剧《家有儿女》室内家庭情景喜剧的形式，根据维吾尔族观众的日常生活制作而成的室内剧。《我是应聘者》糅合了当前求职的制作模式，打造以新疆就业环境为背景的真人求职节目，旨在帮助各族群众和青年群体转变就业观念。这也是新疆首档求职真人秀节目。

维吾尔语自办节目展现了越来越多的创新元素和民族特色，维吾尔语自办节目正在从借鉴走向创新，相信今后会有更多的维吾尔语族特色的优秀自办节目诞生。

（四）维吾尔语节目的播出平台及编排

1. 主要播出渠道：电视频道

新疆电视台维吾尔语频道一共有 4 个，上述维吾尔语节目主要在 XJTV－2（新闻综合频道）、XJTV－5（影视频道）和 XJTV－9（经济生活频道）以及新疆少儿频道（维吾尔语、哈萨克语等四种语言混播）播出。除此之外，还有XJTV－13（天山剧场频道）、XJTV－14（娱乐巴扎频道）、XJTV－15（教育在线频道）三个数字频道。

2. 跨媒体播出平台：新疆电视台官方网站“虎鱼网”①

虎鱼网的电视节目也是按照电视频道进行划分，但播出节目的编排与电视节目有很大差异。

3. 各播出平台的节目编排②

（1）新疆电视台维吾尔语频道节目编排

从一周播出的节目编排上看，在新疆2套、5套、9套三个维吾尔语播

---

① “虎鱼网”是新疆电视台官方网站，与虎鱼文化传媒股份有限公司是不同单位。

② 资料源自新疆电视台总编室所提供的节目表，可在本书附录查看。

出频道在总体上均采用带状编排的策略编排节目，使一个频道每天在同一时段播出同样的节目。但三个频道均按棋盘编排策略编排了自办节目与非新闻类编译节目（如《致富经》），使每天该播出时间段内播出不同的节目。水平编排的方式依靠这种播出的连续性、同一性来吸引观众的持续关注，培养该栏目的目标受众；而棋盘编排的方法在同一时间段内播出不同的节目给观众制造新鲜感，使其不至于因为长期收看一种或一类节目而产生审美疲劳，且合理安排了播出频次。

从日播的角度看，新疆维吾尔语三个频道的节目编排结构大同小异，维吾尔语节目在这三个频道中的节目类型都按照垂直编排的策略进行编排，即将一天播出的节目按照节目类型进行分类，并把一些内容相似或相近的节目放在一起，连续播出。以新疆 2 套为例，新疆 2 套设立了 7 个自办栏目及编译栏目播出时间段，该频道在此时间段内，从周一到周日轮换播出不同节目。除自办节目、非新闻类译制栏目播出段外，新闻编译节目和译制影视剧为日播节目的主干。新疆 2 套有 2 个日播影视剧场共播出译制影视剧 6 集，新疆 5 套有 3 个影视剧场，日播影视剧 8 集，9 套同样也有 3 个日播剧场，日播 9 集影视剧。新疆 2 套的晚间新闻栏目（包括《新闻联播》《今日聚焦》《焦点访谈》）的正播及 2、5、9 频道的自办栏目正播均编排在黄金收视时段 20 时—24 之间。另一播出维吾尔语电视节目的平台为新疆少儿频道，每天播出 2 个小时左右，共 2 集电视剧、2 集动画片和 1 集双语教学节目。

（2）虎鱼网节目编排

维吾尔语节目在虎鱼网上也是按照 XJTV2、XJTV5、XJTV9 分别编排的，与电视频道节目编排的差别在于，网站上的节目以自办节目为主，影视剧占比较少。依旧是按照垂直编排的原则，按节目类型分类，让同一类节目连续播出。网站从周一到周日的节目编排都有所差别，相较而言，没有电视频道节目编排得规律和固定。

（五）维吾尔语节目的制播困境

1. 资金困难

维吾尔语节目的制作经费来源主要是国家拨款。民族语言节目的专项资金包括自办节目、时政节目译制、影视节目译制三方面。国家每年提供这三种节目共4500集节目的经费，但不能满足节目制作实际所需。比如：按每小时6000元的标准计算，最终分到影视译制这一块的是2500—3000元/小时，这不能满足节目译制的资金需求，也在一定程度上限制了译制节目的最终数量。而编译中心也表示："编译工作中资金存在很大困难，如果专款专用的话，节目质量和数量会大大提高。"① 而自办节目的制作经费也是不够的，很多节目都是在一定市场化的情况下才能有足够的资金投入制作。

2. 片源不足

维吾尔语译制节目和编译节目都普遍存在着片源不足的问题。新疆电视台每年总的需要超过6000集的译制节目，其中维吾尔语译制节目每年至少需要4000—4500集节目源。但译制中心可译制的影视剧不能满足该需求。而在编译中心也存在编译节目片源不足的问题，译制中心主任吾斯曼·木合买提表示："有版权的节目，必须得听台里的部署，不能私自拿来用，有个节目我看了很好，想拿来播，一直在申请版权，审核还没有批下来。"

3. 人才缺失

民族语言工作人员的数量和水平存在着一定的缺失。调研团队在新疆广电局和电视台调研的过程中，多个制播单位都表示目前处于人才缺失的困境中。译制中心和编译中心都需要高水平的维吾尔语翻译人才，但业务人员和业务水平往往不能应付编译工作、译制工作逐年增加的工作量。主要问题在于翻译人员对于少数民族语言不够精通，翻译人员理解汉语，但在母语翻译中难以达到比较好的表达水平。编译中心的帕尔哈提主任表示："目前的翻译水平整体呈下滑趋势，理解问题不大，表达上存在问题。以前的翻译老专家非常精通母语，翻译的《水浒》《红楼梦》等非常好，不仅翻译到位，而且用词艺术、精美，在翻译的基础上创造了一种艺术。可现在，就算是硕士毕业的研究生在翻译上面也存在问题，整个维吾尔语的文学水平在下降，他们可以达到翻译的水平，但是达不到艺术水准，也就是说他们只能简单地将汉语翻译过来，但是达不到'信达雅'的标准，直接的表现就是用词不恰当，会产生歧义。"② 高水平的维吾尔语翻译不仅

① 引自2015年11月6日编译中心走访记录。
② 引自2015年11月6日编译中心走访记录。

要求对维吾尔语的精通，还要求对古今中外历史文化有一定的知识底蕴，才能够在翻译的过程中准确翻译。维吾尔语翻译人才很难招聘，还处在比较稀缺的状态。

在维吾尔语新闻节目的制作中也存在着民族语言人才不足的问题，目前新闻中心的记者绝大多数都是汉族人，在采访过程中存在着一定的语言障碍，新闻中心也急需壮大民族语言记者队伍。

从事影视行业的维吾尔族工作人员比较少，维吾尔族节目的很多制播过程都缺少相应的维吾尔族人才，虎鱼传媒总经理就曾表示，维吾尔族目前还没有比较好的电视编剧。

（六）现有维吾尔语节目的经营现状

1. 新疆电视台维吾尔语频道广告经营的整体情况

维吾尔族频道的广告经营因为观众有限、覆盖范围有限、节目水平有限等，在新疆电视台整体的广告收入中占较小比重，直到2013年底，三个维吾尔语频道的广告营业额约为5000万元，占全台广告总收入的20%左右，三个频道中又以XJTV－2的营业额最高，XJTV－5次之，XJTV－9收入最低，截止2013年底，XJTV－9的年广告收入仅为200多万元，历史上也从未突破过300万元，长期以来在新疆电视台广告部广告政策中，XJTV－9属于买赠时段，很少有客户单独购买XJTV－9的广告时段。为了配合台里的节目创新改革策略，从2014年开始，XJTV－9的整体经营权由电视台转交给了虎鱼传媒，广告经营权也相应从广告部转移到了虎鱼传媒。

2. 2015年上半年的广告经营情况

从2015年全国整体形势来看，电视广告经营不容乐观。除了极少数频道凭借大型季播项目带来超额收益外，绝大部分频道的经营都处于停滞甚至衰退状态，有些频道甚至出现了“断崖式”的广告营业额下跌现象。用新疆电视台广告部的话来说：“目前电视业一个突出的特点是‘富的富死，穷的穷死’。”对很多非一线卫视（广告年营收在50亿元量级以下的卫视）来说，2015年都是收支失衡的一年。

2015年电视广告市场客户预算缩减比例为近7年来最高，食品、化妆品、浴室用品电视投放花费都在缩减，并且电视广告品牌持有量同样不足，自2013年第一季度高点以后，规模以上品牌逐年递减，2015年第一季度刊例花费在500万元以上品牌数量已跌回5年以前水准。①

在这种不利的大环境下，维吾尔语频道倒是体现出了收视人群固定、竞争小的特点，因此未收到太大冲击。

XJTV－2和XJTV－5在2015上半年目标任务量分别为1432万元和619.6万元，实际完成率均为100%。相比之下，新疆卫视（XJTV－1）在2015年上半年的广告创收任务量为13271.04万元，实际完成率为84%，两个维吾尔语频道的广告额虽远不能与新疆卫视相比，但创收完成率却高于新疆卫视。

而XJTV－9在交由虎鱼传媒经营之后，接连推出了《丝绸之路好声音》《我是应聘者》《美丽你我她》等名牌维吾尔语综艺栏目以及《幸福家庭的烦恼》等广受维吾尔族观众欢迎的电视剧，使得收视率飙升，再加上虎鱼传媒灵活多变的广告经营策略，使得该频道的广告收入也在短短两年内翻了6倍。截止2015年底，XJTV－9的广告收益已达1280万元。目前，虎鱼传媒的维吾尔语节目现已在XJTV－9以外的XJTV－2、XJTV－5播出，而其节目的随片广告时段仍由虎鱼传媒进行创收，XJTV－9的维吾尔语节目价值、广告价值开始增值和外溢。②

总体来说，在新疆电视台广告经营低迷大环境下，维吾尔语频道的广告经营表现确实抢眼。

三、"市场失灵"与新疆电视台的左右为难

至此，已经可以梳理出一个大概脉络：第一，电视是将党和国家的声音传递到维吾尔族群众中的重要桥梁，是意识形态斗争领域的重要手段，是促进国家认同与民族认同相统一的重要工具。尽管受到了网络媒体的冲击，却仍不能忽略电视媒体的价值，不能放弃这块"阵地"；第二，现实情况是电视媒体的影响力在维吾尔族观众中呈下降趋势，这种下降的趋势如果得不到有效遏制，就违背了第一条原则；第三，因此，"维吾尔族观众对维吾尔语节目日益提升的要求"与"维吾尔语节目有限的'质'

① 资料引自《新疆电视台2015年上半年广告经营情况分析报告》。

② 本段数据来源于2015年11月9日虎鱼传媒有限公司访谈记录。

‘量’”之间的差距，构成了制约电视媒体在维吾尔族观众影响力提升的主要矛盾；第四，通常来说，要解决这种矛盾就必须坚持“内容为王”，遵循电视产业化经营的原则，通过市场的力量实现资金、人才、创意等的优化配置，做精品节目，实现“大投入大产出”，从而最终以广告费或其他产业经营的方式收回节目投资，赚取利润，实现良性循环。

但对新疆电视台的维吾尔语节目乃至整个新疆台来说，“内容为王”固然是一条颠扑不破的真理，但“大投入大产出”的精品节目创作模式能复制么？答案是否定的，因为在维吾尔语电视产业经营中存在“市场失灵”的死结。

“市场失灵”原本是经济学上的一个名词，指市场无法有效率地分配商品和劳务的情况，也被用于描述市场力量无法满足公共利益的状况。“市场失灵”理论揭示了自由市场的弊端，以获利为目的的市场主体不会自动满足消费者需求。对公共利益而言，市场经济可能造成的负面效应：一是公共产品供给不足，公共产品因消费的非排他性而产生“搭便车”现象，以获利为目的的市场主体不会自动满足消费者需求；同时，由于公共产品消费的非竞争性，个别消费者从公共产品中获得的利益的成本无法量化，从而使市场主体无法获得成本补偿。二是市场经济存在外部效应，微观经济主体总是追求自身利益最大化，在无需对外部成本进行补偿的情况下会有过度从事产生外部成本活动的倾向，在外部利益得不到补偿的情况下则有不提供产生外部利益产品的倾向。三是市场经济存在垄断倾向，市场主体为追求规模效应形成垄断，阻碍了产品的多元化。①

针对维吾尔语电视频道的状况而言，除了“市场失灵”的一般经济学含义之外，还增加了另一层含义：“原生市场”容量大小是“产业经营”规模的前提，产业经营的力度和潜力要充分尊重市场的现有及潜在规模。

维吾尔语电视市场的容量有多大呢？

1. 维吾尔族观众规模

维吾尔族观众的总人数只有1127.19万，占到全疆总人口的49%，这就意味着维吾尔语节目不管投入多大、节目做得如何好，最大观众规模已经确定。

---

① 孙佳乐：《我国广播电视公共服务体系建设路径研究》，湖南大学，2012年，第12页。

2. 维吾尔族观众消费水平和经济总量

观众群体的整体消费水平和经济总量直接决定了广告商的投入热情，由于无法分民族统计维吾尔族观众的经济总量，只能进行迂回计算：截至2014年底，新疆的国民生产总值为9279.46亿元，经济总量排全国倒数第七（排名垫底的其他六个省区，不管是行政区划面积还是人口总量都远小于新疆）；2014年，全疆的居民消费总额为2837.02亿元，人均消费额为12343元，排名全国倒数第四；新疆人均可支配收入15097元，排名全国倒数第三。目前还有贫困人口227万，其中维吾尔族聚居的喀什、和田地区人均收入又在全疆垫底。总之，尽管新疆经济发展很快且地大物博，但总体经济发展水平与全国相比仍处于落后水平，其中少数民族聚居的南疆地区，现代化水平更是低于全疆平均水平。由此而言，即便忽略维吾尔族观众与全疆平均水平的差异，将全疆GDP和消费总额的一半记到维吾尔族观众头上，那么维吾尔语电视节目无论怎样经营，面对的也只能是一个1127.19万人口、GDP总量4639.73亿元、消费总额1418.51亿元、人均消费额12343元的群体。①

3. 与全国其他同级别电视台的横向比较

单从广告收入的数额来看，新疆电视台维吾尔语广告经营似乎非常微不足道，但真的如此么？换另一种角度进行横比。2013年，我国广告“省级大户”的情况是这样的：湖南电视台广告营业额71亿元，上海文广64亿元，江苏台53亿元，浙江台52亿元，其绝对值显然远高出新疆台，但新疆电视台3个维吾尔语频道5000万元左右的广告经营总额是建立在经营空间极为狭小的市场上取得的，而四大省级台面对却是有13亿人口、67.67万亿元的GDP、26万亿元的社会消费品零售总额和20167元的人均可支配收入的全国市场。② 如果将其换算成人均的话，意味着人均贡献的广告价值分别是5.4元（湖南台）、4.9元（上海文广）、4.07元（江苏台）、4.0元（浙江台），四家电视台广告经营额在社会零售品消费总额中的占比分别是0.027%、0.024%、0.020%、0.020%。

用同样方式进行换算，维吾尔族观众人均贡献广告价值每年每人4.44

---

① 数据引自新疆维吾尔自治区统计局 http：//www.xjtj.gov.cn/.

② 数据引自中国广告协会网 http：//www.cnadtop.com/news/confraternityTrends/2014/11/20/6b24084d-3356-4d5f-aba5-5565f2f4fa70.htm.

元，总广告经营额占维吾尔族观众群体消费总额的0.03%。

尽管这种比较存在片面性，忽略了媒体间的竞争、地域差异等各种影响因素，但毕竟也从一定程度上证明：与全国先进的媒体相比，在特定的目标受众群体以及现有的广告经营管理体制下，新疆台维吾尔语频道的市场竞争力并非外界想象中的那么差，真正的差距在于潜在市场规模以及该广告市场所处的经济大环境。

4. “大投入大产出”的悖论

“大投入大产出”是电视产业经营的普遍规律，上文提到的四家优秀省区级电视台无不是这一规律的践行者和受益者。以浙江卫视《奔跑吧兄弟》为例，其第四季光冠名权就拍出了13亿元，预计该节目播出之后所有广告收益加起来能达到20亿元。在这看起来高不可攀的数字背后，广告商敢投13亿元广告费的信心来自于该节目前三季播出以来全国平均5200万的收视人口和最高5%的全国收视率，以及因此而产生的对于第四季的收视期待。而为了博取如此高的收视人口和收视率，《奔跑吧兄弟》第一季投入的制作费为2亿元，第四季估计会突破4亿元①。

这样的制播投入规模不要说维吾尔语频道，即使把整个新疆电视台和盘托出也不可实现。对于社会资本来说，显然也不会为了维吾尔族观众做出如此巨大的投入，但无论如何，电视媒体的影响力要提升、维吾尔族观众的收视需求要满足、党和政府的声音要传达。

摆在新疆电视台乃至整个新疆广电面前的是一条左右为难的道路：想向市场要效益，市场规模太小；不向市场要效益，生存和发展经费从何而来？

① 援引自电视业内人士访谈。

第六章 思路之变："公共电视"视角下发展维吾尔语电视事业

本研究认为，电视媒体在维吾尔族观众中影响力提升的瓶颈，正是现在新疆执行的"一刀切"式的电视产业化经营制度，如果继续在产业经营视角下看待面向维吾尔族观众的电视产品和电视事业，不仅不能实现产业发展的良性循环，久而久之，还会出现"导向架空"的局面。

要想解决影响力问题，关键是转变思路，是重新认识电视产品公共属性的问题。

电视的公共性是生而固有的，这在法兰克福学派代表人物哈贝马斯的著作《公共领域的结构转型》中有充分的论述。而西方经济学和公共管理学中的灯塔理论、外部性问题、非排他性、非竞争性以及帕累托最优的理论，则为解决传媒的公共性问题提供了很好的解决思路。

公共电视不仅是大名鼎鼎的英国 BBC，在美国这样以发达的商业体制为主导的国家，也存在健全和完善的公共电视服务体系，甚至在泰国也有成功尝试。但在我国却是空白。

尽管我国也有公共频道的尝试，但是不管从初衷、目的还是形态而言，公共频道与公共电视都相去甚远。

为此需要进行制度创新与重构，创新与重构的内容包括实施主体与职能、财政制度、内容生产、传播渠道、内容评估和监管与保障等。

尽管本研究的规划还只是蓝图，但我国政府正重新定位于"经济调节、市场监管、社会管理、公共服务"四位一体的政府，电视的公共服务是顺应了政府功能改革的大势所趋。如此，希望能够在国家的支持和引导下，将蓝图变为现实，不仅解决少数民族看电视电视的问题，更能解决民族和谐、国家统一和共同发展的问题。

第一节　电视"公共性"的理论探源：法兰克福学派对于媒介公共性的研究

"市场失灵"、电视产业化道路走不通，而如果将电视重新拉回纯政治宣传导向也注定是在开历史倒车，维吾尔语电视事业的发展似乎陷入了"死胡同"。事实上，这种现象不仅发生在维吾尔语电视领域，也发生在各个少数民族语言电视（以下简称"少数民族语言电视"）领域；不仅是新疆电视台面临的问题，也是很多少数民族地区电视台面临的共同问题。

是否有解决办法？答案是肯定的，那就是摆脱过去"非此即彼""非产业既政治"的电视媒体发展思维模式，重拾电视媒体的公共属性，并以此建构起公共电视服务体系。

法兰克福学派是当代"新马克思主义"中影响最大的一个流派，其对媒介公共性的研究为本研究提供了丰富的理论营养，也是国内关于媒介公共性研究的重要思想来源。

法兰克福学派认为马克思主义的本质就是批判，批判是马克思主义的真正功能之所在，该学派的重要特征是打破学科界限，把哲学与社会学、心理学等各门学科综合起来，对社会做综合性研究。它所建立的"社会批判理论"是一个包罗万象的思想体系，是一种"批判的马克思主义"，其对现代西方社会的批判，为人们正确认识战后西方社会的本质提供了思想资料和社会资料。而在整个社会批判理论的体系中，它对于大众传媒的批判尤其引人瞩目，其中对于媒介公共性的研究，一直是法兰克福学派的一个关注重点。

阿多诺是法兰克福学派早期的主要代表之一。他提出了著名的"文化工业"理论，在阿多诺看来，报纸、电视、电影等媒介都属于文化工业的范畴。阿多诺指出，在资本主义社会，大众传播媒介已经完全资本化和商品化了，成了国家机器和利润之源的一个重要组成部分。大众传播媒介与一般商品并没有什么本质上的区别，在为资本家营利这一点上它们表现出惊人的一致。"电影院是为极权的康采恩进行营业的，无线电广播中所宣传的商品，也都是为文化康采恩服务的文化用品，甚至个人叫卖的商品也是如此。人们用个铜币可以看到百万富翁的电影，用个铜币可以买到一块口香糖，而出售这些电影票和口香糖的却是世界上最大的富翁，他们通过推销这些商品而更加强大和富有起来了。”①

阿多诺等人认为由于媒介的资本化，本应承担启蒙公民重任的媒介，其传承民族文化、形成共同价值观念的功能已消失殆尽，继而他认为不能以文化工业的手法——以廉价、媚俗为特点的文化的商业化举措，去追求电视产业资本的“增值”，以淡化媒体的社会责任、牺牲电视的文化品位和人文关怀为代价，去换取电视产业的发展。综合来看，阿多诺最大的贡献在于针对当时如火如荼的文化工业提出了警示性的批判，但他的文化工业理论过于悲观，而且并未对如何建构媒介的公共性提出建议。

西方马克思主义的重要代表之一，德国美学家、文艺批评家和哲学家本雅明也认为，技术本身是一种革命性的力量，但当机械复制的技术运用于文化艺术领域中时，虽然传统艺术所拥有的“氛围”丧失了，但是这种丧失却是一种政治上的进步。机械复制的技术对传统艺术氛围的摧毁本身具有革命的意义，在他看来，氛围决定了艺术作品的审美价值主要是一种膜拜价值，而这种膜拜价值是和传统联系在一起的，而“传统是人类当今的危机和革新的负面”，所以复制技术对这种氛围的摧毁就把艺术从依附于礼仪的生存中解放出来，并从而“铲除文化遗产中的传统价值”。因而本雅明认为，机械复制已经使艺术的社会功能发生了根本的变化：“艺术的根基不再是礼仪，而是另一种实践：‘政治’”。② 由此可见，本雅明与阿多诺最大的相同之处在于认识到了文化工业对于艺术的变革作用，但与阿多诺等人不同，本雅明认为媒介技术在大众媒介发展中的作用利大于弊。这在法兰克福学派中是不多见的。

法兰克福学派的另一位重要代表人物马尔库塞首先提出了社会的“向度”问题，他认为发达资本主义以前的社会是双向度的社会，在这个社会里，私人生活和公共生活是有差别的，因此个人可以合理地、批判地考虑自己的需求。而现代文明，在科学、艺术、哲学、日常思维、政治体制、经济和工艺等各方面都是单向度的。人们失去的“第二向度”就是否定性

---

① （德）霍克海默．阿多诺：《启蒙辩证法》，重庆：重庆出版社，1990 年，第 147 页。

② 尤战生：《流行的代价：法兰克福学派大众文化批判研究》，济南：山东大学出版社，2006 年，第 108 页。

和批判性原则。他是法兰克福学派中第一个提出了公共性衰落的问题的人。他口中的"双向度"社会中，人们可以就公共事务进行讨论和批判，这说明是存在一定的公共空间的。而在单向度的社会中，大众由于受到主流意识形态的单一宣传影响，可供人们讨论和批判公共事务的空间越来越小，人们也就丧失了评判公共事务的意识和能力。

阿多诺、本雅明、马尔库塞等人的理论都是基于对文化工业的批判，但相对于文化工业存在的东西应该是什么？以什么方式建构与存在，法兰克福学派的早期学者都没有给出清晰的答案。

真正迈出理论上一大步的是法兰克福学派第二代学者哈贝马斯。哈贝马斯是法兰克福学派的第二代的代表人物，《公共领域的结构转型》是他迄今为止唯一一部关于大众媒介的完整著作，该书对资产阶级公共领域的兴衰做了历史的叙述，也是一本关于媒介公共性的经典之作。哈贝马斯公共领域理论的核心是民主政治，其特征为公共领域能够"逃避"国家和市场的制约。在《公共领域的结构转型》一书中，哈贝马斯清晰论述了资产阶级公共领域从无到有，再到鼎盛，最后到衰败的历史过程。①

资产阶级公共领域最先是在 17、18 世纪的英格兰和法国出现的，随后与现代民族国家一起传遍 19 世纪的欧洲和美国。其最突出的特征，是在阅读日报或周刊、月刊评论的私人群体当中，建立一个松散但开放和弹性的交往网络。私人社团常常是学术协会、阅读小组、共济会、宗教社团这种机构的核心，他们自发聚集在一起。剧院、博物馆、音乐厅，以及咖啡馆、茶室、沙龙等等为娱乐和对话提供了一种公共空间。这些早期的公共空间逐渐沿着社会的维度延伸，并且在话题方面也越来越无所不包，聚焦点由艺术和文学转到了政治。哈贝马斯指出，公共领域最典型的机制就是报刊。②

哈贝马斯认为，公共领域的成立必须必备两个前提，一是制度化的空间，二是法律的明文保障。大众传播是理想型公共领域的代表，大众媒介是一个具有制度的组织，并在法律明文保障的言论意见自由的架构内运作，这个结构明显地介于国家机器与私人领域之间，并以专业的信息采

① 卢迎安：《当代中国电视媒介的公共性研究（1978—2008）——以央视和凤凰卫视为例》，复旦大学博士学位论文，2009 年 4 月，第 6 页。

② （德）尤尔根·哈贝马斯：《公共领域的结构与转型》，上海：学林出版社，1999 年，第 218 页。

集、处理、影响与公共利益有关的决策。这首先表现在报刊的商业化。报刊的商业化使得公共领域与私人领域界限变得模糊不清。19 世纪后半期大型日报的发展史表明，报刊业在商业化的过程中，自身也越来越容易被操纵了，大众文化的批判功能和否定功能消失殆尽，它迎合的是教育水平很低的消费群体的娱乐需求和消闲需求，追求的再也不是知识或社会责任，而是剩余价值，追求利润成了文化产品的内驱力。文化批判的公众也变成了文化消费的大众。相应地，大众文化的功能也急剧变化。具体而言，大众文化由塑造公众的批判意识变成了纵容公众的消费意识，于是“作为批判公共领域的文学公共领域消失了，取而代之的是文化消费的伪公共领域或伪私人领域”。

与此同时，大众由文化批判的角色变成了文化消费的角色，然后广告与公关联手使得公共领域变质。“公关技巧越成熟，操纵民意就越彻底。”媒体在广告和公关的双重运作下，已沦为私人的商业利益及发挥政治效力的工具，而非诉诸理性和批判的公共空间了。按照哈贝马斯的解释，新闻写作表面是“私人化”的，其实是公共的，应担负公共批判的职责，而广告宣传则截然相反：表面上“公共”，其实“私人”，因为它追逐的是纯粹私人或某个集体的经济利益。但如果新闻写作蜕变成为广告宣传，那就说明理想型的资产阶级公共领域的衰弱，也折射出大众文化在政治领域中的消极影响。①

媒体商业化之后，原有作为公共领域提供批评和评论的功能已逐渐瓦解。媒体的传播效力越广，各种利益集团介入的成分就越高，报业的本质就更因广告和公关的大幅发展而变质。公关的效力在于表面上将消费者视为公民，但实际上却是将公民转化为消费者，公关的观念扩及政府后，政府循此机制将公民视为消费者。②

社会的国家化与国家的社会化同步进行，也正是这一相辅相成的关系逐渐破坏了资产阶级公共领域的基础，即国家和社会的分离③。国家社会

---

① 卢迎安：《当代中国电视媒介的公共性研究（1978—2008）——以央视和凤凰卫视为例》，复旦大学博士学位论文，2009 年 4 月，第 7 页。

② 张锦华：《传播批判理论》，台湾黎明文化事业有限公司，1994 年，第 208 页。

③ （德）尤尔根·哈贝马斯：《公共领域的结构与转型》，上海：学林出版社，1999 年，第 170 页。

化，或者说社会国家化带来的结果是公民虽然生活在政治社会当中，却对政治漠不关心。随着国家和社会的分离，资产阶级公共领域开始结构转型，各种社会机制为具有批判意识的公众相互接触提供了保障，但它们不是丧失了影响，就是彻底瓦解了。随着社会功能的转变，公共性的功能已从一种源自公众的批判原则转变成一种源自展示机制（如权力机关）被操纵的整合原则。

纵观哈贝马斯的观点，他认为传媒通过公众舆论的形式，既鼓励和保障大众参与公众生活讨论、表达各自意见的自由权利，又对国家机器和民主进程行使批判和监督功能，它在公共领域的建构中承担着不可替代的作用，在自由资本主义时期，传媒为资产阶级提供了较为充分的意见表达的空间。但是，随着资本主义的发展，传媒受到政治和经济的双重控制，保障和推动公共领域的功能日渐式微。这种变化的根本原因，在于传媒政治模式和经济模式的矛盾，是强大的市场利益驱动和政府利益集团控制的两股力量作用的必然结果。

第二节　公共电视的主要实践形态

出于对"公共领域"的维护，世界不少国家都以哈贝马斯的理论为原点，在各自国家建立起了"公共电视"制度。但由于人们对公共性理念见仁见智，而且不同国家的国情又不尽相同，因此尽管大家对于"公共领域"的基本认知一致，但在实践中却没有一个"放之四海而皆准"的公共电视模式，纯粹的、理想主义人士心中的公共电视也从未有过，80 多年来已有 30 多个国家或地区在各自的政治、经济、文化时空中，正在运营或者曾经创办过不同形态的公共电视。

一、公共电视形态的分类标准

公共电视通常有三种模式："美国、英国和泰国模式"。而划分这三种模式的标准在于"广电产品与服务的产供组合关系上，涉及 4 种权力的分配：一是由谁决定生产什么和生产多少；二是由谁决定生产所需资源的数量及其筹集方式；三是由谁负责组织提供；四是由谁负责监督生产的效率、数量和质量。目前，对这些权力分配或者产供组合模式的认识不外乎三种角度，即由市场、政府和非政府组织来主导”①。

二、公共电视的三种形态

（一）非政府组织主导下的英国 BBC 模式

英国是公共广播电视的发源地，又是它成功的试验场，承载着光荣与梦想。公共电视英国模式的显著特征是引领与制衡，英国的政治家们相信，有了强势的公共电视，才能引领强壮、独特的电视业及提高其整体服务水平，并将竞争压力转化为电视事业发展的改革动力，并致力于发展新媒体等组织改造方案。BBC 是英国公共电视的典范，不仅在英国国内独领风骚，在世界上也有大量的拥趸，在某种意义上说，BBC 就是“公共电视”的代名词。至今，它倡导的体制在英国乃至全欧洲电视界都依然占据着半壁江山。

BBC 模式的形成与演变源于各种力量的联合作用。具体来说，主要包括：现代自由主义、社会（民主）主义、英国式保守主义、新右派与第三条道路等意识形态元素及其相互渗透和妥协、融合，官方、市场、公众的制约，新闻专业主义中的价值观，等等。②

《皇家宪章》为 BBC 的“基本法”，复审间隔为每十年一次，由政府和 BBC 签订协议书，规定公共服务的架构与义务。英国社会造就了 BBC，BBC 又反哺了英国电视业的发展。英国电视业奉行公众服务的理念，即使商业电视台也是在公共服务的总体框架内设计的。2006 年发布的白皮书《为所有公民提供公共服务》中规定，公共电视体系并非由一家电视台独立完成的，而是一个由多层次电视台共同完成的，主要包括“三大层面、五大频道“：一是公营的公视 BBC1、BBC2；二是商营的公视 C4 电视台；

---

① 胡正荣、李继东：《广播电视公共服务、政治理念与社会实践》，见《中国媒体发展研究报告》，2007 年，第 165 页。

② 黄学建：《公共电视的三种实践模式》，载《现代传播（中国传媒大学学报）》，2013 年第 10 期，第 142 – 143 页。

三是具有公共服务义务的商业台 ITV1、C5。到 2012 年底，五大频道的收视份额仍然占全英收视份额的 50% 左右，其中 BBC1、BBC2 合计接近 30%。2006 年的白皮书还要求 BBC 在数字电视转换阶段继续扮演领导者的角色。不难发现，ITV 与 C4、C5 能够被纳入公共电视体系，接受"规驯"，有赖于 BBC 这个强大的公视机构作为政策推行的保障力量；其他商业电视能够被要求承担公共服务义务，有赖于"五大频道"对电视市场的强力引导和制约。

西欧、北欧国家和日本、韩国等国的公共电视主要属于英国模式。其中，NHK 堪称日本的 BBC，在节目的广度、深度以及公正性等方面获得广泛而持久的认同，成为该国电视媒体的旗舰。其中，德国的"公法电视"出类拔萃，可谓"青出于蓝而胜于蓝"。它基本的体制设计是联合公营，并设计了严密的法律体系为之护航，使公法电视成为"最纯粹"的公共电视。仅仅从制度特征上看，ARD 和 ZDF（德国电视 1 台、2 台）比 BBC 更为单纯和彻底，可以只遵从法律，独立于政治、经济实体，而且较为理想地保持公益性、广泛性和多元化。

（二）市场主导下的美国 PBS 模式

美国是商业电视的"快乐大本营"，高度市场化、自由竞争使它的活力和效率充分发挥。公共电视美国模式的显著特征是制衡和补充。宪法第一修正案关于"言论和表达自由"的理念，确定了电视公共政策的指导原则，其中公共利益原则是重中之重，由它派生出"观点的自由市场"、多样性、竞争性等原则。

关于公共利益原则，美国电视业自诞生伊始就有"公共"概念，所有被许可经营的业主在享有频谱资源使用特权的同时，必须履行公共服务义务。但由于"观点的自由市场"等原则，商业电视成为微观主体，非商业性质的公共媒体、官方媒体（如 VOA 卫视）等等相对弱小。商业电视既有强大的赢利能力又有广泛的社会影响，但经济利益与媒体服务的关系过于紧密，饱受诟病。20 世纪 60 年代末，公共电视作为商业电视的竞争者发展起来，政府和公众希望它既能够制衡商业媒体——避免为了市场利益牺牲公共利益、辜负公众的信托，又能够补足电视服务——保证地方的、少数民族的、教育的公共媒介资源得到充分利用。

与BBC形成鲜明对比的是，美国公共电视网（PBS）是个结构松散的电视台的协作体。它的成员台（目前约350个）分别属于教育机构、社区、政府等非营利性组织，种类繁杂、诉求各异，电视实践更是五花八门。PBS并不拥有成员台，也不制作节目，只负责筹措节目并且进行再分配。

PBS的收入结构相当多元，既能保障机构运行，更能保障它广泛的代表性。如今，PBS的成就不容忽视：每个月约有2.2亿美国人收看，黄金时间的观众多于HBO、Discovery等商业电视；已连续九年被评为最可信的公共组织，它的得票率（26%）远高于商业电视（8%）、有线电视（6%）；还可以说是超值投资，2012年人均只需负担1.35美元。

对美国社会来说，公共电视是不可或缺的，其不但提供了大量优质的科教、新闻、纪实类节目，还提供了更加完善的社区服务，达成了制衡商业电视的使命。但是，在规模力、运营力、影响力等方面，PBS与四大商业电视网不可同日而语。它的收视率通常不到1%，2010年之前甚至不参与排名。因为“拾遗补缺”的角色定位，在商业电视主导的媒介环境里，美国的公共电视似乎一直处于弱势——身份地位不明确、经费来源不稳定等等。

但是美国模式成功的可复制性并不强，这与其国家的整体制度设计、国民素质以及国内观众规模都有关系，我国的台湾地区曾试图借鉴这一制度，2006年，台湾公共电视台（创办于1998年）与华视共同组成公视集团（PTS）；2007年，客家台、宏观电视等加入该集团。然而，在“有限的经费资源和恶浊的商业环境”下，虽然不乏卓越表现，却也只能以“小而美”“清流”自居，无法完全制衡商业电视。

（三）政府主导下的泰国TPBS模式

“公-商二元共存”是多数电视业先进国家的选择，并由此形成了英、美模式，但除此之外，20世纪80年代中期以前，西欧（主要是法国和葡萄牙）、东欧、南欧、大洋洲的澳大利亚以及东南亚和南美洲等地，还存在着另外的政府主导型的公共电视。部分官方电视转轨改制为公共电视之初，呈现别样的电视生态环境：“公-官并立”——官方电视的池沼中，公共电视（或者还有商业电视）“小荷才露尖尖角”。这种模式在西欧、东欧、南欧和澳大利亚已经是"过去完成时"，上述地区的公共电视已经分别呈现 BBC 化和美国化，但对于泰国 TPBS 来说，政府主导型的公共电视却是"现在进行时"。

长期以来，泰国的电视台都是由政府或军队掌控的官方媒体，通过商业运作以广告为主要收入，这就是所谓的"官控商营"。首家商业电视台 ITV 于 1995 年开播（由前总理他信创办），1997 金融风暴后逐渐败落。2007 年初，新政府接管 ITV 并且进行公共化改组。2008 年 1 月，泰国第一家公共电视台 TPBS 登台亮相，着力提供官方电视难以顾及或者不愿提供的更加多元的服务。

TPBS 参照 BBC 的制度设计：其一，立法保障其独立性，并且民选决策层；其二，经费稳定，以烟酒税收为主；其三，特别值得注意的是强调与社会互动，维护公共性。TPBS 宣示其使命为：提供优质的信息、知识和娱乐，树立质量标准；坚守媒介伦理；保障传播的大众性与公众的近用权。TPBS 坚信自己能够在保护公共利益方面扮演重要角色，监督那些"很少或根本没有政治或商业约束"的同行。[①]

七年多来，它以大胆、独立的新闻报道和发人深省、富于教益的丰富节目，迅速赢得独特地位。TPBS 已经建成泰国第一个高清晰度的广播电视系统，2012 年 7 月搬进新的总部。然而，特殊的社会环境使泰国的公共电视事业充满变数，TPBS 的状况一直不尽如人意。另外，公共电视必然与官方电视台存在争夺话语权的冲突，在经费来源依托于政府税收的情况之下，很难做到"独善其身"。但是无论如何，公共电视机构的创办增进了媒介生态的活力，促进了电视制度的多元化，也为我们思考和解决中国电视公共化问题提供了思路。

三、对国外公共电视的借鉴

1. 公共电视是一个有层次的服务体系，而非某个公共电视台的单打独斗，还充分发挥商业电视台的公共服务功能。

以英国为例，公共电视的核心机构是 BBC，但按照公共性递减的原

---

① 黄学建：《公共电视的三种实践模式》，载《现代传播（中国传媒大学学报）》，2013 年第 10 期，第 142 – 143 页。

则，外围的第一层还有 C4、SC4 和 ITV，其中 C4 从 1982 年开播至今，专门服务于小众和边缘化的群体，播放独立节目制作公司的节目，在提供独创性节目、激活英国广电业活力上发挥着重要作用。同年，英国还开办了公共服务频道 SC4，专门提供威尔士语的节目内容，服务于威尔士地区的民众。更外层还有 C5 或者其他有公共服务功能的电视台，C5 是 1997 年英国政府专门为了促进公共广播电视的竞争而设立的，C5 的节目类型与其他公共服务频道相似，但以提供面向青年时尚人群的流行节目为主，避免“公共电视”在年轻人群体中失宠。2006 年 3 月英国政府发布的白皮书及其后的有关讨论以及 2006 年 10 月出台的 BBC 新宪章承袭了这些理念，并把除默多克的 BSkyB 以外的英国本土广播电视机构都纳人了公共广播电视体系当中。这样一来，就形成了一个多层次、多元化、多样性，相互竞争和相互补足的复合型公共广电体系，提供多样化的内容，满足多元化的社会需求。

2. 公共电视体系并非“不捉金钱”，且经费来源应多元化。

公共电视的经费来源也是多元化的，并非不能从事商业及广告运营。

以英国 BBC 为例，BBC 在 1927 年立台时定下的三大纪律：“垄断、执照费模式和独立的公共管理机构”，BBC 的确也在很长时间之内坚守这些原则，但从 1986 年的皮考克报告开始，英国就已经开始反思自己的公共电视政策是否过于死板，再经过 1999 年的戴维斯报告、2000 年政府白皮书以及 2003 年传播法案，则全新定义了英国广播电视公共服务的内涵与治理结构。尽管公共广播电视在英国有着举足轻重的地位，但为了实现公共利益的最大化，BBC 的固有资金模式和产业格局必须进行改革与调整，可以通过执照费、广告费与多元化产供主体等来为用户提供大众化、高质量和多样化的英国原创节目内容。也就是说在频谱频率资源稀缺时代为了公共利益而采用单一的执照费和垄断运营的模式，而在此类资源不再稀缺的时代，就当拓展资金来源和建构多元化的公共广播电视体系，进而形成“公共、商业”性的公共电视和纯粹商业广电公司相互竞争、相互制衡、竞争和质量并举的良性格局。

美国的 PBS 公共电视的收入来源也是多元化的，除了广告运营收入之外，还有社会组织的捐赠等。

而泰国的公共电视，则是直接以征收烟酒附加税的形式实现经费保障。

表6－1　世界各主要国家公共电视台经费来源

财源模式	主要收入来源	国家	电视台
单一收入为主模式	执照费	英国	BBC
		日本	NHK
		丹麦	DR
		芬兰	YLE
		挪威	NRK
	政府经费	中国香港	RTHK
		中国台湾	PTS
		澳大利亚	ABC
		比利时	VRT、RTBF、BRF
		法德合资	ARTE
		英国	S4C
	广告收入	韩国	MBC
		英国	Channel4
		西班牙	RTVE
多元化收入模式	执照费 广告收入	韩国	KBS
		德国	ARD、ZDF
		波兰	TVP
		南非	SABC
	政府经费 广告收入	澳大利亚	SBS
		新西兰	TVNZ
		加拿大	CBC、APTN
	政府经费 广告收入 商业收入 赞助收入	英国	Channel4
	广告收入 电费附加税收入 货物税收入	土耳其	TRT
	广告收入 烟酒附加税收入	泰国	TPBS

3. 正因为公共电视的经费来源是多元化的，所以在公共电视提供的所有产品与服务中，不可能全部都是属于公共服务的。“公共”的价值在于它能在商业机构不愿或不能提供产品的领域，提供符合公共服务标准的产品和服务，从而起到匡正“市场失灵”的作用。

这一点被明确地写进了英国公共电视的戴维斯报告中。除了这一点之外，戴维斯报告还强调了两点：一是全球化和数字化促使媒介公司产生规模经济和范围经济效应，这会导致新的垄断，而受众群却日趋分化，会比之前任何时候都容易造成“市场失灵”；二是多年来 ITV 和 C4 等私人机构的成功表明，电视的公共服务产品也可以通过私人机构生产出来。①

4. 公共电视体系建设是个系统工程。

很多国外的公共电视是普及的、成熟的。它强调以公共利益为根本宗旨，覆盖面广，在能够满足不同审美层次的观众收视需求基础上，重点关注弱势群体与少数族裔观众，关心“市场失灵”状态下的文化传承，传播学家麦奎尔将公共广播电视归纳了七个特征：服务的普遍性、内容的多样性、编辑的独立性、社会责任至上、高质独特的文化内容、公共财政介入、经营的非营利性。经过近百年的发展，国外的公共电视体系在法律保护、运营模式、节目制作及组织结构等方面都已比较健全。

（1）从法律体系角度看，他们基本都会有一套保护公共广播电视服务性质的法律，如英国有《1954 年电视法》、意大利 1975 年通过的《广播电视法》等，这些法律法规为保障公共电视真正发挥作用保驾护航。

（2）从经营理念角度看，世界各国公共电视运营理念几乎都以社会效益为中心，而不是以经济效益为中心。如加拿大广播公司的核心任务就是讲述加拿大人自己的故事、国家和现实情况和多形态的文化；美国公共电视网根据《公共广播法》，它的服务运营理念主要包括以下几个方面：提供健康、教育和其他公共社会服务的资讯；服务于公众的利益，并使媒体达到教育性的目的；反映地方及全国人民的利益与兴趣，服务要是全国人民可及且可参与的；独立，不受任何因素的控制和干扰。这些理念，贯穿于它经营活动的始终。

（3）从经费来源角度看，尽管公共电视不排斥广告经营行为，但政府

① 胡正荣、李继东：《广播电视公共服务、政治理念与社会实践》，见《中国媒体发展研究报告》，2007 年，第 170 页。

财政的介入几乎成为区别公共电视与商业电视的标志性因素，有些国家政府拨款是大头，但有些国家政府拨款是以差额补贴的形式出现，除政府拨款之外，还有企业与个人捐赠等社会融资方法。

（4）从节目运作角度看，各国公共电视系统内的电视台普遍具有协作精神，比商业机构更注重体系内部的交流与合作，制作出优质的视听节目，从而换取公众的支持，以维持自身的生存。

（5）从组织结构角度看，国外的公共广播电视管理讲究的是公平、公正、公开，在重大决策上广纳公众意见，以便形成决策的公信力。

第三节　公共电视在中国的空白

"公共电视在我国尚属空白"，这样的论断必然会引起一部分人的质疑，毕竟在中国有一个与"公共电视"表述上非常接近的名词：电视的"公共频道"。但研究之后就会发现，中国的公共频道与公共电视有着本质的区别。

一、"公共频道"与"公共电视"创建初衷不同

1996 年，福建省广播电影电视厅为了解决县级电视台节目短缺问题，成立了电视节目交流中心，对县级有线电视台统一供片。但是主管领导很快发现，统一供片的制度存在着节目费用标准难以统一、购置质量不高、翻录成本高、质量不稳定、各地来回跑片等各种不便，于是当时的福建广电厅提出创办公共频道的构想：利用全省有线电视微波联网中的一个通道，投资 500 万元，采用压缩技术将公共频道节目完整传播到地市县台，再由各县迭加当地台标后完整播出，并在专门划出的时段，插播当地的新闻专题节目。福建广电厅原本只是想通过电视公共频道概念，摆脱电视节目交流中心设计之初的制度缺陷，而且在政治层面响应中央当时提出的治滥治散的要求，没想到国家广播电影电视部很快审批通过，1998 年元旦，

由福建广播电影电视厅直接管理的电视公共频道正式开播。①

更让福建广电万没想到的是，国家广电总局还将之作为成功经验向全国大力推广。1999 年国办 82 号文件强调要在省级电视台制作一套公共节目供所辖各县电视台播出；2001 年国家广电总局又颁发了广发办字〔2001〕1475 号文件，明确规定省级电视台要设立公共频道，县（市）广播电视台不再保留自办电视节目频道，可在公共频道中播出自办节目；2002 年又下达了《关于加强公共频道管理工作的通知》（广发社字〔2002〕425 号），对频道构成形式、利益的分成、基层电视台台标的使用与插播节目的时间等问题提出了指导性意见。

从公共频道诞生这一啼笑皆非的过程可以看出，我国公共电视频道是为了控制电视台的总量、治理县级电视台滥散现象而成立的，而不是出于关注社会公益事业、提供公共话语空间的目的，因此必然导致传媒与受众之间利益的失衡，即公共频道的“公共”并非公共利益表达的频道，而是为了平衡传媒之间（具体说是省、市、县三者之间）利益而出现的新型频道。其意义中心落在了传媒的传播者一方，而非传媒的接受者（受众）一方。尽管政府努力把公共频道办成满足“各方”利益的共用频道，其实这里的“各方”利益指的仍然是省、市、县台之间的利益。

二、“公共频道”与“公共电视”受众定位不同

出于利益驱动，为了在公众心目中树立起清晰的，区别于其他频道的独特频道形象，各省公共频道在 2003 年统一正式开播之后，纷纷提出自己的市场定位，试图通过专业化的道路形成市场区隔。北京电视台公共频道把旅游交通作为特色，广东电视台定位于生活服务，湖南公共频道定位为电视精品杂志型频道，福建电视台公共频道定位农村。综合频道，安徽电视台的公共频道大量推出戏曲节目，等等。

真正公共电视体系下的某个电视频道的确是专业化的，但公共电视的整体定位是立足于为最广泛的大众提供电视产品，而中国的公共频道在每个地区只有一个，频道定位的专业化只会将公共频道定位在特定的群体

---

① 福建广播电视局：《开办福建公共频道的实践》，载《中国广播电视学刊》，2002 年，第 6 期。

中，而忽略了大多数或者是背离匡正"市场失灵"的价值。

因此，中国的公共频道是借用了"公共"的概念，将"公共"窄化为"小众"。

三、"公共频道"与"公共电视"运营目标不同

我国公共频道实行的还是自收自支的商业化运作，主要依靠广告收入维持，上文中提到的公共频道急于找到自己的专业定位，也是为了聚焦观众群体、提高收视率，进而拉升广告收入。自收自支的模式必将促使传媒组织者与广告商一起为收视率而奔波，公共频道最终不是舆论的公共领域，而成了广告商的私器，它传输的县级电视台的自办节目也是县台为了实现其经济利益而制作出来的，如果说中国的公共频道中没有"公共利益"，只有广告商的利益，也不为过。

综上所述，我国还没有真正意义上的公共电视。

第四节　维吾尔语电视公共化的方法：从破解"灯塔困局"说开去

事实上，在世界范围内以及人类已知的知识体系中，"公共化"是解决"市场失灵"的最佳途径。

哈贝马斯以传播政治经济学的理论体系指明了公共领域的重要性以及媒介去公共化的危险，但传播政治经济学无法解决"如何解决问题"的问题。

解决电视的公共化问题，还需要从经济学以及公共管理学的角度寻求方法。

一、"灯塔困局"及科斯破解

15—17 世纪，欧洲处在大航海时代，从欧洲出发的船只走遍世界后又回到欧洲母港。而灯塔，为每艘船、每个水手点亮了归乡之梦，是大航海

时代最重要的公共物品之一。

在欧洲，最早的灯塔是由附近的渔民共同筹资建设的，他们通过向过往船只收取费用来维护灯塔并获取一定的收益，但是后来越来越多的过往船只开始想方设法逃避支付灯塔费，而灯塔的建设者如果想堵上这种漏洞所要支付的成本却远远小于收益，于是他们想到了一个最简单粗暴的办法来惩罚逃费者——关闭灯塔。然而，灯塔是海上行驶的必用设施，而且灯塔一旦关闭，连建设者的家人也会受损，因此在私人灯塔关闭后，开始由政府出资建设纯公益性质的灯塔。这种公益性质的灯塔却因为所有权不明确，损坏率大增，维修也不及时，管理成本居高不下，最后政府在灯塔建设上的资金投入远远高于私人建制的灯塔。从另一方面来说，政府建设和维护灯塔的费用其实也是来自纳税人，最终成本都会转嫁到纳税人头上。因此，从经济学角度来说，政府建设灯塔的行为是“低效”的。罗纳德·哈里·科斯（1910—2013），芝加哥经济学派代表人物之一，他在考察了灯塔制度的历史转变，分析了私人建制和政府建制各自的利与弊后，得出了“政府代替私人生产公共物品不是最好的解决方案”的结论，他认为，灯塔从私人转向“公家”的根本原因在于制度的缺失，如果能够完善相关的制度，那么私人建制灯塔的效率就会提高，同时指出，如果由私营企业来参与灯塔的建制与维护，还应该引入竞争机制，并对私营灯塔收费进行监督、审查，避免其通过垄断谋取超额利润，这种政府监管、私人运营的灯塔制度，将可以解决政府经营带来的灯塔效率低下的问题，也可以解决私人经营带来的交易成本过高的问题。也就是说，政府不需要代替私人经营灯塔，而应该提供相关的制度，同时对制度实施予以监督、审查。

这个事例对于我国的公共电视体系建设有以下几点参考意义：

一是政府必须但有限地介入公共物品建设与生产；

二是公共物品的生产必须建立一套完整的奖惩机制，否则就会低效；

三是私人企业和机构可以承担公共物品的生产和建设主体。

另外，在灯塔的事例中还有个重要的概念需要认真解析：公共物品。什么是公共物品？保罗·安东尼·萨缪尔森被认为是第一位提出公共物品理论的经济学家，1954 年，他在经典之作《公共支出的纯理论》（*The Pure Theory of Public Expenditure*）中定义了公共物品（在文中被称为“集体消费物品”，collective consumption goods），而公共物品也分为（1）纯公共物品，如国防和灯塔等；（2）准公共物品，比如义务教育、公共图书馆、博物馆、公园，还有如电信、电力、自来水、管道、煤气等。随着时代的发展，准公共物品的数量越来越多，这里不再深究。而本书的研究重点"公共电视"应该被纳入公共物品行列。

对于公共物品有两个基本属性：

（1）萨缪尔森指出"个人对物品的消费并不降低他人使用该物品时物品的效用"，这就是公共物品的"非竞争性"，非竞争性是指该产品被提供出来以后，增加一个消费者不会减少任何一个人对该产品的消费数量和质量，其他人消费该产品的额外成本为零，换句话说，增加消费者的边际成本为零。

（2）公共物品的另一个特征是"非排他性"，非排他性是与排他性相对应的。排他性是指排斥他人消费的可能性，即如你在使用一件产品时别人就不能使用，或当你能完全拥有一件产品时，别人就不能拥有。公共产品的非排他性也称为消费上的非排斥性，是指一个人在消费这类产品时，无法排除他人也同时消费这类产品，而且即使你不愿意消费这一产品，你也没有办法排斥。比如你走在一条公路上，你无法排除其他人也走这条公路，如你不愿意受到公路上的路灯的光照，但只要你走上这条有路灯的公路，就必须受到照射。

非排他性还有一层含义，是指虽然有些产品在技术上也可以排斥其他人消费，但这样做是不经济的，或者是与公众的共同利益相违背的，因而是不被允许的。比如，你可以在公路上设置路障来限制其他人的通行，但如此会付出两方面的成本：一是需要建设路障并派人进行日常管理，即增加了管理成本；二是使本来可以走这条马路的人不再能通行，带来了效率的损失，这也是一种成本。因而即使在马路上设立路障在技术上是可行的，但却是不经济的。同样以马路为例，虽然私人可以出资建设，但由此可能带来高额收费而影响公众的利益，因而或者由政府投资建设或者必须将此作为公共产品进行必要的政府管理。

公共物品非排他性的提示是：我国的未来所生产的包括维吾尔语在内的少数民族语言公共电视产品，传播范围不应只局限于国内的维吾尔族，而应该从全球的高度思考，同语种的潜在观众有哪些？可否以低成本进行翻译后，推广至其他语种的观众中去？这个推广的过程是否可以是免费的而并非以营利为目的。

二、抵消负外部性：政府财政资金介入少数民族公共电视的合理性分析

在国外的公共电视实践中，政府财政资金的介入是一种必然现象，那么在我国这种财政介入是否具有合理合法性？毕竟国家的财政收入是由全民创造的，但包括维吾尔语在内的少数民族电视却是为少数民族同胞群体服务，并非全民都可搭便车的公共产品。

所谓外部性，又称为溢出效应、外部影响、外差效应或外部效应、外部经济，它既是一个经济学名词，也是一个公共管理学名词，指一个人或一群人的行动和决策使另一个人或一群人受损或受益的情况，分为正外部性（positive externality）和负外部性（negative externality）。正外部性是某个行为个体的活动使他人或社会受益，而受益者无须花费代价，负外部性是某个经济行为个体的活动使他人或社会受损，而造成负外部性的人却没有为此承担成本（抑或成本趋近于零）。

抵消负外部性的办法通常由两种：一种是征税与补贴，即对负外部性征收税费，对正外部性的活动给予补贴以消除负外部性。第二种是用科斯定理解决，如果存在产权划分，交易成本较低且参与人数较少的时候在可以的情况下，通过相互间的私下谈判来解决外部性问题。比如某人养了一只狗，这只狗喜欢每天夜里不停地叫。这个人由于习惯于过夜生活，所以并不会对此感到困扰。可是他的邻居习惯于早睡，每天都会被狗的叫声弄得失眠，于是不得不花钱买安眠药。此事件中，“养狗”对于邻居就是一种负外部性。要么养狗者给予邻居补偿使邻居接受其养狗，要么邻居给养狗者一定费用使其停止养狗。

具体到少数民族语电视事业，也可以用一个例子说明：A、B 两人是邻居，A 不知从哪天开始受到了一些充满暴力思想的片子的影响，天天在家舞刀弄枪，杀气腾腾，尽管 A 可能并不会把暴力行动付诸实践，但作为邻居的 B 家却天天提心吊胆，说话都不敢大声，生怕把 A 惹毛。在这个过程中，A 的行为损害了 B 的利益，但 A 自己却没有因此增加成本，于是负外部性就此产生。

在这个例子中，无法通过科斯定律解决，那就要由第三方（在我国是政府扮演此角色，在英国可能是独立的非政府组织）出面解决。解决办法之一就是通过直接管制让 A 不再看暴力视频，但这种解决办法所耗费的成本非常高，需要 24 小时蹲守，而且蹲守成本最终还是要由 B 来负担；解决办法之二就是由 B 出钱，买一些正面、积极、更好看的节目送到 A 家里去，让 A 的观赏时间被好的视频占据，进而改善自己的言行。显然方法二更能达到经济学上所说的帕累托最优，而方法二本身就是经济学上所说的帕累托改进。

因此，将少数电视公共化虽然增加了财政支出，也就是间接增加了纳税人的负担，但却是目前我们认为能找到的最佳解决方案。

三、改良而不是颠覆：追求少数民族语言电视公共化的帕累托最优

对于中国电视业而言，少数民族语言电视的公共化是项前无古人的举措，它对中国电视产业所带来的意义，将不亚于 20 世纪末期中国媒介的产业化和集团化。尽管国外已经将公共电视付诸实践多年，但中国特色的公共电视并无先例可循。

少数民族语言电视的公共化会带来一系列的变化、比如隶属关系的变化、管理制度的变化、经费来源及财务制度的变化、节目制播体制的变化、人事的变化等，而每一种变化都有可能引致负面效应，比如人事的变动会不会带来管理失控？节目制播体制的变化会不会造成裁员或者质量波动？隶属关系的变动会不会造成新的机构臃肿，或者是管理真空？政府财政资金的介入会不会导致生产效率低下？如何解决少数民族语言电视公共化之后广告经营的主动性和积极性问题？这一系列问题都会摆在决策者面前。而这一系列可能存在的负面影响，或许也正是拖累新疆广电和新疆电视台体制改革的主要因素。

因此，少数民族语言电视公共化的目标设定是颠覆性的，但实现方法却是渐进的、改良型的，也就是要追求经济学上的帕累托最优。

帕累托最优（Pareto Optimality），也称为帕累托效率（Pareto efficiency），是指资源分配的一种理想状态，假定固有的一群人和可分配的资源，从一种分配状态到另一种状态的变化中，在没有使任何人境况变坏的前提

下，使得至少一个人变得更好。帕累托最优状态就是不可能再有更多的帕累托改进的余地。换句话说，帕累托改进是达到帕累托最优的路径和方法。帕累托最优是公平与效率的“理想王国”。换而言之，少数民族语言电视的公共化改革，要在保证所有利益相关方利益不降低的情况下进行，利益相关方包括但不限于国家、新疆广电主管部门和新疆电视台和维吾尔族观众，以及构成这些机构或者群体的个人。对于少数民族语言电视乃至少数民族事务而言，平稳就是最大的效率。

第五节　制度创新：维吾尔语电视公共化的解决方案

制度创新（Institutional Innovation）是指在人们现有的生产和生活环境条件下，通过创设新的、更能有效激励人们行为的制度、规范体系来实现社会的持续发展和变革的创新。所有创新活动都有赖于制度创新的积淀和持续激励，通过制度创新得到固化，并以制度化的方式持续发挥自己的作用，这是制度创新的积极意义之所在。①

任何一种制度都有张力极限，当其容纳其所包含的内容发展到一定阶段、要冲破制度边界时，只有进行制度创新，才能给其内容物以新的生存和发展空间。

传统少数民族语言电视制度发展到现在，已经触及了旧制度的边界，因此只有通过制度创新，才能赋予其更大的发展空间。

本节将对新的少数民族语言公共电视制度的内涵进行阐释。

一、基本路径与体系规划

维吾尔语电视公共化的路径可以总结为十六字方针：“一台两制，制播分离，市场运作，政府补贴。”

---

① 引自百度词条“制度创新” http：//baike. baidu. com/link？ url = 3oqkW4C66k39vjFR897Et_ H3wyRlsVBqziZ7pGZ - X2noWmP2fyXOI0eTefppHjm1NGk - 18JytVUP37FfA6TKqIEgMxDlI85WWDxaZlXCqti.

1. "一台两制，制播分离"是前提

总体而言，就是将新疆电视台现有的全部少数民族语言节目（包括维吾尔语）以及相应的资源从新疆电视台剥离出来，统一划归专门的公共电视机构负责，相关的经营权也相应转移。

剥离后的少数民族语言节目保持现有的呼号和台标不变，仍由新疆电视台和新疆广电网络负责信号的发射和传输，在不破坏少数民族观众业已形成的收视习惯情况下，完成"一台两制，制播分离"的切换。

剥离后的新疆电视台保留现有汉语节目的制播和经营权，参与全国的电视产业竞争，也可以视市场的需求制播和经营少数民族语言节目，但不纳入政府补贴范畴，自收自支。

2. "市场运营，政府补贴"是手段

公共电视机构完全拥有少数民族语言节目运营的各项权利，包括但不限于节目版权、事权、人权、财权、物权。

有步骤、有区别地将内容产品的生产权和经营权（包括广告经营和多元化经营等）逐步交由市场去实现资源优化配置，以保证公共利益最大化为目标，在市场收益无法满足公共利益需求时，由政府财政补齐差额。

对于公共电视体系建设的整体规划，如图 6－1 所示。

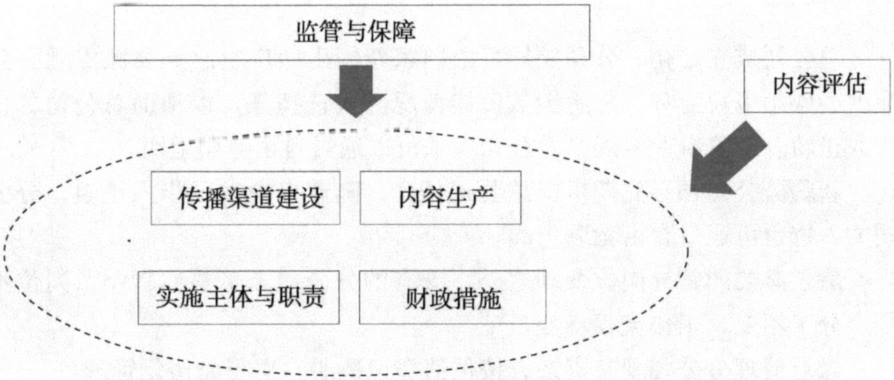

图 6－1　我国少数民族公共电视体系的基本规划

总体来说，内容生产和播出渠道建设是公共电视的两大核心问题，而解决这两大核心问题的基础是实施主体及其职能的理顺和财政制度的完善。同时，要有科学的内容评估体制，保证公共电视的导向不变，提高财政资金的使用效率，增强公共电视的自我造血功能。

而所有这一切，都要上升到法治层面，科学合理的监管与保障，才能保证公共电视制度的长效运行，而不是依靠重大工程的阶段性拉动，或者走“一届领导一套办法，一套办法一次折腾”的老路。

二、机构创新与职能创新：实施主体组建与职能详解

（一）组建国家级公共电视运营机构——中国公共电视事业总公司，实行公司化运营

由国家新闻出版广电总局出资组建独立法人，在行政上受国家新闻出版广电总局公共服务司管辖，公司名称可暂定为“中国公共电视事业总公司”。

设立中国公共电视事业总公司新疆分公司，负责并购和管理从原新疆电视台剥离出来的少数民族语言电视相关资产，接收和安置原有的人员。

（二）公司内部实行垂直管理，改变过去电视事业属地管理（分级管理）的状态，做到总公司对分公司“人、事、物、财”的四权合一管理

总公司成立之初，公司领导可由国家新闻出版广电总局委派熟悉公共事业、熟悉电视业务、熟悉少数民族情况的人选担任，以帮助总公司尽快步入正轨。随着事业发展，总公司人选可以通过自由竞聘上岗。

新疆分公司领导先期可由总公司任命，随着事业发展步入正轨，分公司的人选也可通过自由竞聘上岗。

除了必要的领导岗位变动之外，既有的分公司员工整体转制，岗位不变、分工不变、工作流程不变。

盘点清理分公司现有资产，按估值登记造册，实行公司化管理。

（三）公共电视公司的主要职能

分公司先期的主要职能是继承和创新原有的少数民族语言节目，完成基本公共电视服务的任务；中期目标是帮助总公司完成新创、原创少数民族语言节目的创作；远期目标是能否独立市场化运作新创、原创的少数民

族语言节目。

而总公司主要保留五项基本职能：发展规划；新创、原创内容产品的投融资；内容审查；传播渠道拓展；人才培养。

1. 发展规划，指的是总公司以及分公司如何发展，如何更好地维护公共利益，以及制定相应的内部管理措施。

2. 内容产品的投融资，指的是由总公司解决某些内容产品该不该投资、投多少资才能达到预期效果，也就是通常所说的某某节目值不值得做、值得投多少钱等。而融资则是指拓宽资金来源渠道，实行经营收益（包括广告收益以及内容交易收益等）、社会捐赠加财政补贴的形式，多种渠道筹集和统筹使用资金。

3. 内容审查指的是对制作出来的内容产品进行终审，判断其是否达到预期效果，评价其艺术水准，确保节目兼具导向正确性和艺术观赏性。

4. 传播渠道拓展指把好的节目通过电视播出去，不仅能播出去，还要保证少数民族观众能收得到。同时根据边际效应递减的原则以及融媒体时代的跨屏传播特征，加大网络媒体的播出力度。

5. 最后，新的公共电视公司成立后的一定时期内所要面对的问题是人才问题。长期以来，少数民族语言电视一直面临人才缺乏的问题，但造成这种缺乏的根本原因是市场化运营的少数民族语言电视收益情况较差，导致个人收入低下。据了解，尽管新疆地处边疆，工作条件艰苦，但新疆从事电视事业的人员人均收入水平只有全国的1/2到2/3左右，2015年，电视全行业不景气，新疆电视台一线工作人员已经出现了加班费、节目劳务等绩效工资不能及时发放的情况，种种原因的叠加导致了"没人愿意去，去了也留不住"的状况，所以公共电视总公司成立之后，吸引人才、留住人才最简单有效的办法就是拉平公共电视的从业人员与国内平均水平的差距，不要再以"经济效益定个人收入"，这样才能留住现有人才，激发他们的工作积极性，同时吸引新的人才不断加入新公共电视的队伍中来。

由于人才培养需要较长时间，所以从一开始就要着眼于未来，推动人才储备工作，加强内部人员的合理竞争和人才流动，积极与各高校、国内的发达地区电视台建立横向人才培养模式，既要培养出本民族电视事业人才，又要吸引国内其他民族、乃至全世界同源民族人才的加入，形成多民族配合、国内外人才配合的人才结构。比如，有些汉族电视工作者，虽然语言不通，但是有先进的内容生产和经营理念，他之前不愿意从事民族语言电视事业，无非是收入问题和编制问题，如果收入问题得到解决，同时又不用将编制迁到新疆，那就扫除了很大一部分从业障碍。另外，维吾尔族与土耳其等中亚不少国家和地区的语言、文化非常接近，很多人才都可以互通有无。

（四）组建国家公共电视事业总公司的合理性和可行性

为什么要组建国家级的公共电视事业总公司，而不是按属地原则组建？

收看维吾尔语电视的观众都是维吾尔族，维吾尔族都居住在新疆，为什么不按属地原则组建公共电视机构呢？

首先，民族团结的问题、民族文化保护的问题不是一个省的责任，而是国家的责任，国家在公共电视中不能缺位，不能把中央政府该承担的责任让地方政府去承担。

其次，从公共管理学的发展趋势来讲，扁平化管理是大方向，应该先统一规划再分别实施，而不是先分别实施再后期整合。后者所付出的行政成本往往要远远高于前者。

公共电视以及公共文化服务，是一个国家层面的系统工程，除了维吾尔语电视，藏语电视是不是要公共化？朝鲜语呢？蒙古语呢？跳脱民族思维再推而广之，全国的县级电视台要不要公共化？这一系列的问题，只有站在全国立场上统一考虑才能有更好的答案。

如果先分后统，那么将来会出现类似于今天社保全国统筹困难的情况，极大地增加行政成本。

再次，公共电视的资金来源很大一部分是政府财政资金。目前我国急需电视公共化来匡正“市场失灵”的地区如新疆、西藏等地，恰恰都是地方财政不理想的地区。

以新疆为例，2015 年公共财政预算收入 1331 亿元，而公共财政预算支出 3805 亿元，[①] 2015 年中央补助新疆转移支付资金 2326. 8 亿元。[②]

---

① 数据源自天山网 http：//news. ts. cn/content/2016 －01/18/content_ 11966740. htm.

② 数据源自新疆新闻在线 http：//www. xjbs. com. cn/zt/2016 －02/23/cms1847317article. shtml? nodes = _ 4026_ .

如果按照属地原则建立公共电视，那么资金由哪一级财政支持？显然不可能是新疆省级财政，最终还是由中央财政支付。与其多一道手续，不如由上而下直接拨付，减少中间环节。

最后，在信息和交通不发达的年代，属地管理的原则有助于贴近群众，但在今天，属地管理不一定综合效率更优，组建国家层面的公共电视总公司，实行垂直管理，更容易排除当地的人为因素干扰，把政策用到实处，把资金花到实处，把为公共利益服务的效果落到实处。

三、"收支两条线，量优为出"的财政创新

公共电视要实行"收支两条线"的财政政策，财政收支的问题与上文提到的公共电视运营机构定价权和下一部分即将提到的内容生产都有紧密的关系。

（一）公共电视支出方式：从"量入为出"到"量优而出"

公共电视的支出主要是内容生产（节目制作）的费用，过去在非公共化时代，少数民族语言电视节目的投资是"量入为出"的，也就是广告经营获得了多少收益，再根据收益来针对不同节目分配制作成本（事实上，目前新疆电视台的少数民族语言节目经营收入抵不上制作成本，是其他频道在补贴少数民族语言频道）。在公共电视时代，必须扭转这种思路，改为"量优而出"，即先考虑一个节目能在多大程度上满足少数民族观众的需要，能在多大程度上维护少数民族同胞的公共文化权利，再考虑这个节目需要多大的投入，并将制作费按合同约定拨付制作单位。

由于公共电视中新创、原创的部分内容产品将实现市场化运营，对于公共电视公司来说，定价应遵循"成本＋适当利润"的方式，鼓励社会力量参与公共电视内容产品的生产和创作的积极性。

而对于从新疆电视台剥离出来的少数民族语言节目，要在制作投入和人员待遇上拉平与国内同类节目平均水平的差距。

（二）公共电视的收入方式：多元合一，政府兜底

将目前国外的经验结合中国国情来看，可行的公共电视经费来源方式

主要有以下几种。

1. 广告收入

随着社会发展，少数民族观众也进入了消费时代，有了解商品信息的需求，而对于广告主而言，少数民族语言的广告是与少数民族消费者沟通的重要桥梁，广告主既可以是当地企业，也可以是外地来疆品牌，不分民族，都能够起到刺激经济、促进消费的作用。

可以将公共电视的广告经营外包给广告代理公司，实现市场化经营，采取多种措施鼓励广告代理公司的经营积极性。

2. 内容产品交易收入

公共电视的内容产品也可以进入“内容银行”进行市场交易获取收益。关于内容产品交易收入的问题，会在“从‘引进来’到‘走出去’：内容生产的分类、价值取向与定位”中阐述。

3. 税费减免

公共电视经营性收入中的增值税等税费可以适当减免，以减少政府财政补贴的压力，也避免了政府“一只手把钱收上来，另一只手再把钱发下去”的烦琐流程。

4. 庇古税

在1920年出版的《福利经济学》中，经济学家庇古先生提出了“庇古税方案”，提倡对有正外部性（比如公共电视公司）的活动给予补贴。被征收这种税费的行业可以是一些产生负外部性的企业，比如烟草、污染企业等，从而保持社会成本不增不减。

5. 社会捐赠收入

随着公益和慈善观念在我国的逐步推进，捐赠人既可以是自然人，也可以是法人，比如公益组织或者企业等；捐赠对象既可以不指定项目，也可以指定一些特定的电视文化项目；捐赠品既可以是货币，也可以是非货币形式，比如某国的某家摄影机生产商，希望将一批设备捐赠给公共电视公司。

就我国的国情而言，公益捐赠理念还需较长时间才能得到贯彻，而且须区别对待无偿捐赠跟冠名赞助，内容生产的导向不能被捐赠者控制。

6. 财政补贴

财政补贴是弥补公共电视经营性收入不足的基本措施，也是公共电视与商业电视的根本区别。

政府补贴（Government Grants）是指一成员方政府或任何公共机构向某些企业提供的财政捐助以及对价格或收入的支持，以直接或间接增加从其领土输出某种产品或减少向其领土内输入某种产品，或者对其他成员方利益形成损害的政府性措施。①

针对我国国情，公共电视可实行差额补贴的政策。据业内人士估计，初期补贴额度应该在每年 2 亿元人民币左右即可实现良性循环，激发公共电视的自我造血能力。我国目前政府补贴的项目琳琅满目，涉及农业、林业、畜牧业、民生、养老、环保、高新技术、电子商务等方方面面，但对公共文化服务领域的补贴力度是最小的。2015 年，全世界对新能源汽车的补贴总计 1000 亿元人民币，仅我国就占了一半，一辆新能源大客车的补贴力度平均高达 12 万元，其中中国最大的客车企业宇通客车生产的每辆纯电动客车拿到的补贴高达 37. 7 万元。② 如果将 500 亿元的新能源汽车补贴拿到公共电视领域，按公共电视每年补贴 2 亿元的标准，共计可以补助 250 年。

（三）2014 年度美国 PBS 财政收入情况参考

表 6－2　2014 年度美国 PBS 公共电视系统收入来源③

收入来源	金额（千美元）	占比	比上年增减
联邦政府 CPB 拨款	445，000	14. 80%	5. 50%
联邦政府奖励与合同	29，786	1. 70%	－27. 90%
地方政府	63，521	3. 50%	－10. 60%
州政府	212，169	11. 80%	10. 60%
州立大学和学院	111，598	6. 20%	5. 00%
其他大学和学院	32，560	1. 80%	－7. 60%

① 引自百度百科：政府补贴 http：//baike. baidu. com/view/3484669. htm.

② 数据引自《宇通客车发布史上最"牛"分红 35 亿净利润豪派 33 亿》，中证网，2016－04－06，http：//www. cs. com. cn/ssgs/gsxw/201604/t20160406_ 4940767_ 1. html.

③ 引自〈Public Broadcasting Revenue by Public Television and Radio System and Source of Revenue，Fiscal Year 2013－2014〉http：//www. cpb. org/files/reports/revenue/2014PublicBroadcastingRevenue. pdf.

续表

收入来源	金额（千美元）	占比	比上年增减
基金	141，595	7.90%	0.40%
广告收入	204，474	11.30%	4.90%
订户收视费	441，067	24.50%	7.20%
投资盈余	145，855	8.10%	29.10%
其他收入	86，553	4.80%	9.50%
总计非联邦财政收入	1，439，393	79.80%	7.10%

从美国PBS的收入来源可以看出，美国的公共电视台自我造血功能占到了79.8%，联邦财政只需要每年投入4.5亿美元的资金，就可以带动14亿美元的收入，而2013年，光新疆花在“户户通”设备上的钱就高达6亿元人民币。

四、从“引进来”到“走出去”：内容生产的分类、价值取向与定位

（一）公共电视内容的分类对待

将所有的公共电视内容分为两类。

1. 基本公共电视内容

所谓基本公共电视内容，就是指既能保证少数民族公民享受基本文化权利，又能保障党和政府的声音传达到位的节目。这类节目由公共电视总公司自制，不外包。

2. 非基本公共电视内容

所谓非基本公共电视内容，指的就是在基本公共电视基础之上，为满足少数民族同胞娱乐、休闲需求的电视内容。这类内容的生产对社会开放，进行市场化运营，由公共电视总公司按市场价同类节目的“成本+利润”采购，而不是按实际运营收入定价。

对基本和非基本的公共电视内容应当进行如下划分：

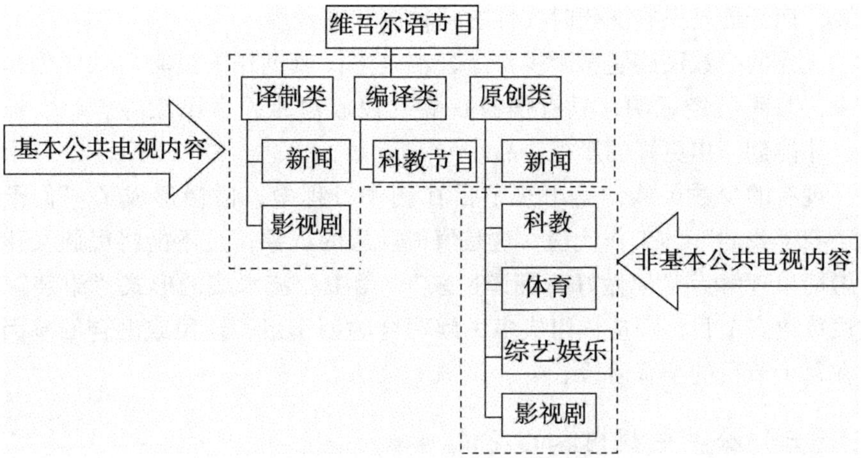

图 6—2　公共电视内容分类图

（二）公共电视内容的价值取向："国家为体，民族为用，民族交融"

公共电视追求的是公共利益最大化。不管对于哪个民族而言，最大的利益首先是国家的整体利益、是全民族的利益，其次才是具体民族的利益。

近些年来，不同民族对于本民族传统文化的保护意识越来越强，这是社会进步的表现。但不能因此而本末倒置，认为本民族的东西就是最好的，是最值得歌颂的，对于民族文化传统的尊重，必须建立在对全民族公共利益和价值观的尊重之下。今天，全民族被置于一个容器之中，这个容器就是我们的国家。所以，不管哪个民族进行影视内容创作，都要尊重国家利益，国家利益就是公众利益，公众利益也就是我们所说的"正能量"。

中华人民共和国成立以来，中国电影电视人曾创作过很多成功且优秀的影视作品，比如电影《刘三姐》《冰山上的来客》《五朵金花》《阿凡提》，电视剧《茶马古道》《康定情歌》《尘埃落定》《丝绸之路传奇》等，这些作品之所以超越民族的界限广为流传，就是因为它们所传递的正能量不是属于某个民族的，而是属于全国乃至全世界的。

在这些作品中，尽管从题材、到场景、到演职人员等诸多表现要素五花八门，但都是以"国家为体，民族为用"，这并非对民族文化的表面化解读，而恰恰是民族文化时代性的一种深度契合。

优秀的少数民族题材影视作品，也是多民族创作人员幕后共同创作的结果，时间已经证明，只有摆脱狭隘的民族思维，多民族融合、取长补短，才能创作出更好的影视作品。

现有的少数民族语言电视节目在创作过程中，慢慢形成了“你干你的、我干我的”的工作流程，这是值得反思的现象；更不能将民族文化的交融简单理解为“你做好我翻译过来”，用工业流水线的形式“组装”少数民族语言节目，而应该组成多民族融合的创作组，让民族融合的基因贯穿在每个节目的孕育阶段。

（三）公共电视内容的定位

公共电视的内容要定位于“本民族”和“非本民族”双目标观众群体。“非本民族观众”既包括全国范围内的汉族等其他民族观众，又包括更广阔的全球观众市场。

长期以来，学界、政府和社会大众都已经形成了一种惯性思维，那就是少数民族语言节目是只做给少数民族看的节目。比如一提到译制节目，就认为是把“非少数民族语言节目”译成“少数民族语言节目”才叫译制，那有没有可能把少数民族语言节目译成汉语、土耳其语甚至是英语播出呢？这种反向译制所映衬出的其实是少数民族语言节目的定位问题。

过去和现在少数民族语言节目只有“引进来”，是因为少数民族语言节目制作一直处在“量入为出”“捉襟见肘”的境地，所以就出现“质”“量”均不足的情况。现在新疆台播出的大量译制节目，主要是为了弥补“量不足”的问题，而原创节目则因为品质无法与国内的一些精品节目抗衡而只能凭借语言的优势在维吾尔族或者其他特定的民族群体中播出。

1. 公共电视可以定位于国内汉族及其他民族观众

公共电视改变了“量入为出”的节目投入模式，采用了“收支两条线，多元化筹资，政府兜底”的政策，变成了“量优而出”——为品质优秀的公共节目支付制作费，这将彻底扭转少数民族语言节目“质”与“量”的尴尬境遇。

以在电视中播出时长最长的影视剧为例，少数民族题材的电视剧一直是我国电视剧产业中的短板。尽管我国有着56个风采各异的民族，每个民族都有优秀的民族文化，但我国现在的电视剧却常常存在电视剧题材撞车问题，六七个台同时打鬼子，四五个台同时玩穿越的现象时有发生，让观众大呼雷人，某个题材拍滥了换个题材，再拍滥，如此往复，降低的是整个电视产业的竞争力。这种现象的出现，很大程度上就是因为编剧以及电视剧投资人忽视了少数民族题材。

如果能跳脱单一民族文化的思维禁锢，横向审视56个民族的文化，那么会发现题材空间还非常充裕。

观众看电视剧看的不是故事的框架，自影视诞生以来，基本的故事结构、矛盾冲突、题材类型无非是有限的几种，那为什么电影、电视剧还会有好有坏？是因为组成整部影视剧的所有元素在同样的故事框架下进行排列组合的方式有好有坏。少数民族文化为影视剧增加了大量新奇的元素：传统、风光、习俗、服饰、饮食、演员形象等等，这些元素以及元素间的排列组合，无一不引发观众的收视欲望。

CCTV－1的黄金时间曾经播出过《茶马古道》《尘埃落定》《康定情歌》《丝绸之路传奇》等少数民族题材大戏，无不取得了很高的收视率。有观众在看完《茶马古道》之后表示："（《茶马古道》）一部顶三部：一部电视剧、一部风光片、一部人文纪录片"。而且，少数民族影视剧先天具有优质的"后产业开发"资源，因为少数民族地区通常都处在风光秀丽、民风淳朴、文化独特、绿色天然的地区，在影视剧的带动下能开发旅游、餐饮、产品等各种产业。

仍以《茶马古道》为例，电视剧的实际投资方是云南省委宣传部，而云南省委宣传部投资的最主要原因就是茶马古道大部分路段位于云南省境内，容易带动影视后产业发展。果然，电视剧热播之后，兴起了茶马古道热，旅游、普洱茶产业、主题餐饮等纷纷打上了茶马古道的品牌烙印，把一条原本淹没在历史长河中的崎岖小路变成了云南经济、文化发展的通天大道。

2. 公共电视可以定位于世界范围内同语系的观众群体

维吾尔语属于属阿尔泰语系突厥语族，全世界范围内使用突厥语族的一共有1.82亿人，分布在土耳其、阿塞拜疆、哈萨克斯坦、乌兹别克斯坦、土库曼斯坦、吉尔吉斯斯坦布等十多个国家和地区。

这些国家语言与维吾尔语大致相通，大大降低了译制难度，可以实现低成本的各国语言译制。

综上所述，凡是非基本公共服务类节目都可以着眼于全国乃至全球文化产业市场，制作双语或者多语种版本，实现原生少数民族语言节目向境内外非本民族观众群体的输出。随着运营的日渐成熟，一些基本公共服务的节目如新闻、科教节目等，也可以实现对境内外的输出，通过节目输出的交易收入，强化自身造血功能，减轻财政压力，更重要的是，可以通过更加优良的内容产品满足本民族观众的需求，另一方面也促进多民族间的交流与理解，如果节目输出到境外，还能起到塑造国家形象、唤起国际认同、增强文化软实力的作用。

五、“两手抓”的传播渠道建设

传播渠道建设的“两手抓”，指的是一手抓对维吾尔族观众的覆盖到位，另一只手抓对非维吾尔观众群体的节目推广。

（一）对维吾尔族观众的传播渠道建设

1. 保持现有的传播渠道和覆盖范围

关于现在维吾尔语节目及其他少数民族语言节目的频道分配、覆盖率等广度的情况在前文中已有充分论述，在此不再重复。目前的覆盖率已经达到或超过了全国平均水平。这是维吾尔族观众享受文化均等权的重要指标。

2. 以“网络电视+手机电视”等灵活多样的方式解决剩余覆盖“盲区”和“返盲”问题

随着绝大部分有覆盖条件的地区实现了广播电视全覆盖，剩下的“盲区”都是些山高水远、条件恶劣、人烟稀少的地区，有线网络市场价值小，而且随着开通年限越来越长，大量的“村村通”设备出现老化、损坏等情况，这些设备的更新换代和维修都要投入大量的人力、物力。

过去的覆盖工程，都是广电部门单打独斗完成的，依托的也都是广播电视技术，随着数字技术的发展和网络特别是移动互联网的普及，广播电视的覆盖手段和覆盖能力越来越体现出成本高、效益低的劣势。例如2014年，政府投资4.5亿元人民币完成了90万套“户户通”设备的安装，单位成本为500元，还不含后续的维护费用。而现在市场上一个多功能的机顶盒零售价不过才200—300元，能看视频的智能手机也不过500—600元一部，更何况各家移动通信的4G网络比广电网覆盖更加密。作为以法人身份运营的公共电视公司，完全可以打破政府部门之间的行政壁垒，实现双赢合作，由公共电视公司向移动通信公司批量采购流量，通过"网络机顶盒+智能手机电视"，把节目送到维吾尔族观众的家中。

（二）对非维吾尔族观众的传播渠道建设

1. 与新疆电视台一起，合作打造虎鱼网的传播影响力

虎鱼网已经形成了一定的影响力，少数民族语言电视公共化之后，仍然可以与新疆电视台合作，通过虎鱼网进行视频直播和点播业务。

2. 积极配合公共电视内容的走出去战略，在世界范围内打造和传播中国公共电视公司的形象及节目的形象，让中国公共电视成为中国的文化品牌之一。

可以采用节目推介会、赠播、线上线下的广告和公关推广、频道包装等手段提升品牌影响力。

六、评估：让观众深度参与的"听证会制度"

"公共利益"是个很难评估但是又不得不评估的指标，公共电视的评估应该从以下两个方面开展：

1. 定期评估

定期评估主要是围绕年度评估、中长期评估两者展开。

表6—3是本文提供的一种评估思路，在我国电视公共服务体系的建设和发展过程中，上述各个组成部分需要根据实际情况做出指标和权重的调整，比如公共电视初期应该重点评估内容的原创新和创新性，鼓励更多的新节目涌现，但中后期则应转向制度建设，将创新纳入制度化轨道，实现为公众提供优质公共服务的目标。

表 6—3 公共电视评估系统

一级指标	二级指标	指标说明
广播电视公共服务设施	触达率	收视普及，信号覆盖范围及人口数，特别是偏远地区覆盖情况
	收视率	收视率
	收看（听）时数	观众收视（听）时数
	观众市场占有率	在整个广电市场中的占有率
	新技术普及	新平台建设，如数字频道普及及覆盖、网站建设，提供多样便捷的获取途径
广播电视公共服务内容	节目充足度	资讯丰富，满足普遍的信息需求
	节目多元化	类型多样，满足各群体需要，尤其是儿童、老人、残疾人等的传播权
	节目公正性	节目公正平衡，尤其是新闻报道
	节目创新度	节目、活动的创新程度
	节目深度及意义	监督公共政策、守望媒介环境、发挥公共论坛作用
	自制节目比例	广播电视机构、社会组织及个人制作节目的比例分配
	本土节目比例	本国节目产制比例
	节目获奖数	节目所获国内、国外奖项
广播电视公共服务监管	规制措施健全度	规制体系完善程度、规章健全程度
	组织开放度	吸引各界广泛监督
	组织认同度	监督主体的认同度及满意度
	违反规定记录	节目是否违反相关规定，是否受处罚
	处理意见适当性	意见处理流程是否适当，处理结果
广播电视公共服务运营	财源多样化	公共财政投入、运营收入、社会赞助收入等财源的比例分配，衡量运营稳定性
	行政效率	行政效率指标，衡量公共财政投入产出的重要指标
	节目效率	节目投入产出比
	节目效益	节目推广、版权交易等
	人力资源管理	员工结构、培训、绩效管理等
	运作透明度	定期公开运营状况，包括运营目标、计划、年度财报等

2. 项目评估

项目评估还可分为项目决策前评估和项目效果评估。项目评估应该成为公共电视公司进行项目投资的重要参考标准，不能盲目决策，要为投资效果负责。

以上不论哪种评估的基础都应该建立在目标观众深度参与的听证会基础之上，要改变过去做节目主要靠拍脑袋的做法，真正了解观众想看什么。既然是为公共利益服务，那就让项目"从群众中来，到群众中去"。让少数民族观众参与项目的决策过程，形成一种定制化的节目生产流程，同时进行节目播出后的效果评估，以利于日后的改进。

除了少数民族观众之外，还应该加入纳税人、专家学者、电视产业精英的意见，多从专业角度和公众角度考虑问题，尽量减少政府意志。

七、多层次的公共电视保障与监管

电影《蜘蛛侠》里曾经有一句脍炙人口的台词：能力越大，责任越大。这句话很好地阐明了权利和义务的辩证关系。作为公共电视机构来说，权利和义务是对立统一的，公共电视的权利是应该受到保障的，而在享受权利的同时，也要承担义务，接受监管。

发达国家对广播电视业的管理，是针对整个广播电视业进行的，公共广播电视的保障和监管是其中的一部分，和对商业广播电视的保障与监管并行，整个保障体系由法律保障与监管、行政保障与监管、行业监管三重构成。

1. 法律保障与监管

法律的保障与监管位于整个保障监管体系的最高层。发达国家都建立了以宪法或宪法性法律为基础的一般法体系，运用统一的专门法或相关法约束广播电视业，明确广播电视机构的法律地位，规定行政规制、独立规制机构、社会监督机构的权限和方式，并对这些机构进行司法审查。比如美国联邦层面的广播电视行业相关法律法规包括《1934 年通信法》《1984 年有线通信政策法》《1990 年儿童电视法》《1996 年通信法》等一系列法律，从频率分配、执照颁发、份额配给、内容控制等方面规定商业广播电视的公共服务义务。1967 年还针对公共电视制定了专门的《公共电视法》，该法明确了公共广播电视的责任和义务、财源、内容供给标准，是公共电视的法律保障，同时还对公共广播电视规制机构 CPB 的职权做了规定，成为公共广播电视的运营依据。

而在英国，英国广播公司成立于 1922 年，5 年之后的 1927 年，英国颁布执行了《皇家特许宪章》，这一宪章成为了英国公共广播电视长盛不衰的秘诀。

《皇家特许宪章》规定了英国广播公司的宪制地位，并界定其总体目标与职能：英国广播公司的使命是凭借优良的节目和服务，丰富人们的生活，提供优质的信息、教育及娱乐节目和服务。英国广播公司的价值观是求真、准确、不偏不倚、意见多元、编辑诚信和自主、以公众利益为依归、公平、保障隐私、保护出境无助人士、保障儿童的福利以及对公众负责①。

其他发达国家如日本、德国、法国、韩国、加拿大、俄罗斯等，也通过统一的广播电视专门法或相关法对公共广播电视和商业广播电视的设立、存续以及播出活动等组织行为进行约束。

反观我国，还没有制定专门的广播电视法，目前只有国务院颁布的《广播电视管理条例》以及《广播电视设施保护条例》，其他的一些相关性的条款散见于刑法、著作权法、广告法中。可以说，我国目前还比较缺乏广播电视公共服务相关的法律约束。

2. 行政保障与监管

行政监管是公共电视保障与监管机制的第二层。绝大多数国家都设立了广播电视业的行政管理机构，依法行使对广播电视业的保障和监管权力。比如日本，行政规制一直处于监管机制的核心位置，总务省作为行政规制机构，依据《广播电视法》和《电波法》等法律的规定负责广播电视技术研发与普及、广播电视政策制定、广播电视内容监管、广播电视视听调查等工作，并承担日本公共广播电视 NHK 的相关工作，如预算审查、节目编播等。总务省的工作方式主要为行政许可和行政指导，可对违法行为进行处罚直至下达停运指令。其他发达国家也有设立了类似的行政规制机构，将广播电视纳入行政管理的范畴，以保证广播电视业合理利用频谱

---

① 陈净卉：《当代中国广播电视公共服务的理论阐释和体系建构》，华中科技大学博士论文，2013 年，第 44 页。

资源，消除广播电视传播的负外部性，统筹广播电视业发展。如英国的文化媒介体育部，韩国的文化观光部、广播委员会、信息通讯部，加拿大的遗产部等。除行政管理机构之外，大多数发达国家还设有广播电视行业的独立规制机构，如英国通信办公室（OFCOM）、美国联邦通信委员会（FCC）、法国最高视听委员会（CSA）等。这些机构依法设立，独立于行政机构，在法律授权范围内独立行使权力，其权利包括广播电视行业规则的制定权、开办广播电视机构的许可权和广播电视节目内容的监管权等。比如英国通信办公室不仅通过广播电视频率许可、媒介所有权审查的方式对商业广播电视进行监管，还制定了节目评估体系，要求所有的广播电视机构每年提交年度目标及节目承诺，并据此对其年终表现进行评估，以此督促广播电视履行公共服务义务。

上世纪 80 年代，我国确立了"四级办台，四级管理"的广播电视体制，由广播电视行政机构负责管理广播电视，广播电视机构既是新闻宣传机关又是事业机关，形成了新闻宣传、事业建设和行业管理"三位一体"的完全行政性的管理体制。在当时的社会环境下，这一体制极大地促进了我国广播电视的发展，实现了广播电视的快速覆盖和触达，但随着市场经济体制改革的深入，该体制在效率上的不足日益明显：广播电视同时接受同级政府、同级党委和上级行政管理部门的管理，三大管理机关不仅难以形成合力，还产生了管理真空；由于管办不分、政事合一、政企不分，行政管理的公正性和有效性也无法得到保证。十六大以来，党和国家虽提出了一些行政管理体制改革和文化体制改革的方案，逐渐明确了各级党委宣传部门、广播电视行政主管部门、广播电视台和广播电视企业各自的职能定位，但是，由于我国广播电视"条块分割，以块为主"的格局尚未根本改变，而且我国并未成立单独的公共电视服务机构，因此在行政管理上仍存在真空。

如果公共电视公司成立，那么对应的行政管理部门应该归属于公共服务司，有助于形成管理的顺畅性，这一点在前文中已有阐述。

3. 行业监管与自我监管

这是公共电视保障和监管体系的第三个层面。发达国家广播电视业在长期的发展过程中组建了相关的行业性组织，已经具备较高的自律性，比如德国的电视自律行业组织（FSF）和多媒体行业自律组织（FSM）、日本民间广播电视联盟、加拿大广播业者协会（CAB）等，这些行业性组织通过制定内容规约来避免广播电视机构违规现象的发生，保护自身利益。在发达国家，作为公共服务承载主体的公共广播电视，其公共产权的性质决定了其必须以对公众负责的态度从事活动，因而形成了完善的自我规制方式。

我国广播电视业在产业化之后，由于广播电视系统的财权和事权过度下放，现行的广播电视评价标准又侧重于市场效益，增加了广播电视业的生存压力。广播电视业以创造利润作为运营的首要目标，在扮演市场经营者角色的同时无法平衡好宣传者角色和公共服务提供者角色，往往无法自觉实现经济效益和社会效益的平衡，电视台违背社会公序良俗的情况时有发生。而这样一个由“不自觉”的个体单位组成的行业，即便有一些行业组织，也是很难起到真正的自律作用的。如果再加上政府行政监管不力，那么必然造成电视台之间的无序竞争。

公共电视作为一种制度构想，从诞生之日起，就应该自觉保持清醒，融入广播电视的行业之中，但是又要与产业电视保持一定的距离。这其中的分寸很难拿捏，只能依靠更多更广泛的社会监督实现。具体可以参照国外的一些做法，比如日本NHK成立了NHK信息公开审议会，制定了《NHK伦理·行为宪章》《公共资金的使用准则》《NHK信息公开规程》等一系列文件，把自身透明化，让社会大众能清晰地监督自己的一举一动，再结合节目评估体系，保证大方向和具体步骤上的双重正确性。

结　语

本书至此已近尾声。

综合来看，受我国国情所限，关于民族和宗教问题的相关研究比较谨慎，直接切入媒体对受众影响力的研究更少。由于前人相关研究成果不多，所以很多问题需要本研究进行创新性探索。

纵观全书，本研究首先通过二手资料和观察法得出基础认知：在“村村通”“户户通”等文化惠民工程推动下，少数民族电视事业取得了长足发展，基本满足了少数民族同胞的基本文化需求。但随着社会发展，由于网络媒体的冲击以及“以提高覆盖率拉动影响力”的路径走到尽头等各种因素的叠加，电视媒体在维吾尔族观众中如何进一步提升影响力陷入了困境，需要找到新的方式和路径，继续提升电视媒体的影响力，为促进国家统一和社会和谐做贡献。

为了验证这些基础认知的正确性，本研究首先在借鉴相关研究成果基础上，尝试建构起一种电视媒体对维吾尔族观众影响力的评价范式——WSRVC 范式，即从电视媒体对维吾尔族观众影响的广度、强度、信度、效度和融度五个方面进行量化研究。量化研究中所需数据基本来自笔者自行设计、发放和统计问卷，以及小组访谈、深度访谈所获得的一手资料。

在量化研究基础上，形成了电视媒体在维吾尔族观众中影响力现状的综合图景，并剥离出了影响影响力提升的主要矛盾——“维吾尔族观众日益增强的高阶文化需求”与“针对维吾尔族观众的电视节目‘质与量’”，并分析得出了造成这种矛盾的根源：“市场失灵”。

在此基础上，结合与借鉴国外的先进经验，在西方经济学、公共管理学中的灯塔困境、外部性、非竞争性、非排他性、帕累托最优等理论指导下，以制度创新为根本方式，提出了将少数民族语言电视由“产业化”向

“公共化”转变的思路，并就公共化过程中的实施主体、财政措施、内容生产、传播渠道、内容评估、监管与保障等六个方面进行了相关规划。

本书也存在很多不足，首先，由于基础数据缺乏，导致本研究对于问卷调查有很高依赖度，而又由于人力、物力以及知识储备的问题，不管是在抽样方法、样本数量还是问卷内容方面都有改进余地，所获得的数据也有一定的片面性；其次，在第五章分析问题、发现问题的部分还可以有更加有力的理论和资料作支撑论据；最后，在第六章解决问题时，对于西方经济学和公共管理学的理论还存在没吃透的情况，所提出的问题解决方案还未经实践证明，也缺乏业内专业人士的建议和意见。

这些不足之处，笔者会在后续研究中加以弥补和完善。

2002 年，党的十六大报告中首次将公共服务与经济调节、市场监管、社会管理并列作为政府四大基本职能，意味着公共服务理念的正式提出。

公共服务中的一个重要分支就是公共文化服务，2015 年 1 月，中共中央办公厅、国务院办公厅印发了《关于加快构建现代公共文化服务体系的意见》，并发出通知，要求各地区各部门结合实际认真贯彻执行。这一意见的出台，为中国公共文化服务体系的建立健全和全面实施提供了可靠保障，意味着公共文化服务体系建设已经上升到了国家战略层面。作为公共文化服务体系的重要分支，公共电视重任在肩。

综上所述，本研究中的规划尽管只是未来蓝图，但都尊重了我国国情和行业现状，又顺应了国家大政方针，从蓝图变成实景或许只是朝夕之间。

我国民族、宗教相关研究一直处于比较敏感和谨慎的状态，但民族和宗教问题，恰恰是国家统一和社会和谐所无法回避的关键问题，无论多么棘手，总要有人触碰，谨以此研究作为后续研究的铺路石。

参考文献

一、图书类

［1］覃光广、冯利、陈朴主编：《文化学词典》，中央民族学院出版社，1988 年。

［2］喻国明：《传媒影响力：传媒产业本质与竞争优势》，南方日报出版社，2003 年

［3］吴文虎主编：《传播学概论》，武汉大学出版社，2000 年。

［4］中国广播电视年鉴编辑部：《中国广播电视年鉴（1997—2015）》，中国广播电视年鉴社。

［5］杨伟光：《中国电视论纲》，中国广播电视出版社，1998 年。

［6］魏永征：《中国新闻传播法纲要》，上海社会科学院出版社，1999 年。

［7］李景源：《中国公共文化服务发展报告（2007）》，社会科学文献出版社，2007 年。

［8］刘习良主编：《中国电视史》，中国广播电视出版社，2007 年。

［9］（德）尤尔根·哈贝马斯著，曹卫东等译：《公共领域的结构与转型》，上海：学林出版社，1999 年。

［10］张锦华：《传播批判理论》，台湾黎明文化事业有限公司，1994 年。

［11］（德）霍克海默．阿多诺著、洪佩郁等译：《启蒙辩证法》，重庆出版社，1990 年。

［12］尤战生：《流行的代价：法兰克福学派大众文化批判研究》，山

东大学出版社，2006 年。

［13］杨乘虎等编著：《中国电视公共文化服务创新研究》，中国传媒大学出版社，2014 年。

［14］马树勋：《民族新闻探索》，内蒙古人民出版社，1986 年。

［15］白润生：《中国少数民族新闻传播通史》，中央民族大学出版社，2008 年。

［16］白克信、蒙应合：《民族新闻学导论》，广西师范大学出版社，1997 年。

［17］周德仓：《西藏新闻传播史》，中央民族大学出版社，2005 年。

［18］林青：《中国少数民族广播电视发展史》，北京广播学院出版社，2000 年。

［19］益西拉姆：《中国西北地区少数民族大众传播与民族文化》，兰州大学出版社，2002 年。

［20］Charles Curran 著、冯建三译：《统理 BBC》，台湾：远流出版事业股份有限公司，1992 年。

［21］露西·金—尚克尔曼著、彭泰权译，《透视 BBC 与 CNN：媒介组织管理》，清华大学出版社，2004 年。

［22］何勇：《德国公共广播电视研究》，中国传媒大学出版社，2010 年。

［23］施大权、高冠钢、陆卫华编著：《当代世界广播电视》，复旦大学出版社，1991 年。

［24］王斌、陈锐：《少数民族地区电视传播效果研究——以西藏、新疆为例》，中国广播电视出版社，2012 年。

［25］郭建斌：《独乡电视：大众传媒与少数民族乡村日常生活》，山东人民出版社，2005 年。

［26］陆地：《世界电视产业市场概论》，中国人民大学出版社，2003 年。

二、论文类

（一）期刊论文

[1] 华文：《媒介影响力经济探析》，载《国际新闻界》，2003 年第 1 期。

[2] 袁薇佳：《媒介影响力与品牌打造》，载《当代传播》，2004 年第 4 期。

[3] 赵彦华：《媒介影响力的分类及功能特征》，载《中华新闻报》，2003 年 9 月 1 日，第 5 版。

[4] 何春晖、毛佳瑜：《媒体影响力的量化指标》，载《新闻实践》，2006 年第 10 期。

[5] 中视金桥媒介研究中心：《如何评估电视媒体影响力》，载《市场观察·广告主》，2007 年第 12 期。

[6] 郑丽勇、郑丹妮、赵纯：《媒介影响力评价指标体系研究》，载《新闻大学》，2010 年第 1 期。

[7] 蒋佶成：《理性互动：媒介影响力的助推器——兼对郑丽勇教授媒介影响力指标体系质疑》，载《新闻记者》，2012 年第 7 期。

[8] 子木：《我国电视业实行条块双重管理的利弊及对策》，载《中国广播电视学刊》1998 年第 1 期。

[9] 田聪明：《认真学习贯彻江总书记的重要批示　做好世纪之交的广播影视工作—在全国广播影视厅局长会议上的讲话摘要》，载《中国广播电视学刊》，2000 年第 3 期。

[10] 张媛：《潜移默化——大众传媒与少数民族国家认同培养》，载《传播与版权》，2015 年第 4 期。

[11] 黄学建：《共电视的三种实践模式》，载《现代传播》（中国传媒大学学报），2013 年第 10 期。

[12] 福建广播电视局：《开办福建公共频道的实践》，载《中国广播电视学刊》，2002 年第 6 期。

[13] 李克：《西北少数民族地区新闻事业现状及对策》，载《中国少

数民族地区信息传播与社会发展论丛》，2010 年。

［14］郑保卫：《我国少数民族地区新闻传播业发展现状及对策》，载《现代传播：中国传媒大学学报》，2013 年第 5 期。

［15］郑保卫：《西藏、新疆新闻业发展现状、问题及对策》，载《中国少数民族地区信息传播与社会发展论丛》，2010 年。

［16］罗曲：《信息传播与凉山彝族社会经济的发展》，载《西南民族学院学报》（哲学社会科学版），2001 年第 6 期。

［17］龙丽双：《传承还是消解——大众传媒在传承少数民族文化中的问题与思考》，载《新闻界》，2013 年第 16 期。

［18］谭华：《大众传播与少数民族社区的文化建构——对现代媒介影响下的村落变迁的反思》，载《湖北民族学院学报》（哲学社会科学版），2007 年第 1 期。

［19］罗秋霞：《浅谈民族类语言节目的传播影响力》，载《视听研究》，2012 年第 10 期。

［20］谭舒：《少数民族地区电视媒体的社会功能与定位》，载《当代传播》，2013 年第 2 期。

［21］顾雪松：《少数民族电视节目制作及传播效果分析——以五大少数民族自治区为例》，载《贵州师范学院学报》，2015 年第 5 期。

［22］李西莉：《少数民族地区电视传媒发展的思考》，载《今传媒》，2011 年第 9 期。

［23］李小琴：《喀什地区电视媒体发展中存在的问题及其对策——以喀什电视台为样本分析》，《中国西部科技》，2010 年第 15 期。

［24］黄莉莉：《维吾尔族受众对新疆电视台维吾尔语频道新闻节目信任度研究》，载《新闻世界》，2015 年第 1 期。

［25］刘新利：《试论大众传媒与少数民族的国家认同建构》，载《西藏民族学院学报》（哲学社会科学版），2013 年第 5 期。

［26］郑丽勇：《媒介影响力乘法指数及其效度分析》，载《新闻与传播研究》，2010 年第 6 期。

［27］陆地、高菲：《我国建立公共电视的总体思路、模式和路径》，载《声屏世界》，2005 年第 8 期。

［28］杨乘虎：《中国广播电视公共服务体系建设三论》，朝思暮想

《现代传播：中国传媒大学学报》，2008 年第 1 期。

[29] 索晓霞；《试论民族地区公共文化服务体系建设的特殊性》，《贵州民族研究》，2012 年第 4 期。

[30] 潘思柳：《民族地区基本公共文化服务差异研究——基于泰尔指数的分析》，载《中国文化产业评论》，2012 年第 2 期。

[31] 喻国明：《关于传媒影响力的诠释——对传媒产业本质的一种探讨》，载《新闻战线》，2003 年第 6 期。

[32] 郭镇之：《美国公共广播电视的起源》，1997 年第 4 期。

[33] 郭镇之：《欧洲公共广播电视的历史遗产及当代解释》，1998 年第 1 期。

[34] 石长顺、向培凤；《公共电视与公共领域构建》，《现代传播：中国传媒大学学报》，2006 年第 5 期。

[35] 刘祥平、肖叶飞：《中国广播电视公共服务：政策与规制》，载《甘肃社会科学》，2010 年第 5 期。

[36] 方德运：《我国广播影视公共服务体系建设实践与思考》，《声屏世界》，2010 年第 6 期。

（二）学位论文

[1] 孙佳乐：《我国广播电视公共服务体系建设路径研究》，湖南大学硕士论文，2012 年。

[2] 朱雯：《东方卫视影响力评估研究》，南京师范大学硕士论文，2005 年。

[3] 种立博：《新疆电视台维吾尔语频道媒介生态环境研究》，新疆大学硕士论文，2012 年。

[4] 卢迎安：《当代中国电视媒介的公共性研究（1978—2008）——以央视和凤凰卫视为例》，复旦大学博士学位论文，2009 年。

[5] 陈净卉：《当代中国广播电视公共服务的理论阐释和体系建构》，华中科技大学博士论文，2013 年。

[6] 郑丹妮：《党的主流媒体影响力问题研究》，南京大学硕士论文，2011 年。

[7] 师晓艳：《少数民族地区电视传播效果研究》，西北师范大学硕士

论文，2012 年。

［8］林晓华：《媒介素养与少数民族发展》，四川大学博士论文，2006 年。

［9］李春霞：《电视与中国彝民生活——对一个彝族社区电视与生活关系的跨学科研究》，四川大学博士论文，2005 年。

［10］钱磊：《大众传媒与西藏地区受众现代观念关联性研究》，西藏民族学院硕士论文，2013 年。

［11］木尼拉、叶尔健：《大众传媒与新疆哈萨克族社会变迁研究》，新疆大学硕士论文，2014 年。

［12］南长森：《西北少数民族地区新闻传播与国家认同研究》，武汉大学博士论文，2012 年。

［13］金玉萍：《电视收视实践中的认同表征——基于托台村的民族志研究》，复旦大学博士论文，2010 年。

［14］麦合布拜·麦麦提力：《喀什地区电视台维吾尔语频道栏目研究》，新疆大学硕士论文，2014 年。

［15］米克丽班·迪木拉提：《新疆电视台少数民族语言频道经营理念研究》，新疆大学硕士论文，2008 年。

［16］马瑞婕：《新疆电视台新闻联播研究》，新疆大学硕士学位论文，2010 年。

［17］夏木西卡买尔．艾买提：《新疆电视台维吾尔语译播栏目研究》，新疆大学硕士学位论文，2011 年。

［18］蒋雪娇：《新疆少数民族语言影视译制业现状及发展研究》，新疆大学硕士学位论文，2011 年。

［19］闫瑞：《新疆卫视汉语频道在新疆的传播效果研究》，兰州大学硕士学位论文，2013 年。

［20］焦阿娟：《公共服务诉求下我国公共频道向公共电视的转型分析》，西南财经大学硕士学位论文，2012 年。

［21］袁英：《中国公共频道向公共电视转型分析》，湖南大学硕士学位论文，2009 年。

［22］李翔：《少数民族地区公共文化服务体系建设研究》，西北师范大学硕士论文，2012 年。

［23］徐海涛：《论广播电视公共服务的共享与实现》，湖南大学硕士论文，2014 年。

三、电子文献

［1］新疆广播电影电视局官方网站 http：//www. xjgdj. gov. cn/.

［2］新疆电视台官方网站虎鱼网 http：//www. xjtvs. com. cn/.

［3］中国产业信息网 http：//www. chyxx. com/industry/201512/369110. html.

［4］腾讯网新闻 http：//news. qq. com/a/20110119/000564. htm.

［5］中商情报网 http：//www. askci. com/news/201201/16/1616395250731. shtml.

［6］网易新闻 http：//news. 163. com/16/0124/17/BE44PGUJ00014JB5. html.

［7］中国统一战线新闻网 http：//tyzx. people. cn/n/2014/0724/c372373 -25334211. html.

［8］喀什政府信息网 www. kashi. gov. cn/.

［9］新疆维吾尔自治区统计局 http：//www. xjtj. gov. cn/.

［10］中国广告协会网 http：//www. cnadtop. com/news/.

［11］天山网 http：//news. ts. cn/content/2016 -01/18/content_ 11966740. htm.

［12］新疆新闻在线 http：//www. xjbs. com. cn/.

［13］中证网 http：//www. cs. com. cn/ssgs/gsxw/201604/t20160406_ 4940767_ 1. html.

［14］百度词条“制度创新” http：//www. baidu. com.

［15］百度百科“政府补贴” http：//baike. baidu. com.

〈Public Broadcasting Revenue by Public Television and Radio System and Source of Revenue，Fiscal Year 2013 -2014〉（美国 PBS 公共广播电视收入年报） http：//www. cpb. org/files/reports/revenue/2014PublicBroadcastingRevenue. pdf.

四、研究报告

［1］《新疆电视台 2015 年上半年广告经营情况分析报告》

［2］吕郁女：《迈向集团化发展的中国大陆广电管理制度》，见台湾“国政研究报告”，2002 年 6 月 7 日。

［3］胡正荣、李继东：《广播电视公共服务、政治理念与社会实践》，见《中国媒体发展研究报告》，2007 年。

五、其他

［1］李微敖、陈李娜；《新疆这五年：公共安全，新疆要花多少钱》，载《南方周末》，2014 年 8 月 29 日。

附录一　2010 年西新地区电视媒体传播效果研究调查问卷

问卷编号［　］［　］［　］［　］　　访 问 日 期____月____日

访 问 员________　　　访问开始时间________：________

民族地区电视观众调查问卷

亲爱的朋友：

您好！我们是中央民族大学少数民族地区电视观众调查组，为了解观众对电视传播的看法，以及观众收看电视的一些基本情况，我们组织了这次调查，您的回答对丰富电视节目内容、提高电视节目质量具有重要的价值，因此，我们诚恳地希望得到您的支持与配合。

本问卷只是了解一些看电视的基本情况，问题的答案无所谓对错，您是匿名回答问卷，我们会对你的回答严格保密，请将您的真实想法告诉我们。

占用了您宝贵的时间，我们向您致以诚挚的谢意！

中央民族大学电视观众调查组

2010 年 7 月

A 部分

A1. 您家里最早的一台电视机购买于______年。

A2. 您家最新买的一台电视机屏幕是______寸。

A3. 您家最新买的一台电视机是什么类型的？____【读出选项】

1. 液晶彩电　　2. 等离子彩电　　3. 普通彩电

4. 黑白电视　　5. 其他

A4. 您家通过什么方式收看电视？____【不读出选项，若无回答再读出选项进行提示】

1. 有线电视（收费）　　2. 有线电视（不收费）

3. 村锅卫星天线（收费）　　4. 村锅卫星天线（不收费）

5. 自家安装的卫星接收器　　6. 普通室外天线

7. 其他方式【请注明】____

A5. 上个月您平均每天看电视的时间大约是____个小时。【保留小数点后的一位数字】

A6. 您平常看电视主要集中在哪个时段？【不读出选项，可多选】

1. 00：00—08：00　　5. 14：00—16：00　　9. 20：00—21：00

2. 08：00—10：00　　6. 16：00—18：00　　10. 21：00—22：00

3. 10：00—12：00　　7. 18：00—19：00　　11. 22：00—23：00

4. 12：00—14：00　　8. 19：00—20：00　　12. 23：00—24：00

【出示卡片 A－电视频道列表】

A7. 您家的电视中哪些频道您比较熟悉？【切换全部频道，辅以出示卡片 A，填写电视频道列表上对应的编号】

99－其他频道：______________________________

A8. 以上这些频道，您最喜欢看的是哪些？【填写电视频道列表上对应的编号，最少填 3 个，最多填 10 个】

A9. 以上这些频道，您最信任的是哪些？【填写电视频道列表上对应的编号，最少填 3 个，最多填 10 个】

A10. 下面我们列出了一些看电视的原因，您是否同意这些陈述：【用 1 到 5 打分，1 分表示非常不同意，5 分表示非常同意，分值越高，表示越同意】

		非常不同意	不太同意	一般	比较同意	非常同意
01	了解国内时事	1	2	3	4	5
02	了解国际时事	1	2	3	4	5
03	了解国家的方针政策	1	2	3	4	5
04	了解本民族的事情	1	2	3	4	5
05	了解商品信息	1	2	3	4	5
06	学习各种知识	1	2	3	4	5
07	增长见闻开阔眼界	1	2	3	4	5
08	消除孤独	1	2	3	4	5
09	让自己放松	1	2	3	4	5
10	没什么其他事可做	1	2	3	4	5
11	想知道外面的世界是什么样子	1	2	3	4	5
12	想看电视上的人们有什么不同	1	2	3	4	5
13	平时太累了所以看电视	1	2	3	4	5
14	从电视上可以看到幽默和快乐	1	2	3	4	5
15	需要从电视上了解怎样解决自己的问题	1	2	3	4	5

A11. 对以下几种类型的电视节目，你的喜欢程度是：【用 1 到 10 打分，1 分表示非常不喜欢，10 分表示非常喜欢，分值越高，表示越喜欢】

节目类型	喜	欢	程	度					
1 - 新闻	1	2	3	4	5	6	7	8	9	10
2 - 娱乐	1	2	3	4	5	6	7	8	9	10
3 - 影视	1	2	3	4	5	6	7	8	9	10
4 - 科教	1	2	3	4	5	6	7	8	9	10
5 - 广告	1	2	3	4	5	6	7	8	9	10

A12. 下面我们列出了一些对于电视的看法，您是否同意这些陈述：【用 1 到 5 打分，1 分表示非常不同意，5 分表示非常同意，分值越高，表示越同意】

		非常不同意	不太同意	一般	比较同意	非常同意
01	电视增进了对本地区以外事情的了解	1	2	3	4	5
02	电视增进了对本民族以外事情的了解	1	2	3	4	5
03	看电视使大家有了更多的聊天话题	1	2	3	4	5
04	看电视减少了亲朋邻里间的交往走动	1	2	3	4	5
05	看电视满足了我们的精神需要	1	2	3	4	5
06	电视影响和改变着本民族的生活方式	1	2	3	4	5
07	看电视导致本民族人不遵守民族传统	1	2	3	4	5
08	电视节目成为对青少年辅助教育的工具	1	2	3	4	5
09	电视使得我们不断接受新事物	1	2	3	4	5
10	电视传播不断提供生活服务，引导消费	1	2	3	4	5
11	电视引导我们用先进的手段从事生产	1	2	3	4	5

B 部分

B1. 总体来说，您对电视新闻节目是否满意：【读出选项】

1. 非常满意　　2. 比较满意　　3. 一般

4. 不太满意　　5. 很不满意

B2. 对以下几种类型的电视新闻节目，你的喜欢程度是：【用1到10打分，1分表示非常不喜欢，10分表示非常喜欢，分值越高，表示越喜欢，未接触过填0分。】

	喜欢程度		喜欢程度
01 新闻联播		07 民族新闻	
02 经济新闻		08 法制新闻	
03 社会新闻		09 科技新闻	
04 本民族新闻		10 体育新闻	
05 国际新闻		11 人物访谈	
06 地方新闻		12 新闻评论	

B3. 请您对以下新闻内容的可信度进行打分【用1到5打分，1分表示非常不可信，5分表示非常可信，分值越高，表示越可信。】

	非常不可信	不太可信	一般	比较可信	非常可信
01 国内时事新闻	1	2	3	4	5
02 国际新闻报道	1	2	3	4	5
03 民族团结新闻	1	2	3	4	5
04 批评性新闻报道	1	2	3	4	5
05 关于反腐倡廉的新闻	1	2	3	4	5
06 当前政治形势的报道和分析	1	2	3	4	5
07 农牧业取得的成绩	1	2	3	4	5

续表

	非常不可信	不太可信	一般	比较可信	非常可信
08 科教文卫新闻	1	2	3	4	5
09 其他新闻	1	2	3	4	5

B4. 对于目前的新闻报道，我们列出了一些意见，你是否同意这些意见？【请用 1 到 5 打分，1 分表示非常不同意，5 分表示非常同意，分值越高，表示越同意。】

	非常不同意	不太同意	一般	比较同意	非常同意
01 新闻报道内容比较全面	1	2	3	4	5
02 新闻报道基本真实可靠	1	2	3	4	5
03 报道内容枯燥无味	1	2	3	4	5
04 报道内容与生活脱节	1	2	3	4	5
05 新闻能够指导生活	1	2	3	4	5
06 缺少有影响的报道	1	2	3	4	5
07 新闻报道迅速及时	1	2	3	4	5
08 舆论监督非常有力	1	2	3	4	5
09 反映本民族生活的新闻太少	1	2	3	4	5
10 反映群众呼声不够	1	2	3	4	5

【出示卡片 B－电视新闻栏目列表】

B5. 在这些知名新闻栏目中，您喜欢哪些？【填写新闻栏目列表上对应的编号，最少填 3 个，最多填 10 个】

99－其他新闻栏目：________________

【出示卡片 C－电视新闻主持人列表】

B6. 在这些知名新闻主持人中，您喜欢哪些？【填写主持人列表上对应的编号，最少填 3 个，最多填 10 个】

99－其他新闻主持人：________________

C 部分

C1. 总体来说，您对电视娱乐节目是否满意：【读出选项】

1. 非常满意　　2. 比较满意　　3. 一般

4. 不太满意　　5. 很不满意

C2. 对以下几种类型的电视娱乐节目，你的喜欢程度是：【用 1 到 10 打分，1 分表示非常不喜欢，10 分表示非常喜欢，分值越高，表示越喜欢。】

	喜欢程度		喜欢程度
01 联欢晚会		05 歌舞比赛	
02 娱乐新闻		06 流行音乐	
03 明星访谈		07 选秀节目	
04 游戏节目		08 相声小品	

【出示卡片 D－电视娱乐栏目列表】

C3. 在这些知名娱乐栏目中，您喜欢哪些？【填写娱乐栏目列表上对应的编号，最少填 3 个，最多填 10 个】

99－其他娱乐栏目：________________

【出示卡片 E－电视娱乐主持人列表】

C4. 在这些知名娱乐节目主持人中，您喜欢哪些?【填写主持人列表对应编号，最少填 3 个，最多填 10 个】

99－其他娱乐节目主持人：______________________________

D 部分

D1. 总体来说，您对影视节目是否满意：【读出选项】

1. 非常满意　　2. 比较满意　　3. 一般

4. 不太满意　　5. 很不满意

D2. 对以下几种类型的影视节目，你的喜欢程度是：【用 1 到 10 打分，1 分表示非常不喜欢，10 分表示非常喜欢，分值越高，表示越喜欢。】

	喜欢程度		喜欢程度
01 古装武侠片		05 农村故事片	
02 古装爱情片		06 民族题材片	
03 其他古装片		07 外国影视剧	
04 现代都市剧		08 室内情景剧	

【出示卡片 F－影视剧列表】

D3. 在这些影视剧中，您喜欢哪些?【填写影视剧列表上对应的编号，最少填 3 个，最多填 10 个】

99－其他影视剧：______________________________

【出示卡片G－影视演员列表】

D4. 在这些知名影视演员中，您喜欢哪些？【填写影视演员列表上对应编号，最少填3个，最多填10个】

99－其他影视演员：______________________________

E 部分

E1. 总体来说，您对科教节目是否满意：【读出选项】

1. 非常满意　　2. 比较满意　　3. 一般

4. 不太满意　　5. 很不满意

E2. 对以下几种类型的科教节目，你的喜欢程度是：【用1到10打分，1分表示非常不喜欢，10分表示非常喜欢，分值越高，表示越喜欢。】

	喜欢程度		喜欢程度
01 讲座节目		05 科技知识	
02 教学节目		06 自然探索	
03 军事节目		07 健康知识	
04 农业知识		08 社会知识	

【出示卡片H－科教栏目列表】

E3. 在这些科教栏目中，您喜欢哪些？【填写科教栏目列表上对应的编号，最少填3个，最多填10个】

99－其他科教栏目：______________________________

F 部分

F1. 总体来说，您对电视广告是否满意：【读出选项】

1. 非常满意　　2. 比较满意　　3. 一般

4. 不太满意　　5. 很不满意

F2. 以下这些品牌中，你听说过哪些：【逐个读出，多选题，在每个听说过的品牌序号前画圈】

1. 玉兰油	6. 欧莱雅	11. 佳洁士	16. 旁氏	21. 力士
26. 飘柔	2. 肯德基	7. 江中	12. 中国移动	17. 蒙牛
22. 妮维雅	27. 潘婷	3. 三精	8. 娃哈哈	13. 护彤
18. 康师傅	23. 霸王	28. 中国电信	4. 盖中盖	9. 高露洁
14. 伊利	19. 达利园	24. 朴雪	29. 黑人	5. 黄金搭档
10. 脑白金	15. 葵花	20. 雕牌	25. 立白	30. 海飞丝

F3. 在上面这些广告品牌中，您印象较好的有哪些？【填写上一题中品牌编号，最少填 3 个，最多填 10 个】

99 – 其他广告品牌：________________________

F4. 下面我们列出了一些对于电视广告的看法，您是否同意这些陈述：【用 1 到 5 打分，1 分表示非常不同意，5 分表示非常同意，分值越高，表示越同意】

		非常不同意	不太同意	一般	比较同意	非常同意
01	广告很好看、很好玩	1	2	3	4	5
02	多数广告是“王婆卖瓜，自卖自夸”	1	2	3	4	5
03	广告对企业的生产经营作用很大	1	2	3	4	5
04	广告使得人们过分追求享受	1	2	3	4	5
05	从广告中可以了解商品信息	1	2	3	4	5

续表

		非常不同意	不太同意	一般	比较同意	非常同意
06	广告可以给我们的购物起指导作用	1	2	3	4	5
07	看广告已成为我的一种习惯了	1	2	3	4	5
08	我会模仿广告中人物的行为举止	1	2	3	4	5
09	眼花瞭乱的广告使人无法辨别事物的真假	1	2	3	4	5

G部分

G1. 您现在看本民族语言电视节目和普通话节目的比例大概是多少?【两者总和等于100%】

1. 本民族语言的节目______%　　2. 普通话节目______%

G2. 您认为目前本民族语言节目的数量是否合适?

1. 非常少　2. 比较少　3. 适中
4. 比较多　5. 非常多

G3. 您认为哪类节目应该更多地翻译成本民族语言?【读出选项，可多选】

1. 新闻节目　2. 娱乐节目　3. 影视节目
4. 科教节目　5. 广告节目　6. 其他节目【请注明】______

G4. 上个月您平均每天大约花多长时间接触其他媒体?【保留小数点后的一位数，如未接触，请填0】

1. 听广播____小时　2. 读书/报/杂志____小时　3. 上网____小时

G5. 总体上看，您最信任以下哪类媒体?【读出选项，只选一项】

1. 广播　2. 电视　3. 报纸　4. 杂志　5. 网络　6. 其他

G6. 您的家人中是否有人使用手机?

1. 是　2. 否

G7. 您知道手机可以看电视吗?

1. 知道　2. 不知道

G8. 如果你有手机并能通过手机看电视，那么你希望通过手机收看哪方面的电视节目？【读出选项，可多选】

1. 娱乐　　2. 科教　　3. 影视

4. 新闻　　5. 广告　　6. 其他【请注明】________

G9. 下面我们列出了一些有关生活状态和价值观的陈述，您是否同意这些陈述：【请用 1 到 5 打分，1 分表示非常不同意，5 分表示非常同意，分值越高表示越同意】

		非常不同意	不太同意	一般	比较同意	非常同意
1	现在人们离开大众传媒已无法生活	1	2	3	4	5
2	媒体对政府工作起着重要作用	1	2	3	4	5
3	如果有机会，我愿意接受记者的采访	1	2	3	4	5
4	我为自己的民族感到自豪	1	2	3	4	5
5	如果一个本民族朋友对我说汉语会让我很别扭	1	2	3	4	5
6	我对本民族的传统习俗很感兴趣	1	2	3	4	5
7	在平常生活中穿本民族服装是很重要的	1	2	3	4	5
8	我时常忧虑本民族文化正在逐渐淡化	1	2	3	4	5
9	我为自己是一个中国人而感到自豪	1	2	3	4	5
10	北京是一个很适合做首都的城市	1	2	3	4	5
11	作为中国人在世界上很受尊敬	1	2	3	4	5
12	如果有可能，我愿意到其他国家生活	1	2	3	4	5
13	每个孩子都应该接受学校的正规教育	1	2	3	4	5
14	如果有可能的话我希望能多读些书	1	2	3	4	5
15	多学些知识总会有些好处	1	2	3	4	5
16	未来五年我的生活应该比现在要更好	1	2	3	4	5
17	个人成功最重要的因素是自己勤奋有能力	1	2	3	4	5
18	事情年复一年地维持现状比发生变化好	1	2	3	4	5
19	富贵贫贱都是命中注定的	1	2	3	4	5

续表

		非常不同意	不太同意	一般	比较同意	非常同意
20	约好的时间只要晚来一分钟就算是迟到	1	2	3	4	5
21	周围的朋友经常会向我咨询一些问题	1	2	3	4	5
22	总体来说我是一个受欢迎的人	1	2	3	4	5
23	我比周围的人更爱发表自己的意见	1	2	3	4	5
24	经济利益受到侵犯首先应该考虑去打官司	1	2	3	4	5
25	我们应该关心国家的相关政策	1	2	3	4	5
26	村里的干部应该由村民民主选举产生	1	2	3	4	5
27	女性可以担任领导职务	1	2	3	4	5
28	丈夫在做决定时要征求妻子的意见	1	2	3	4	5
29	选择配偶时应该由自己决定	1	2	3	4	5
30	近年来地震、传染病频发都是不祥之兆	1	2	3	4	5
31	一个人生病时需要去医院治疗	1	2	3	4	5
32	我觉得科学将会发挥越来越重要的作用	1	2	3	4	5
33	有条件的话衣食住行都要跟上时代	1	2	3	4	5
34	只要是自己喜欢东西，价钱再高也无所谓	1	2	3	4	5
35	我愿意多花钱去消费有品味有个性的东西	1	2	3	4	5

H 部分

H1. 您的普通话水平是：【不读出选项】

1. 听不懂也不会说　　2. 能听懂一点但不会说
3. 基本能听懂但不会说　　4. 能说一些简单的普通话
5. 可以用普通话交流　　6. 普通话非常熟练

H2. 您到过最远的地方是：________________【请填写地名】

H3. 你是否在外地生活超过半年以上：1. 是　　　　2. 否

H3－1. 这个地方是：________________【请填写地名】

H4. 您的出生年份是：__________年

H5. 您的性别是：1. 男　　　　　　　2. 女

H6. 您的婚姻状况是：1. 未婚　2. 已婚　3. 离异　4. 丧偶　5. 其他

H7. 您的家庭人口是：________人。

H8. 您的文化程度是：

1. 没上过学　2. 小学　3. 初中　4. 高中/中专/技校　5. 大专及以上

H9. 与您所在村的平均家庭月收入相比，您家庭的月收入水平是？

1. 偏高收入　　　　2. 中高收入　　　　3. 中等收入

4. 中等以下　　　　5. 偏低收入

我们的调查至此结束，感谢您的参与和支持！

访问结束始时间________：________

访问地点：____________

卡片 A　电视频道列表【样例】

CCTV-1	CCTV-2	CCTV-3	CCTV-4	CCTV-5
101	102	103	104	105
CCTV-6	CCTV-7	CCTV-8	CCTV-9	CCTV-10
106	107	108	109	110
CCTV-11	CCTV-12	CCTV-新闻	CCTV-少儿	CCTV-音乐
111	112	113	114	115

中国教育台-1 116	中国教育台-2 117	中国教育台-3 118	SDETV 山东教育电视台 山东教育台 119	
安徽卫视 201	BTV 北京卫视 202	重庆卫视 203	东方卫视（上海） 204	东南卫视（福建） 205
甘肃卫视 206	广东卫视 207	广西卫视 208	贵州卫视 209	河北卫视 210
河南卫视 211	黑龙江卫视 212	湖北卫视 213	湖南卫视 214	吉林卫视 215
江苏卫视 216	江西卫视 217	辽宁卫视 218	旅游卫视（海南） 219	NMTV 内蒙古卫视 220
宁夏卫视 221	青海卫视 222	山东卫视 223	山西卫视 224	陕西卫视 225
深圳卫视 226	四川卫视 227	天津卫视 228	厦门卫视 229	云南卫视 230
浙江卫视 231	金鹰卡通 232			

凤凰卫视-中文台	凤凰卫视-资讯台	凤凰卫视-电影台	星空卫视	阳光卫视
501	502	503	504	505
华娱卫视	澳亚卫视	M T V	新知台	Channel-V
506	507	508	509	510
CNN-美国	BBC-英国	HBO-家庭影院	探索亚洲频道	国家地理亚洲频道
511	512	513	514	515

301 新疆卫视-1（XJTV-1 汉语新闻综合）
302 新疆卫视-2（XJTV-2 维语新闻综合）
303 新疆卫视-3（XJTV-3 哈语新闻综合）
304 新疆电视-4（XJTV-4 汉语综艺）
305 新疆电视-5（XJTV-5 维语综艺）
306 新疆电视-6（XJTV-6 汉语影视）
307 新疆电视-7（XJTV-7 汉语经济生活）
308 新疆电视-8（XJTV-8 哈语综艺）
309 新疆电视-9（XJTV-9 维语经济生活）
310 新疆电视-10（XJTV-10 体育健康）
311 新疆电视-11（XJTV-11 法制信息）
312 新疆电视-12（XJTV-12 少儿频道）
313 新疆教育台

401 西藏一套（藏语卫视）
402 西藏二套（汉语卫视）
403 西藏三套（影视文化）
404 西藏四套（经济生活）

兵团卫视

314 兵团卫视

补充其他频道

901		916	
902		917	
903		918	
904		919	
905		920	
906		921	
907		922	
908		923	
909		924	
910		925	
911		926	
912		927	
913		928	
914		929	
915		930	

注：其他问卷中所需的列表略。

附录二　2015 年维吾尔族观众中电视媒体影响力研究调查问卷

一、汉语版

维吾尔族观众收视情况调查问卷

亲爱的朋友：

您好！我是中央民族大学维吾尔族观众收视情况调查组成员，为了解您收看电视的一些基本情况，我们组织了这次调查，您的回答对丰富电视节目内容、提高电视节目质量具有重要的价值，因此，我们诚恳地希望得到您的支持与配合。

本问卷只是了解一些看电视的基本情况，问题的答案无所谓对错，您是匿名回答问卷，我们会对你的回答严格保密，请将您的真实想法告诉我们。

本次调查大约耗时 5 到 8 分钟，占用了您宝贵的时间，我们向您致以诚挚的谢意！

中央民族大学维吾尔族观众调查组

2015 年 10 月

A1. 您家里最早的一台电视机购买于__________年。

A2. 您家最新买的一台电视机屏幕是________寸。

A3. 您家最新买的一台电视机是什么类型的？

1. 液晶彩电　　2. 等离子彩电　　　　3. 普通彩电

4. 黑白电视　5. 网络电视　6. 其他

A4. 您家通过什么方式收看电视？

1. 有线电视（收费）　2. 有线电视（不收费）
3. 村锅卫星天线（收费）　4. 村锅卫星天线（不收费）
5. 自家安装的卫星接收器　6. 普通室外天线
7. 其他方式【请注明】______________

A5. 上个月您平均每天看电视的时间大约是______个小时。

A6. 您平常看电视主要集中在哪个时段？【可多选】

1. 00：00—08：00　5. 14：00—16：00　9. 22：00—24：00
2. 08：00—10：00　6. 16：00—18：00　10. 24：00—08：00
3. 10：00—12：00　7. 18：00—20：00
4. 12：00—14：00　8. 20：00—22：00

A7. 以下列出的中央级电视频道，你经常收看的有哪些？【可多选】

□中央电视台综合频道 CCTV1　□中央电视台经济频道 CCTV2
□中央电视台综艺频道 CCTV3　□中央电视台国际频道 CCTV4
□中央电视台体育频道 CCTV5　□中央电视台电影频道 CCTV6
□中央电视台军事农业频道 CCTV7　□中央电视电视剧频道 CCTV8
□中央电视台纪录频道 CCTV9　□中央电视台科教频道 CCTV10
□中央电视台戏曲频道 CCTV11　□中央电视台社会与法频道 CCTV12
□中央电视台新闻频道 CCTV13　□中央电视台少儿频道 CCTV14
□中央电视台音乐频道 CCTV15

A8. 以下列出的新疆本地电视频道，你经常收看的有哪些？【可多选】

□新疆卫视 XJTV－1
□新疆电视台维吾尔语新闻综合频道 XJTV－2
□新疆电视台汉语综艺频道 XJTV－4
□新疆电视台维吾尔语综艺频道 XJTV－5
□新疆电视台汉语经济生活频道 XJTV－7
□新疆电视台维吾尔语经济生活频道 XJTV－9
□新疆电视台汉语体育健康频道 XJTV－10
□新疆电视台汉语法制信息频道 XJTV－11
□新疆电视台少儿频道 XJTV－12

□新疆兵团卫视

A9. 以下列出的其他省级电视频道（不包括新疆本地），你经常收看的有哪些？【可多选】

□浙江卫视	□湖南卫视	□江苏卫视	□东方卫视
□湖北卫视	□天津卫视	□北京卫视	□深圳卫视
□山东卫视	□辽宁卫视	□安徽卫视	□云南卫视
□贵州卫视	□陕西卫视	□东南卫视	□广东卫视
□宁夏卫视	□河北卫视	□山西卫视	□四川卫视
□旅游卫视	□吉林卫视	□青海卫视	□甘肃卫视
□江西卫视	□广西卫视	□重庆卫视	□河南卫视
□西藏卫视	□黑龙江卫视	□内蒙古卫视	□厦门卫视
□南方卫视	□海峡卫视	□三沙卫视	

A9－1. 如果你经常收看的电视频道不在上述选项中，那么请写下来：

____

A10. 以上这些频道，您最喜欢看的是哪些？【填写电视频道列表上对应的编号，最少填 3 个，最多填 10 个】

A11. 以上这些频道，您最信任是哪些？【填写电视频道列表上对应的编号，最少填 3 个，最多填 10 个】

A12. 对于下列各类电视频道，你平常收看的比例大概是【总和不大于 100%】：

1. 中央各级电视频道______% 2. 新疆本地电视频道______%

3. 其他省区级电视频道______%

A13. 你平常看电视时，一般是和谁在一起看？【可多选】

1. 没有谁，自己一个人看 2. 和家人一起看 3. 和邻居一起看

4. 和朋友一起看 5. 其他（请注明）__________

A14. 你看电视的时候一般会：

1. 专心看电视，不干其他事　　2. 以看电视为主，顺便干点别的事
3. 边看电视边干其他事，一心多用
4. 以干别的事为主，好看的话就多看几眼
5. 开着电视但却不看，而是干别的事
6. 其他（请注明）＿＿＿＿＿＿＿＿

A15. 你看完电视节目后：

	经常如此	有时如此	一般	偶尔如此	从未如此
与朋友讨论节目中的内容	5	4	3	2	1
与家人讨论节目中的内容	5	4	3	2	1
在微博微信上发表对节目的看法	5	4	3	2	1
在节目官方微博或主持人微博上留言	5	4	3	2	1
在电视节目的官方网站留言	5	4	3	2	1
给电视栏目组写信进行反馈	5	4	3	2	1

A16. 下面我们列出了一些看电视的原因，您是否同意这些陈述：【用1到5打分，1分表示非常不同意，5分表示非常同意，分值越高，表示越同意】

		非常不同意	不太同意	一般	比较同意	非常同意
01	了解国内时事	1	2	3	4	5
02	了解国际时事	1	2	3	4	5
03	了解国家大政方针	1	2	3	4	5
04	了解本民族的文化	1	2	3	4	5
05	增长见闻开阔眼界	1	2	3	4	5
06	了解其他民族的文化	1	2	3	4	5
07	让自己得到放松	1	2	3	4	5
08	没有更好的事情可做	1	2	3	4	5

续表

		非常不同意	不太同意	一般	比较同意	非常同意
09	想知道外面的世界是什么样子	1	2	3	4	5
10	了解商品信息	1	2	3	4	5
11	有些节目很好看，所以喜欢看电视	1	2	3	4	5
12	学习知识，解决生活中的问题	1	2	3	4	5

B1. 对以下几种类型的电视节目，你的喜欢程度是：【用 1 到 5 打分，1 分表示非常不喜欢，5 分表示非常喜欢，分值越高，表示越喜欢】

节目类型	喜欢程度				
1 - 新闻	1	2	3	4	5
2 - 综艺	1	2	3	4	5
3 - 影视	1	2	3	4	5
4 - 科教	1	2	3	4	5
5 - 体育	1	2	3	4	5
6 - 广告	1	2	3	4	5

B2. 下面我们列出了一些对于电视的看法，您是否同意这些陈述：【用 1 到 5 打分，1 分表示非常不同意，5 分表示非常同意，分值越高，表示越同意】

		非常不同意	不太同意	一般	比较同意	非常同意
01	电视增进了对本地区以外事情的了解	1	2	3	4	5
02	电视增进了对本民族以外事情的了解	1	2	3	4	5
03	看电视使大家有了更多的聊天话题	1	2	3	4	5
04	看电视减少了亲朋邻里间的交往走动	1	2	3	4	5
05	看电视满足了我们的精神需要	1	2	3	4	5
06	电视影响和改变着本民族的生活方式	1	2	3	4	5

续表

		非常不同意	不太同意	一般	比较同意	非常同意
07	看电视导致本民族人不遵守民族传统	1	2	3	4	5
08	电视节目成为对青少年辅助教育的工具	1	2	3	4	5
09	电视使得我们不断接受新事物	1	2	3	4	5
10	电视传播不断提供生活服务，引导消费	1	2	3	4	5
11	电视引导我们用先进的手段从事生产	1	2	3	4	5

B3. 总体来说，您对电视新闻节目是否满意：

1. 非常满意　　2. 比较满意　　3. 一般

4. 不太满意　　5. 很不满意

B4. 请您对以下新闻内容的可信度进行打分【用1到5打分，1分表示非常不可信，5分表示非常可信，分值越高，表示越可信。】

	非常不可信	不太可信	一般	比较可信	非常可信
01 国内时事新闻	1	2	3	4	5
02 国际新闻报道	1	2	3	4	5
03 民族团结新闻	1	2	3	4	5
04 批评性新闻报道	1	2	3	4	5
05 关于反腐倡廉的新闻	1	2	3	4	5
06 当前政治形势的报道和分析	1	2	3	4	5
07 农牧业取得的成绩	1	2	3	4	5
08 科教文卫新闻	1	2	3	4	5
09 其他新闻	1	2	3	4	5

B5. 总体来说，您对综艺节目是否满意：

1. 非常满意　　2. 比较满意　　3. 一般

4. 不太满意　　5. 很不满意

B6. 总体来说，您对影视节目是否满意：

1. 非常满意　　2. 比较满意　　3. 一般

4. 不太满意　　　　5. 很不满意

B7. 总体来说，您对科教节目是否满意：

1. 非常满意　　　　2. 比较满意　　　　3. 一般

4. 不太满意　　　　5. 很不满意

B8. 总体来说，您对体育节目是否满意：

1. 非常满意　　　　2. 比较满意　　　　3. 一般

4. 不太满意　　　　5. 很不满意

B9. 总体来说，您对电视广告是否满意：

1. 非常满意　　　　2. 比较满意　　　　3. 一般

4. 不太满意　　　　5. 很不满意

B10. 您现在看维吾尔语言电视节目和普通话节目的比例大概是多少？【两者总和等于100%】

1. 维吾尔语言的节目______%　　　　2. 普通话节目______%

B11. 您认为目前本民族语言节目的数量是否合适？

1. 非常少　　　　2. 比较少　　　　3. 适中

4. 比较多　　　　5. 非常多

B12. 您认为哪类节目应该更多地翻译成本民族语言？【可多选】

1. 新闻节目　　　　2. 综艺节目　　　　3. 影视节目

4. 科教节目　　　　5. 广告节目　　　　6. 体育节目

7. 其他节目【请注明】________________

C1. 上周您平均每天大约花多长时间接触其他媒体？【保留小数点后的一位数，如未接触，请填0】

1. 听广播____小时　　　　2. 读书/报/杂志____小时

3. 上网______小时

C2. 总体上看，您最信任以下哪类媒体？

1. 广播　　　　2. 电视　　　　3. 报纸　　　　4. 杂志

5. 新闻门户网站　　　　6. 社交网络　　　　7. 其他

C3. 过去一周内，您是否通过PC电脑端（包括台式电脑/笔记本电脑/PAD等）观看视频节目？

1. 是　　　　2. 否（跳答C7）

C4. 您一般通过PC电脑端观看哪类视频节目？【可多选】

1. 新闻　2. 电影　3. 电视剧

4. 电视综艺节目　5. 科教

6. 体育比赛　7. 境外电视节目　8. 网络自制节目

9. 网络小视频　10. 其他________

C5. 您一般通过什么方式观看PC端视频节目？

1. 登录电视台官方网站　2. 登录专门的视频门户网站

3. 下载视频客户端　4. 其他方式

C6. 您通过网络收看的视频节目的主要语言类型是：

1. 汉语　2. 维吾尔语　3. 英语　4. 其他

C7. 您否拥有手机？

1. 是　2. 否（跳答D1）

C8. 您的手机类型是：

1. 智能手机　2. 非智能手机

C9. 您是否使用手机上网功能：

1. 是　2. 否（跳答D1）

C10. 最近一周，您每天用手机上网的时长大约是________小时。

C11. 您每月用手机上网的费用大约是________元

C12. 最近一周，您是否在手机上观看视频节目

1. 是　2. 否（跳答D1）

C13. 您一般在什么情况下通过手机观看视频节目？【多选题】

1. 上班间隙　2. 上下班路上　3. 晚上　4. 其他

C14. 您一般通过手机观看哪类视频节目？【多选题】

1. 新闻　2. 电影　3. 电视剧

4. 电视综艺节目　5. 科教　6. 体育比赛

7. 境外电视节目　8. 网络自制节目　9. 网络小视频

10. 其他________

C15. 您一般通过什么方式观看手机上的视频节目？

1. 手机登录电视台官方网站　2. 登录专门的视频门户网站

3. 通过视频APP　4. 通过朋友发的链接

5. 其他方式（请注明）____________

D1. 下面我们列出了一些对于电视的陈述，您是否同意这些陈述：【请用 1 到 5 打分，1 分表示非常不同意，5 分表示非常同意，分值越高表示越同意】

		非常不同意	不太同意	一般	比较同意	非常同意
1	现在人们离开电视几乎无法生活	1	2	3	4	5
2	电视对政府工作起着重要作用	1	2	3	4	5
3	看电视可以让我增强民族自豪感	1	2	3	4	5
4	电视有利于本民族的传统习俗传承	1	2	3	4	5
5	电视增强了我作为一个中国人的自豪感	1	2	3	4	5
6	我愿意通过看电视来学习普通话	1	2	3	4	5
7	电视对于学生的学习是有帮助的	1	2	3	4	5
8	从电视中我学到了很多知识	1	2	3	4	5
9	看电视使我对未来生活充满信心	1	2	3	4	5
10	看电视让我自己的奋斗更有动力	1	2	3	4	5
11	电视让我安于现状而不愿意生活有所改变	1	2	3	4	5
12	电视传播的很多现代观念会改变我们的生活	1	2	3	4	5
13	我会把电视上看到的内容讲给别人听	1	2	3	4	5
14	看电视时，大家愿意听我发表意见	1	2	3	4	5
15	看电视使我增强了法律和法治意识	1	2	3	4	5
16	看电视使我更了解国家的相关政策	1	2	3	4	5
17	电视里的女性抛头露面是不好的	1	2	3	4	5
18	我觉得电视有助于女性地位的提高	1	2	3	4	5
19	电视里经常播出自然灾害是不吉祥的	1	2	3	4	5
20	电视增强了我的科学意识	1	2	3	4	5
21	我希望自己的衣食住行都像电视里的那样	1	2	3	4	5
22	我愿意多花钱去购买电视推荐的广告产品	1	2	3	4	5

E1. 您的普通话水平是：

1. 听不懂也不会说　　2. 能听懂一点但不会说
3. 基本能听懂但不会说　　4. 能说一些简单的普通话
5. 可以用普通话交流　　6. 普通话非常熟练

E2. 您的出生年份是：________年

E3. 您的性别是：1. 男　　2. 女

E4. 您的婚姻状况是：

1. 未婚　2. 已婚　3. 离异　4. 丧偶　5. 其他

E5. 您的家庭人口是：_______人。

E6. 您的文化程度是：

1. 没上过学　2. 小学　3. 初中
4. 高中/中专/技校　5. 大专及以上

E7. 您的职业是：

○全日制学生　○农业生产人员　○厂矿企业工人
○销售人员　○市场/公关人员　○客服人员
○行政/后勤人员　○人力资源　○财务/审计人员
○文职/办事人员　○技术/研发人员　○管理人员
○教师　○顾问/咨询
○专业人士（如会计师、律师、建筑师、医护人员、记者等）
○其他

E8. 你目前的与月均收入水平大概是？

1. 2000元及以下　2. 2001—3000元　3. 3001—4000元
4. 4001—5000元　5. 5001—6000元　6. 6001—7000元
7. 7001—8000元　8. 8001元及以上

E9. 你来自新疆哪个城市或地区：新疆自治区____市/地区/州____区/县。

我们的调查至此结束，感谢您的参与和支持！

二、维吾尔语版

ئۇيغۇر كۆرۈرمەنلىرىنىڭ تېلېۋىزور كۆرۈش ئەھۋالىنى تەكشۈرۈش قەغىزى

سۆيۈملۈك ساۋاقداش:

ياخشىمۇسىز! بىز مەركىزى مىللەتلەر ئۇنىۋېرسىتېتى ئۇيغۇر كۆرۈرمەنلىرىنىڭ تېلېۋىزور كۆرۈش ئەھۋالىنى تەكشۈرۈش گۇرۇپپىسى. ئۇيغۇرلارنىڭ تېلېۋىزور كۆرۈشكە دائىر بىر قىسىم ئەھۋاللىرىنى چۈشىنىش مەقسىتىدە بۇ تەكشۈرۈش قەغىزىنى تۈزۈپ چىقتۇق. بەرگەن جاۋابىڭىز شىنجاڭدىكى تېلېۋىزىيە پروگراممىلىرىنىڭ سۈپىتىنى يۇقىرى كۆتۈرۈشتە مۇھىم قىممەتكە ئىگە. سىزنىڭ قوللاپ ۋە ماسلىشىپ بېرىشىڭىزنى چىن دىلىمىزدىن ئۈمىد قىلىمىز.

بۇ تەكشۈرۈش قەغىزى پەقەتلا كۆرۈرمەنلىرىنىڭ تېلېۋىزور كۆرۈشكە دائىر ئەھۋاللىرىنى چۈشىنىش مەقسەت قىلىنغان. شۇڭا جاۋاب توغرا خاتا دېيىلمەيدۇ. ئىسمىڭىزمۇ يېزىلمايدۇ. جاۋابىڭىزنىڭ مەخپىي ساقلىنىشىغا كاپالەتلىك قىلىمىز. شۇڭا سىزنىڭ ھەقىقىي ئەھۋالنى بىزگە ئېيتىپ بېرىشىڭىزنى ئۈمىد قىلىمىز. بەلكىم سىزنىڭ 5-8 مىنۇت ۋاقتىڭىزنى ئېلىشىمىز مۇمكىن. قىممەتلىك ۋاقتىڭىزنى چىقىرىپ ماسلىشىپ بەرگىنىڭىزگە كۆپ رەھمەت.

مەركىزى مىللەتلەر ئۇنىۋېرسىتېتى ئۇيغۇر كۆرۈرمەنلىرىنىڭ تېلېۋىزور كۆرۈش ئەھۋالىنى تەكشۈرۈش گۇرۇپپىسى

2015-يىلى 10-ئاي

A1. ئۆيىڭىزدە تۇنجى تېلېۋىزور قانچىنچى يىلى سېتىۋېلىنغان؟__________

A2. ئۆيىڭىزدىكى ئەڭ يېڭى سېتىۋالغان تېلېۋىزورنىڭ ئېكرانى قانچە سوڭلۇق؟__________

A3. ئۆيىڭىزدىكى ئەڭ يېڭى سېتىۋېلىنغان تېلېۋىزورنىڭ تىپى: __________

① سۇيۇق كرىستاللىق تېلېۋىزور ② پلازمىلىق تېلېۋىزور

③ ئادەتتىكى رەڭلىك تېلېۋىزور ④ رەڭسىز تېلېۋىزور

⑤ تورلۇق تېلېۋىزور ⑥ باشقا

A4. ئۆيىڭىزدە قايسى خىل يول بىلەن تېلېۋىزور كۆرىسىز؟______

① سىملىق تېلېۋىزور(ھەق ئېلىنىدۇ) ② سىملىق تېلېۋىزور(ھەق ئېلىنمايدۇ)

③ كەنتتىكى قازانلىق ئانتېننا(ھەق ئېلىنىدۇ) ④ كەنتتىكى قازانلىق ئانتېننا(ھەق ئېلىنمايدۇ)

⑤ شەخسىي ئورناتقان سۈنئىي ھەمرا قوبۇللىغۇچ ⑥ ئادەتتىكى ئانتېننا ⑦ باشقىلار

A5. ئالدىنقى ئايدا كۈندە ئوتتۇرچە تېلېۋىزور كۆرگەن ۋاقتىڭىز تەخمىنەن______سائەت.

A6. كۈندە قايسى ۋاقىتتا تېلېۋىزورنى كۆپرەك كۆرىسىز؟______

① 00:00-08:00 ② 08:00-10:00 ③ 10:00-12:00 ④ 12:00-14:00 ⑤ 14:00-16:00 ⑥ 16:00-18:00 ⑦ 18:00-20:00 ⑧ 20:00-22:00 ⑨ 22:00-24:00 ⑩ 24:00-08:00

A7. تۆۋەندىكى مەركىزى دەرىجىلىك تېلېۋىزىيە قاناللىرىدىن دائىم كۆرىدىغىنىڭىز______(كۆپ تاللاش)

① CCTV1 ~CCTV 15

A8. تۆۋەندىكى شىنجاڭنىڭ يەرلىك قاناللىرىدىن دائىم كۆرىدىغىنىڭىز؟______(كۆپ تاللاش)

① XJTV1 ~XJTV 12 ② شىنجاڭ بىڭتۈەن سۈنئىي ھەمراھ قانىلى

A9. ئۆلكە دەرىجىلىك قاناللاردىن (جېجياڭ سۈنئىي ھەمراھ قانىلى، خۇنەن سۈنئىي ھەمراھ قانىلى قارلىقلاردىن) دائىم كۆرىدىغىنىڭىز؟______

A9-1. ئەگەر سىز دائىم كۆرىدىغان قانال يۇقارقىلارنىڭ ئىچىدە بولمىسا، ئايرىم يېزىڭ______

A10. يۇقىرىدىكى قاناللاردىن سىز ئەڭ ياقتۇرۇپ كۆرىدىغان قانااللار قايسىلار؟ (تېلېۋىزىيە قاناللىرىدىن <ئەڭ ئاز بولغاندا ئۈچنى ،كۆپ بولغاندا ئوننى> تولدۇرۇڭ.)

A11. سىز ئەڭ ئىشەنچلىك دەپ قارايدىغان قانال قايسى؟ (تېلېۋىزىيە قاناللىرىدىن <ئەڭ ئاز بولغاندا ئۈچنى ،كۆپ بولغاندا ئوننى> تولدۇرۇڭ.)

A12. تۆۋەندىكى ھەر خىل تېلېۋىزىيە قاناللىرىنى كۆرۈشىڭىزنىڭ نىسبىتى تەخمىنەن________

① مەركىزى دەرىجىلىك قاناللار %______ ②شىنجاڭدىكى يەرلىك قاناللار%______

③ باشقا ئۆلكە دەرىجىلىك قاناللار%______

A13. ئادەتتە كىملەر بىلەن بىللە تېلېۋىزور كۆرىسىز؟

① ئۆزۈم يالغۇز ② ئۆيدىكىلەر بىلەن

③قوشنىلار بىلەن ④ دوستلىرىم بىلەن ⑤ ھېچقايسىسى ئەمەس

A14. تېلېۋىزور كۆرگەندە__________

① باشقا ئىش قىلماي پۈتۈن دىققىتىم بىلەن كۆرىمەن.

② تېلېۋىزور كۆرۈشنى ئاساس قىلىپ، باشقا ئىشلارنىمۇ قىلىمەن.

③ بىر تەرەپتىن تېلېۋىزور كۆرۈپ يەنە بىر تەرەپتىن باشقا ئىش قىلىمەن.

④ باشقا ئىش قىلىشنى ئاساس قىلىپ، كۆرگۈچىلىكى بولسا كۆرىمەن.

⑤ تېلېۋىزورنى ئېچىپ قويۇپ، كۆرمەي باشقا ئىش قىلىمەن.

⑥ باشقا________

A15. تېلېۋىزىيە پروگراممىلىرىنى كۆرۈپ بولغاندىن كېيىن________ [1دىن 5كىچە نومۇر قويۇڭ، 1 نومۇر قەتئىي قوشۇلمايدىغانلىقىڭىزنى، 5 نومۇر ئىنتايىن قوللايدىغانلىقىڭىزنى بىلدۈرىدۇ. نومۇر قانچە يۇقىرى بولسا شۇنچە قوشۇلىدىغانلىقىڭىزنى بىلدۈرىدۇ.]

	دائىم شۇنداق قىلىمەن	بەزىدە	ئادەتتىكىچە	ئاندا-ساندا مۇشۇنداق	ئەزەلدىن ئۇنداق قىلمايمەن
دوستلىرىم بىلەن پروگرامما مەزمۇنىنى تەھلىل قىلىمەن					
ئۆيدىكىلەر بىلەن پروگرامما مەزمۇنىنى تەھلىل قىلىمەن					
مىكروبلوگ، ئۈندىداردا كۆز قارىشىمنى ئېيتىمەن					

续表

	دائىم شۇنداق قىلىمەن	بەزىدە	ئادەتتىكىچە	ئانىدا - ساندا مۇشۇنداق	ئەزەلدىن ئۇنداق قىلمايمەن
پروگرامما تەرەپ ياكى رىياسەتچىنىڭ مىكروبلوگىغا خەت قالدۇرىمەن					
پروگرامما تەرەپنىڭ تور بېتىدە سۆز قالدۇرىمەن					
پروگرامما گۇرۇپپىسىغا خەت يېزىپ مەسىلە ئىنكاس قىلىمەن					

A16. بىز تۆۋەندە تېلېۋىزور كۆرۈشتىكى سەۋەبلەرنى يېزىپ چىقتۇق. بۇلارغا قوشۇلامسىز؟ [1دىن 5كىچە نومۇر قويۇڭ، 1 نومۇر قەتئىي قوشۇلمايدىغانلىقىڭىزنى، 5 نومۇر ئىنتايىن قوللايدىغانلىقىڭىزنى بىلدۈرىدۇ. نومۇر قانچە يۇقىرى بولسا شۇنچە قوشۇلىدىغانلىقىڭىزنى بىلدۈرىدۇ.]

	قەتئىي قوشۇلمايمەن	ئانچە قوشۇلمايمەن	ئادەتتىكىچە	بىر ئاز قوشۇلىمەن	تامامەن قوشۇلىمەن
دۆلەت ئىچىدىكى خەۋەرلەرنى بىلىش					
خەلقئارا خەۋەرلەرنى بىلىش					
دۆلەتنىڭ فاڭجېن سىياسەتلىرىنى چۈشىنىش					
مىللىتىمىزگە دائىر ئىشلارنى بىلىش					
كۆرگەن - ئاڭلىغانلىرىمنى					
كۆپەيتىپ، نەزەر دائىرەمنى كېڭەيتىش					

续表

	تامامەن قوشۇلىمەن	بىر ئاز قوشۇلىمەن	ئادەتتىكىچە	ئانچە قوشۇلمايمەن	قەتئىي قوشۇلمايمەن
باشقا مىللەتلەرنىڭ مەدەنىيىتىنى چۈشىنىش					
ئارام ئېلىش ئۈچۈن					
قىلىدىغان باشقا ئىش بولمىغانلىقتىن					
سىرتقى دۇنيانى بىلىش					
مەھسۇلات ئۇچۇرلىرىنى ئىگىلەش					
تېلېۋىزوردىن يۇمۇرلۇق ۋە كۆڭۈللۈك مەزمۇنلارنى كۆرگىلى بولىدۇ					
تېلېۋىزوردىن ئۆزۈمدىكى مەسىلىلەرنى قانداق بىر تەرەپ قىلىشنى ئۆگىنىمەن					

B1. تۆۋەندىكى ئوخشىمىغان تىپتىكى پروگراممىلارنىڭ ياخشى كۆرۈش دەرىجىسى: [1دىن 5كىچە نومۇر قويۇڭ، 1 نومۇر قەتئىي ياخشى كۆرمەيدىغانلىقىڭىزنى، 5 نومۇر ئىنتايىن ياخشى كۆرىدىغانلىقىڭىزنى بىلدۈرىدۇ. نومۇر قانچە يۇقىرى بولسا شۇنچە ياخشى كۆرىدىغانلىقىڭىزنى بىلدۈرىدۇ.]

پروگرامما تۈرلىرى	ياخشى كۆرۈش دەرىجىسى								
خەۋەر									

续表

پروگرامما تۈرلىرى	ياخشى كۆرۈش دەرىجىسى							
ئۇنىۋېرسال سەنئەت								
كىنو ۋە تېلېۋىزىيە								
پەن ۋە مائارىپ								
تەنتەربىيە								
ئېلان								

B2. تۆۋەندىكى تېلېۋىزورغا بولغان كۆز قاراشلارغا قوشۇلامسىز؟ [1دىن 5كىچە نومۇر قويۇڭ، 1 نومۇر قەتئىي قوشۇلمايدىغانلىقىڭىزنى، 5 نومۇر ئىنتايىن قوللايدىغانلىقىڭىزنى بىلدۈرىدۇ. نومۇر قانچە يۇقىرى بولسا شۇنچە قوشۇلىدىغانلىقىڭىزنى بىلدۈرىدۇ.]

	قەتئىي قوشۇلمايمەن	ئانچە قوشۇلمايمەن	ئادەتتىكىچە	ئازراق قوشۇلىمەن	ناھايىتى قوشۇلىمەن
تېلېۋىزور باشقا رايونلاردىكى ئىشلارنى بىلىشىمىزگە پايدىلىق					
تېلېۋىزور باشقا مىللەتلەرگە ئائىت ئىشلارنى چۈشىنىشىمىزنى ئىلگىرى سۈرىدۇ.					

续表

	قەتئىي قوشۇلمايمەن	ئانچە قوشۇلمايمەن	ئادەتتىكىچە	ئازراق قوشۇلىمەن	ناھايىتى قوشۇلىمەن
تېلېۋىزور كۆرۈش ئارقىلىق كۆپچىلىك تېخىمۇ كۆپ تېمىلار ئۈستىدە پاراڭ سالىدۇ					
تېلېۋىزور دوست - بۇرادەر، قولۇم - قوشنىلار ئارىسىدىكى ئالاقىنى ئازايتىۋېتىدۇ					
تېلېۋىزور كۆرۈش ئارقىلىق مەنىۋىيىتىمىزنى بېيىتقىلى بولىدۇ					
تېلېۋىزور مىللىتىمىزنىڭ تۇرمۇش ئۇسۇلىغا تەسىر كۆرسىتىدۇ ھەم ئۆزگەرتىدۇ					
تېلېۋىزور كۆرسە مىللەتنىڭ ئەنئەنىسىگە بويسۇنماسلىقنى كەلتۈرۈپ چىقىرىدۇ					
تېلېۋىزور پروگراممىلىرى ياش ئۆسمۈرلەرنى تەربىيەلەيدىغان قوشۇمچە قورالغان ئايلىنىپ قالدى					

续表

	قەتئىي قوشۇلمايمەن	ئانچە قوشۇلمايمەن	ئادەتتىكچە	ئازراق قوشۇلمەن	ناھايىتى قوشۇلمەن
تېلېۋىزور داۋاملىق يېڭى شەيئىلەر بىلەن ئۇچراشتۇرىدۇ					
تېلېۋىزىيە پروگراممىلىرى تۇرمۇش مۇلازىمىتى بىلەن تەمىنلەپ، ئىستېمالغا يېتەكچىلىك قىلىدۇ					
تېلېۋىزور ئىلغار ۋاستىلەر ئارقىلىق ئىشلەپچىقىرىش بىلەن شۇغۇللىنىشىمىزغا					
يېتەكلەيدۇ					

B3. ئومۇملاشتۇرۇپ ئېيتقاندا ، تېلېۋىزىيە پروگراممىلىرىدىن رازىمۇ ـ ئەمەسمۇ؟

① ئىنتايىن رازى　　② ئازراق رازى

③ ئادەتتىكىچە　　④ رازى ئەمەس　　⑤ قەتئىي رازى ئەمەس

B4. خەۋەر مەزمۇنلىرىغا ئىشىنىش دەرىجىڭىزگە نومۇر بېرىپ چىقىڭ: [1دىن 5كىچە نومۇر قويۇڭ، 1 نومۇر قەتئىي ئىشەنمەيدىغانلىقىڭىزنى، 5 نومۇر ئىنتايىن ئىشىنىدىغانلىقىڭىزنى بىلدۈرىدۇ. نومۇر قانچە يۇقىرى بولسا شۇنچە ئىشىنىدىغانلىقىڭىزنى بىلدۈرىدۇ.]

	قەتئىي ئىشەنمەيمەن	ئانچە ئىشەنمەيمەن	ئادەتتىكچە	ئازراق ئىشىنىمەن	ناھايىتى ئىشىنىمەن
مەملىكەت خەۋەرلىرى					
خەلقئارا خەۋەرلەر					
مىللەتلەر ئىتتىپاقلىقىغا دائىر خەۋەرلەر					
تەنقىد خاراكتېرلىك خەۋەرلەر					
چىرىكلىككە قارشى تۇرۇپ، پاكلىقنى تەشەببۇس قىلىدىغان خەۋەرلەر					
نۆۋەتتىكى					
سىياسىي ۋەزىيەتكە دائىر خەۋەر ۋە تەھلىل					
دېھقانچىلىق - چارۋىچىلىقتىكى ئېرىشكەن نەتىجىلەر					

续表

	قەتئىي ئىشەنمەيمەن	ئانچە ئىشەنمەيمەن	ئادەتتىكچە	ئازراق ئىشىنىمەن	ناھايىتى ئىشىنىمەن
پەن - تېخنىكا، پەن - مائارىپ، ئەدەبىيات ۋە سەھىيەگە دائىر خەۋەرلەر					
باشقا خەۋەرلەر					

B5. ئومۇملاشتۇرغاندا، سىز ئۇنىۋېرسال سەنئەت پروگراممىلىرىدىن رازىمۇ - يوق؟________

①ئىنتايىن رازى ② ئازراق رازى

③ئادەتتىكىچە ③ ئانچە رازى ئەمەس ⑤ قەتئىي رازى ئەمەس

B6. ئومۇملاشتۇرغاندا، سىز تېلېۋىزىيە پروگراممىلىرىدىن رازىمۇ - يوق؟________

①ئىنتايىن رازى ② ئازراق رازى

③ئادەتتىكىچە ③ ئانچە رازى ئەمەس ⑤ قەتئىي رازى ئەمەس

B7. ئومۇملاشتۇرغاندا، سىز پەن - مائارىپ پروگراممىلىرىدىن رازىمۇ - يوق؟________

①ئىنتايىن رازى ② ئازراق رازى

③ئادەتتىكىچە ③ ئانچە رازى ئەمەس ⑤ قەتئىي رازى ئەمەس

B8. ئومۇملاشتۇرغاندا، سىز تەنتەربىيە پروگراممىلىرىدىن رازىمۇ - يوق؟________

①ئىنتايىن رازى ② ئازراق رازى

③ئادەتتىكىچە ③ ئانچە رازى ئەمەس ⑤ قەتئىي رازى ئەمەس

B9. ئومۇملاشتۇرغاندا، سىز تېلېۋىزىيە ئېلانلىرىدىن رازىمۇ - يوق؟________

①ئىنتايىن رازى ② ئازراق رازى

③ئادەتتىكچە ③ ئانچە رازى ئەمەس ⑤ قەتئىي رازى ئەمەس

B10. ئۇيغۇرچە پروگراممىلار ۋە خەنزۇچە پروگراممىلارنى كۆرۈش نىسبىتىڭىز قانچىلىك؟

① ئۇيغۇرچە پروگراممىلار%________ ② خەنزۇچە پروگراممىلار%________

B11. سىزنىڭچە ھازىر ئانا تىل پروگراممىلارنىڭ سانى مۇۋاپىقمۇ؟

① ناھايىتى ئاز ② بىر قەدەر ئاز

③ مۇۋاپىق ④سەل جىق ⑤بەك كۆپ

B12. سىزنىڭچە قايسى خىل پروگراممىلار ئۇيغۇرچىغا كۆپرەك تەرجىمە قىلىنىشى كېرەك؟____

① خەۋەر پروگراممىلىرى ② ئۇنىۋېرسال پروگراممىلار

③ كىنو - تېلېۋىزىيە پروگراممىلىرى ④ ئىلىم - پەن، مائارىپ پروگراممىلىرى

⑤ ئېلان پروگراممىلىرى ⑥ تەنتەربىيە

⑦ باشقا

C1. ئالدىنقى ھەپتە سىز تېلېۋىزوردىن باشقا تاراتقۇلارغا تەخمىنەن قانچىلىك ۋاقىت سەرپ قىلدىڭىز؟

① رادىئوغا____سائەت ② كىتاب / گېزىت / ژۇرنال ئوقۇشقا____سائەت ③ تورغا چىقىشقا____سائەت

C2. ئومۇملاشتۇرغاندا، قايسى ئاخبارات ۋاستىسىغا ھەممىدىن بەكرەك ئىشىنىسىز؟______

① رادىئو ② تېلېۋىزور ③ گېزىت ④ ژۇرنال

⑤خەۋەر بېتى ⑥ئىجتىمائىي ئالاقە تورى ⑦ باشقا

C3. ئالدىنقى بىر ھەپتىدە، سىز شەخسىي كومپيۇتېرىڭىز بىلەن كۆرۈنمە ۋىدىئو پروگراممىلىرىنى كۆردىڭىزمۇ - يوق؟

1. كۆردۈم 2. كۆرمىدىم(**C**7گە ئاتلاپ ئۆتۈپ كېتىڭ)

C4. ئادەتتە شەخسىي كومپيۇتېر ئارقىلىق قانداق پروگراممىلارنى كۆرىسىز؟

① خەۋەر ② كىنو ③تېلېۋىزىيە تىياتىرى ④ ئۇنىۋېرسال سەنئەت پروگراممىلىرى

⑤ پەن - مائارىپ ⑥ تەنتەربىيە خەۋەرلىرى ⑦چەتئەلنىڭ پروگراممىلىرى

⑧ توردىكى شەخسلەر ئىشلىگەن پروگramما ⑨ توردىكى قىسقا فىلىملەر ⑩ باشقا

C5. ئادەتتە قايسى خىل ئۇسۇل ئارقىلىق كومپيۇتېر ۋىدېئو پروگراممىلارنى كۆرىسىز؟

① تېلېۋىزىيە ئىستانسىسىنىڭ تور بېتىگە چىقىپ كۆرىمەن

② مەخسۇس تور بەتكە چىقىپ كۆرىمەن

③ دېتالنى چۈشۈرۈپ كۆرىمەن

④ باشقا

C6. سىز توردىكى ۋىدىئو پروگراممىلارنى قايسى تىل بىلەن كۆرىسىز؟

① خەنزۇ تىلى ② ئۇيغۇر تىلى ③ ئىنگلىز تىلى ④ باشقا

C7. سىزنىڭ يانفونىڭىز بارمۇ؟________

① بار ② يوق

C8. قانداق يانفون؟________

① ئەقلىي ئىقتىدارلىق ② ئەقلى ئىقتىدارى يوق

C9. يانفونىڭىزنىڭ تورغا چىقىش ئىقتىدارىنى ئىشلىتەمسىز؟

① ھەئە، ئىشلىتىمەن، ② ياق، ئىشلەتمەيمەن

C10. يېقىنقى بىر ھەپتە ئىچىدە، كۈندە تورغا چىققان ۋاقتىڭىز تەخمىنەن ____ سائەت.

C11. ھەر ئايدا يانفوندا تورغا چىقىشتا كېتىدىغان ھەق تەخمىنەن ________سوم.

C12. يېقىنقى بىر ھەپتە ئىچىدە يانفوندا ۋىدېئو پروگراممىلارنى كۆردىڭىزمۇ؟________

① ھەئە، كۆردۇم ② ياق، كۆرمىدىم

C13. ئادەتتە قانداق ۋاقىتتا يانفون ئارقىلىق كۆرۈنمە چاستوتىلىق پروگراممىلارنى كۆرىسىز________؟

① خىزمەت(دەرس) ۋاقتىدا ② خىزمەت(دەرس)تىن چۈشكەندە

③ كەچتە ④ باشقا ۋاقىتتا

C14. يانفونىڭىزدا ئادەتتە قايسى پروگراممىلارنى كۆرىسىز؟________

① خەۋەر ② كىنو ③ تېلېۋىزىيە تىياتىرى ④ ئۇنىۋېرسال سەنئەت پروگراممىلىرى ⑤پەن - مائارىپ ⑥ تەنتەربىيە مۇسابىقىسى ⑦چېگرا سىرتىدىكى پروگراممىلار

⑧ توردا شەخسى ئىشلەنگەن قىسقا فىلىملارنى　　⑨توردىكى قىسقا فىلىملەر

⑩ باشقا

C15. ئادەتتە قايسى خىل ئۇسۇل ئارقىلىق يانفوندىكى ۋىدىئو پروگراممىلارنى كۆرىسىز؟________

① يانفوندا تېلېۋىزىيە ئىستانسىسىنىڭ تور بېتىگە چىقىپ

② مەخسۇس كۆرۈلمە چاستوتىلىق تور بەتلىرىگە چىقىپ

③ كۆرۈلمە چاستوتىلىق APP ئارقىلىق

④ دوستلىرىم ئەۋەتكەن ئۇلانمىلار ئارقىلىق

⑤ باشقا(يېزىپ قويۇڭ) ________________________________

D1. تۆۋەندە تېلېۋىزورغا مۇناسىۋەتلىك بايانلارنى تىزىپ چىقتۇق، بۇ بايانلارغا قوشۇلامسىز؟ [1دىن 5كىچە نومۇر قويۇڭ، 1 نومۇر قەتئىي قوشۇلمايدىغانلىقىڭىزنى، 5 نومۇر ئىنتايىن قوشۇلىدىغانلىقىڭىزنى بىلدۈرىدۇ. نومۇر قانچە يۇقىرى بولسا شۇنچە قوشۇلىدىغانلىقىڭىزنى بىلدۈرىدۇ.]

	قەتئىي قوشۇلمايمەن	ئانچە قوشۇلمايمەن	ئادەتتىكىچە	ئازراق قوشۇلىمەن	ناھايىتى قوشۇلىمەن
بۈگۈنكى كىشىلەر تېلېۋىزورسىز ياشىيالمايدۇ					
تېلېۋىزىيە ھۆكۈمەتنىڭ خىزمىتىدە مۇھىم رول ئوينايدۇ					
تېلېۋىزور كۆرۈش مىللەتكە بولغان ئىپتىخارلىق تۇيغۇسىنى كۈچەيتىدۇ					
تېلېۋىزور ئەنئەنىمىزگە ۋارىسلىق قىلىشقا پايدىلىق					
تېلېۋىزور جۇڭگولۇق بولغانلىقىمدىن پەخىرلىنىش تۇيغۇسىنى كۈچەيتتى					

续表

	قەتئىي قوشۇلمايمەن	ئانچە قوشۇلمايمەن	ئادەتتىكىچە	ئازراق قوشۇلىمەن	ناھايىتى قوشۇلىمەن
تېلېۋىزور كۆرۈش ئارقىلىق خەنزۇ تىلى ئۆگىنىشنى ئۈمىد قىلىمەن					
تېلېۋىزور ئوقۇغۇچىلارنىڭ ئۆگىنىشىگە پايدىلىق					
مەن تېلېۋىزور ئارقىلىق نۇرغۇن بىلىملەرنى ئۆگەندىم.					
تېلېۋىزور كۆرۈش كەلگۈسىگە بولغان ئىشەنچىنى ئاشۇرىدۇ.					
تېلېۋىزور كۆرۈش تىرىشىشىمىزنىڭ ھەرىكەتلەندۈرگۈچ كۈچى					
تېلېۋىزور كۆرۈش ئارقىلىق ھازىرقى تۇرمۇش، ھالىتىمدىن رازى بولدۇم، ھەم باشقا ئۆزگىرىش بولۇشىنى خالىمايمەن					
تېلېۋىزوردىكى نۇرغۇن ھازىرقى زامان ئىدىيەلىرى تۇرمۇشىمىزنى ئۆزگەرتىدۇ					
تېلېۋىزوردىكى مەزمۇنلارنى باشقىلارغا ئېيتىپ بېرىمەن					
تېلېۋىزور كۆرگەندە كۆپچىلىك مېنىڭ پىكرىمنى ئوتتۇرىغا قويۇشۇمنى خالايدۇ.					

续表

	قەتئىي قوشۇلمايمەن	ئانچە قوشۇلمايمەن	ئادەتتىكچە	ئازراق قوشۇلىمەن	ناھايىتى قوشۇلىمەن
تېلېۋىزور كۆرۈش قانۇن ئېڭىمنى كۈچەيتتى					
تېلېۋىزور ئارقىلىق دۆلەتنىڭ مۇناسىۋەتلىك سىياسەتلىرىنى چۈشەندىم					
تېلېۋىزوردىكى قىز-ئاياللارنىڭ					
يالاڭباشتاق يۈرۈشى ياخشى ئەمەس					
تېلېۋىزور ئاياللارنىڭ ئۆزىنى كۆتۈرۈشكە پايدىلىق ئەمەس					
تېلېۋىزوردا دائىم تەبىئىي ئاپەتلەرنى قويۇش ياخشى ئەمەس					
تېلېۋىزور مېنىڭ ئىلىم-پەن ئېڭىمنى كۈچەيتتى					
مەن يۈرۈش-تۇرۇش، كىيىم-كېچەكلىرىمنى تېلېۋىزوردىكىدەك بولۇشىنى ئۈمىد قىلىمەن.					
مەن كۆپرەك پۇل خەجلەپ تېلېۋىزوردا ئېلان قىلىنغان مەھسۇلاتنى سېتىۋېلىشنى خالايمەن					

E1. سىزنىڭ خەنزۇ تىلى سەۋىيىڭىز؟__________

①ئاڭلاپ چۈشەنمەيمەن ھەم سۆزلىيەلمەيمەن ② ئازراق ئاڭلاپ چۈشىنىمەن، لېكىن سۆزلىيەلمەيمەن ③ ئاساسەن ئاڭلاپ چۈشىنىمەن، لېكىن سۆزلىيەلمەيمەن

④ ئاددىي خەنزۇچە گەپلەرنى سۆزلىيەلەيمەن ⑤ ئۆلچەملىك خەنزۇ تىلى بىلەن ئالاقە قىلالايمەن

⑥خەنزۇ تىلىنى ناھايىتى پىششىق بىلىمەن

E2. تۇغۇلغان ۋاقتىڭىز؟__________يىلى

E3. جىنسىڭىز؟__________

① ئوغۇل ② قىز

E4 نىكاھلىنىش ئەھۋالىڭىز؟__________

① توي قىلمىدىم ② توي قىلىپ بولغان ③ ئاجرىشىپ كەتكەن ④ جۆرەمدىن ئايرىلىپ قالغان ⑤ باشقا سەۋەب

E5.ئائىلىڭىزدىكى نوپۇس سانى؟__________ئادەم

E6.مەدەنىيەت سەۋىيىڭىز؟__________

①ساۋاتسىز ② باشلانغۇچ مەدەنىيەت سەۋىيە ③ تولۇقسىز مەدەنىيەت سەۋىيە

④ تولۇق ئوتتۇرا / ئوتتۇرا تېخنىكوم / كەسپىي مەكتەپ سەۋىيىسىگە ئىگە

⑤ ئوتتۇرا تېخنىكوم ۋە ئۇنىڭدىن يۇقىرى

E7.شۇغۇللىنىدىغان كەسپىڭىز؟__________

(1) ئوقۇغۇچى (2) يېزا-ئىگىلىك خادىمى (3) كان-كارخانا ئىشچىسى (4) سېتىش خادىمى (5) بازار باشقۇرۇش خادىمى (6) مۇلازىمەت خادىمى (7) مەمۇرىي ،ئارقا سەپ خادىمى (8) ئەمگەك كۈچى مەنبەسى (9) مالىيە ھېسابات خادىمى (10) مۇلكىي خادىمى (11) تېخنىك خادىم (12) باشقۇرۇش خادىمى (13) ئوقۇتقۇچى (14) مەسلىھەتچى (15) كەسپىي خادىم (بۇغالتىر،ئادۋوكات، دوختۇر، مۇخبىر قاتارلىقلار) (16) باشقىلار

E8.ئايلىق كىرىم سەۋىيىڭىز؟__________

①2000 سوم ۋە ئۇنىڭدىن تۆۋەن ② 2001-3000 سوم

③3001 - 4000 سوم　　④ 4001 - 5000 سوم

⑥ 5001 - 6000 سوم　　⑦6001 - 7000 سوم

⑧ 8001سوم ۋە بۇنىڭدىن يۇقىرى

⑨ سىز شىنجاڭ ئۇيغۇر ئاپتونوم رايونى______ شەھەر (ۋىلايەت، ئوبلاست) _____ ناھىيىسىدىن.

تەكشۈرۈشىمىز مۇشۇ يەردە ئاخىرلاشتى، سىزنىڭ قاتنىشىپ قوللىغىنىڭىزغا كۆپ رەھمەت!